제3판

사회복지정책론

문수열·김 병·박주현

창지사

머리말

사회복지정책론 초판을 출판하고, 개정판 그리고 제3판까지 10여 년의 세월이 지났다. 그동안 사회복지정책의 영역과 내용이 국민의 욕구에 따라 많이 변화하여 왔다. 특히 저출산·고령화로 인한 보편적 복지확대 변화가 눈에 띄게 변화하고 있는데, 양육과 부양의 사회화를 위한 정책, 청년층을 위한 희망 사다리 지원정책, 공유경제 개념을 포함한 사회적 투자(social investment) 정책 등이다.

이러한 사회복지정책 변화와 추세에 맞추어 이 책에서도 가능한 많은 내용을 포함하려고 하였지만, 사회복지학 교과목 지침서 기준에 의거하다 보니 집필의 방향과 전체 구조는 초판의 도서와 유사한 형태에서 보완하고 수정이 되었다. 또한 원고 내용을 보완하는 과정에서 2019~2020년 사회복지학 교과목 지침서가 나왔지만 내용을 다 담지 못하고 이전의 사회복지학 교과목 지침서를 기준으로 집필하였다. 현재까지는 사회복지사 1급 자격시험 출제기준도 아직 변경되지 않아 향후에는 최근에 개정된 지침서에 의거하여 완전하게 개정할 계획에 있다.

이 도서는 사회복지학 교과목지침서에 의거하여 집필한 것으로 사회복지학을 전공하고 어느 정도 심화된 전공지식을 원하는 학생뿐만 아니라 사회복지사 1급 시험에 도전하고자 하는 사람들을 대상으로 쉽게 접근할 수 있도록 간결하면서도 체계적인 내용의 교재로 집필하였다. 제1부는 사회복지정책 총론 부문으로 사회복지정책에 대하여 기본적인 체계와 전공지식의 심화에 대한 이론적인 내용을 담고 있다. 제2부는 사회보험 및 공공부조 정책 부문으로, 국가에서 시행하고 있는 정책과 제도에 대한 실천현장의 전 영역을 체계적으로 이해할 수 있도록 구성하였다.

아무쪼록 이 도서를 대하는 분들에게 사회복지정책을 이해하고 체계를 세우는 데 조금이나마 도움이 되기를 바라고, 특히 사회복지사 1급 국가시험을 준비하는 분들에게 기본서가 되기를 바라며 부족한 부분은 앞으로 수정·보완할 것을 약속드린다.

2020년 2월

저자 일동

차 례

PART 01

사회복지정책 총론

사회복지정책의 개념과 원리

CHAPTER 01

학/습/목/표

- 사회복지정책의 개념을 정의할 수 있다.
- 국가별 사회복지정책을 살펴보고 시사점을 제시할 수 있다.
- 사회복지정책 모형을 제시하고 그 내용을 구체적으로 열거할 수 있다.

사회복지정책은 정부나 지방자치단체가 국민의 삶의 질을 향상시키기 위해 수립하는 제반 활동들을 지칭하는 것으로 현대사회의 제반 사회문제를 국가적인 차원에서 조직적이고 체계적으로 대응하기 위한 제도와 방침을 의미한다. 처음에는 민간 사회사업에 관한 통제, 관리, 지도 등으로 시작하여 사회사업의 공공화, 국영화로 발전하였으며, 오늘날에는 사회복지 시책, 계획 전반을 국가 또는 자치단체가 주도적으로 실행하는 것으로 발전되었다고 볼 수 있다. 이 장에서는 사회복지정책의 개념과 등장배경 그리고 특징 및 정책모형을 살펴본다.

01 사회복지정책의 개념과 구조

사회복지정책(social welfare policy)이란 '사회복지'와 '정책'이라는 두 용어의 합성어로 '사회복지를 위한 정책' 또는 '사회복지에 대한 정책'이란 의미로 해석이 가능하다. 이것을 사회복지와 정책이란 단어로 다시 분리해서 살펴보면 '사회복지'는 "사회적으로 구성원 모두가 평안하고 만족스러운 상태 또는 사회적으로 행복한 이상적인 생활 상태를 유지하기 위한 사회적인 노력"으로 정의된다. 다음으로 '정책'이라는 개념을 살펴보면 "권위 있는 공공기관이 특정한 목표를 달성하기 위하여 정치적·행정적 과정을 거치거나 당위성에 입각하여 공식적·의도적으로 선택한 미래의 행동지침"을 말한다. 사회복지정책이라는 용어가 가진 측면으로 개념을 정의해 보면 "권위 있는 공공기관이 사회복지에 관한 목표를 달성하기 위하여 정치적·행정적 과정을 거치거나 당위성에 입각하여 공식적 또는 의도적으로 선택한 미래의 행동원칙"이라 정의할 수 있다. 여기서 사회복지라는 개념은 어느 정도 합의된 개념 정의가 되어 있다고 보지만, 정책이란 개념은 국가의 정책으로부터 단체 및 개인의 정책까지 매우 광범위하게 사용된다(김태성, 2008).

따라서 일반적으로 사회복지정책과 관련되어 사람들이 정책이나 제도 그리고 프로그램이나 법을 구분하지 않고 사용하는 경향이 있다. 사회복지정책이 어떤 목표를 달성하기 위해 제시된 원리·원칙을 의미한다면, 제도나 프로그램은 이러한 원칙에 때라 정책목표를 달성하기 위한 구체적인 수단을 지칭하는 측면에서 차이가 있다. 또한, 제도와 프로그램은 정책수단으로써 일반 사람들에게 제시되는 정책결과물로 보이지만, 프로그램은 정책을 입안하고 집행하는 전문가 집단의 관점에서 보는 세부적인 활동들의 모임의 결과물로 약간의 차이가 있다. 정책과 법과의 차이점으로는 현대의 사회복지정책들은 대부분 입법화되어 있기에 동일한 개념으로 볼 수도 있지만, 입법화가 되어 있지 않은 국가의 정책도 존재하기에 국가의 정책이 전략적 측면을 강조한 포괄성을 가진다면 법은 한정된 규정으로 실행을 강조한 측면에서 차이가 있다고 본다.

사회복지정책이 가지는 개념을 좀 더 폭넓게 이해하기 위해서 먼저 사회복지정책을 정의한 학자들이 제시한 개념을 살펴보면 다음과 같다. 마샬(T. H. Marshall)은 "사회정책이란 시민들에게 그들의 복지에 직접적인 영향을 줄 뿐 아니라 서비스 또는 소득을 제공함으로써 사람들의 복지에 직접적인 영향을 미치는 정부의 정책"이라고 정의하면서, 핵심 프로그램으로 사회보험, 공적부조, 건강 및 복지서비스 그리고 주택, 교육, 비행 예방 등을 들고 있다. 그리고 티트머스(R. Titmuss)는 "사회정책이란 일정의 물질적 및 사회적 욕구, 특히 요구호 욕구에 관하여 시장이 충족(만족)하지 못하거나 충족시킬 수 없는 특정의 사람(사회적 약자)에게 부여하는 정부의 행위"라고 정의하고 있다. 우리나라 사회복지학사전에는 "사회복지정책이란 광의로 사용되는 경우는 사회복지와 같은 의미를 가지며 정책적 성질을 강조하는 경우에 사용된다. 협의의 경우에는 사회사업 또는 협의의 사회복지 개념으로 국가 자치단체의 정치적 배려 및 정책을 의미하는 것으로 사용된다."라고 정의되어 있다. 여러 학자들의 정의를 살펴보면 〈표 1-1〉과 같다.

〈표 1-1〉 사회복지정책의 개념 정의

학자	정의
현외성(2006)	사회복지 목표를 달성하기 위한 일련의 행동지침 또는 이들을 통하여 인간다운 생활을 유지할 수 있도록 하는 제반 서비스 및 급여의 배분원칙이나 목표달성을 위한 행동지침
박경일(2007)	사회복지적 문제를 개선시키려는 정책목표를 향한 정부, 지방자치단체, 사회복지기관들의 정책 의지의 원칙이며 실천행동의 수단
양정화 외 5인(2008)	경제, 사회, 문화 등의 사회시스템의 개인적·사회적 필요에 관한 여러 가지 다양한 기능적 충족요건, 충족능력의 개선을 통하여 넓은 의미의 사회균형, 사회성장, 사회적 적응에의 접근을 향하여 국민 생활의 향상 내지 복지의 확보를 더욱더 꾀하기 위한 정책
조영구 외 2인(2016)	국가와 사회가 지향하는 사회복지의 가치와 이념을 실현하고 사회문제를 예방하며 경감 및 해결하기 위해 정부 또는 민간의 공공기관이 사회적 합의를 통해 선택한 미래 지향적인 계획

이상에서 제시된 학자들의 정의를 종합해서 요약해 보면, 사회복지정책이란 사회복지 프로그램이나 제반 사회문제에 대한 의사결정을 위하여 정부 또는 권위 있는 공공기관에 의하여 작성된 지침으로서 구체적인 프로그램, 법제, 우선순위를 제시하는 일정한 계획이나 원칙 그리고 제도 등을 의미한다고 볼 수 있다. 이렇게 볼 때 사회복지정책이란 사회복지 프로그램이나 제반 문제에 대한 의사결정을 위하여 정부 또는 공공기관에 의하여 작성된 지침으로서 구체적인

프로그램, 법제, 우선순위를 제시하는 암시적 또는 명시적 원칙을 의미한다고 볼 수 있다.

따라서 사회복지정책이란 사회복지 목표를 달성하기 위한 행동들에 관한 원칙 또는 사회생활을 영위하는 데 있어서 인간의 기본적 욕구에 대응하기 위한 방침 및 제도 등을 의미하며, 각종 사회문제의 해결을 목적으로 하는 사회복지 프로그램의 형성 및 구체화를 통한 권위 있는 기관의 가치 배분적 활동이라 정의할 수 있다. [그림 1-1]에서 사회복지정책의 개념이 내포하고 있는 의미를 나타낸 것이다.

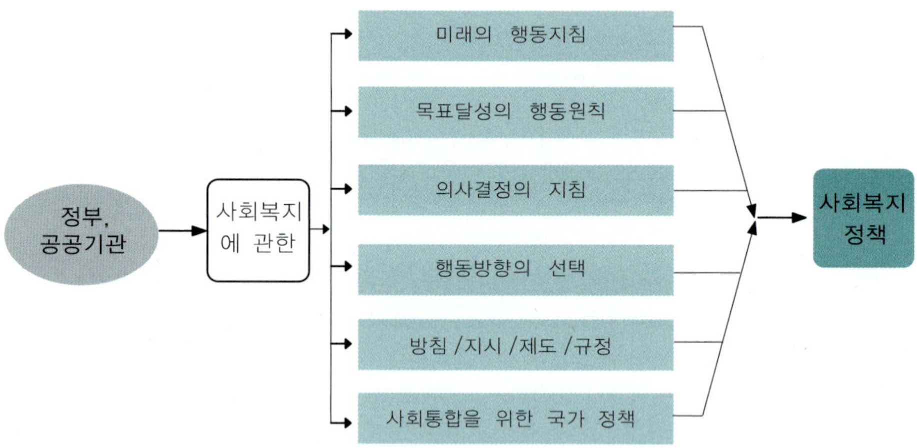

[그림 1-1] 사회복지정책의 개념

사회복지정책과 관련되어 사용되는 용어 중에 사회정책이란 용어가 있는데 사회복지정책과 가끔씩 혼용되어 사용되기도 하지만 서로 다른 개념이라 볼 수 있다. 사회정책(social policy)이란 국민의 사회생활 향상과 복지제공을 목적으로 추진되는 정책을 총칭하는 것으로 노동, 교육, 복지 등과 같은 사회정책과 관련하여 거시적인 정책을 의미한다. 반면에 사회복지정책은 사회정책 가운데 복지 부분만을 지칭하는 것으로 사회정책의 하위개념인 미시적인 정책이라 볼 수 있다.

우리나라에서 사용되는 사회정책과 사회복지정책의 개념을 비교하면 〈표 1-2〉와 같다.

〈표 1-2〉 사회정책과 사회복지정책의 비교

구분	사회정책	사회복지정책
개념	사회문제를 해결하기 위한 국가의 정책	사회복지 대상자들의 욕구를 충족시키기 위한 국가의 정책
유형	노동전채, 교육정책, 주택정책 등	사회부험, 공공부조, 사회서비스 등
의미	사회통합을 위한 정치적 목적과 의도가 내포	국가의 대시민 봉사 프로그램의 의미
특성	거시적, 전략적 측면에 초점	미시적, 실행 측면에 초점

02 사회복지정책의 필요성 및 특성

18세기 후반부터 등장한 산업혁명(industrialization)은 기존의 수공업에 의존한 농경생활에서 벗어나 기계공업과 분업에 의한 대량생산과 대량소비 형태의 시대로 변화되었다. 폐쇄적이고 권위적인 전통 국가는 산업혁명으로 인하여 국민에게 지배력의 정당성을 위임하는 개방적이고 민주주의적이며 합리적인 국가의 형태로 이동을 촉진하게 된다. 그리고 산업혁명 이전에는 다양한 계층으로 분화되어 있는 사람들은 자본과 노동이라는 이분적인 계층으로 나누어지게 되고, 자본에 의해 지배되는 자본주의 국가로 변형이 된다. 또한, 분업 및 전문화와 민주주의 선거제도가 정착되고 시민권이 형성되어 구성원들은 국가에서 제공되는 사회복지에 대한 서비스를 권리로 인식하게 되며, 국가는 의무적으로 복지에 대한 정책을 하게 되어 이것이 오늘날의 사회복지정책이 된다.

사회복지정책의 시초를 살펴보면, 영국의 구빈법(1601년)을 시작으로, 독일의 비스마르크 정부의 사회보험정책(1911년), 미국의 사회보장법(1935년), 베버리지 보고서(1942년) 등이 있다.

현대적 의미의 사회정책은 19세기 초 자본주의 국가에서 산업노동자의 생활상을 개선하기 위한 조치와 함께 시작되었다. 이 시기의 사회정책은 기본적 생존권과 사회권을 보장함으로써 대중을 체제에 수용하고 체제의 존립을 위한 수단으로 개발하기 시작하였다. 산업혁명과 과학기술이 발전하여 장점도 많았지만, 문제점으로 도시로 인구의 집중, 사망률의 급격한 하락과 출생률의 증가는 인구구조의 변화와 함께 노동공급의 급증을 가져왔고, 산업화와 함께 인구의 도시집중, 핵가족화, 인구구조의 변화, 자본의 축적 등의 구조변동이 발생하게 된다.

하지만 자기조절 기능이 없는 자본주의 경제체제는 빈곤의 확대와 빈곤계층의 문제를 구조적인 해결보다 개인과 가족에게 그 책임을 돌리는 이데올로기 전파에 몰두하게 된다. 그러나 지역중심의 복지단체와 지방정부만으로는 근본적인 해결이 불가능한 상황이 발생하고, 점점 심해지는 사회문제를 국가 차원에서 해결할 것을 요구하게 되었다. 따라서 국가가 사회정책을 통해서 개인의 삶에 일정 부분 개입할 필요성이 대두하게 되는데, 이것이 오늘날의 사회복지정책으로 발전하게 된다. 국가 주도의 사회복지정책이 필요한 이유와 사회복지정책이 가지는 고유한 특성을 살펴보면 다음과 같다.

1) 사회복지정책의 필요성

(1) 제한된 자원(limited resources)

한 국가의 자원은 제한적이다. 따라서 사회복지정책은 생활에 필요한 자원을 시장경제의 원리 아래에서 구입할 수 없는 사람에게 시장경제의 원리가 아닌 다른 원리로 자원을 배분하는 원칙을 정하고 계획을 세워 자원을 배분해야 하는 필요성이 존재하게 된다.

(2) 미충족된 욕구(unmet needs)

일반적으로 개인의 욕구는 무한하지만 무한한 욕구를 제한된 자원을 가지고 모두 충족시켜 주는 것은 불가능하므로 사회의 제한된 자원을 가지고 무한한 시민의 욕구를 어떻게 충족시킬 수 있는가는 사회복지정책의 핵심 과제가 된다.

(3) 형평성 결여(unfairness)

자기조절 능력이 없는 자본주의 경제가 발전할수록 사회의 불평등은 더 심해지고, 계급구조, 소득 불평등, 성별 및 인종적 차별, 연령과 능력에 따른 불평등 등이 항상 사회구조 속에 내재되어 사회문제와 불평등이 발생하고, 그 결과로 형평성 결여의 문제가 제기되는데, 이런 문제의 해결책이 사회복지정책이 된다.

(4) 합의의 부족(lack of consensus)

한 국가나 사회에서 여러 의견이나 다양한 시각이 존재하기 때문에 사회문제의 해결이나 공평한 배분에 대한 합의 도출에 어려움이 있다. 따라서 사회문제 해결, 자원의 공평한 해결에 대한 합의를 이끌어 내기가 어려워진다. 사회복지정책은 합의의 어려움과 부족에서 오는 긴장과 갈등을 적절하게 해소하는 대책이 된다.

2) 사회복지정책의 특성

사회복지정책은 [그림 1-1]에서 보는 바와 같이 현실에서 실행 가능하여야 하므로 구체적이고 명시적이며, 이행 가능한 형식의 제도나 지침으로 제시되어야 한다. 그러므로 사회복지정책은 어느 정도 한계를 가질 수밖에 없고, 사회복지정책의 상위 개념인 이념과 가치에 구속되는 영역 범위에서 나타날 수밖에 없다.

사회복지정책의 특징은 학자마다 여러 가지로 제시할 수 있지만, 그중 존스(Jones, 1985)에 의한 사회복지정책의 특징을 정리하면, ① 변화하는 정책, ② 가치 개입적 정책, ③ 희소성의 원칙이 지배하는 정책, ④ 이익집단의 힘이 약한 정책, ⑤ 내용 포착이 어려운 정책, ⑥ 인간 지향적 정책, ⑦ 재분배 정책, ⑧ 클라이언트의 참여를 필요로 하는 정책으로 요약해 볼 수 있다.

또한, 국내의 학자(송근원 외, 2006: 23-29)에 의해 제시된 내용을 정리하면 다음과 같은 특징이 있다.

(1) 배타적 대 비배타적

사회복지정책을 여타의 정책과 구별할 때 우선적으로 사용되는 기준은 사회복지정책이 개인의 개별적인 욕구를 해결하며 이러한 해결은 배타적(exclusive)으로 이루어진다는 점이다. 따라서 사회복지정책은 특정한 개인의 욕구를 해결하고자 하는 반면에 다른 정책들은 불특정한 대다수 또는 모든 국민의 욕구를 해결하고자 하는 점에서 차이가 있다.

예를 들어, 사회복지정책은 특정한 사람들을 대상으로 욕구를 해결하는 반면에 경제, 국방, 교육, 환경정책들은 불특정 다수 또는 모든 국민을 대상으로 서비스를 한다는 것이 차이점이다. 하지만 사회복지정책도 이전에는 잔여적인 복지를 제공하는 경우가 많았지만 현대에는 보편적인 복지서비스를 제공하는 방향으로 나아가기 때문에 이 구분은 절대적인 것이 아닐 수 있다.

(2) 직접적 대 간접적

사회복지정책은 사람들의 욕구를 직접적(direct)으로 해결하고자 하는 경향이 있는데, 예를 들어 생활보조금 지급, 의료서비스 제공, 사례개입 및 상담 등이다. 직접적이냐, 간접적이냐의 기준은 사회복지정책을 경제정책 등 다른 정책들과 구분하는 데 특히 중요하다.

예를 들어, 물가안정을 위해서 취할 수 있는 경제정책으로는 각 품목마다 가격상승을 억제하기 위해 상한선의 제한을 두는 정책, 즉 직접적으로 각 품목마다 가이드라인을 제시하는 정책을 취할 수 있지만 거의 불가능한 방법이라 볼 수 있다. 이런 경우 취할 수 있는 정책으로는 금융정책을 이용하여 통화금리를 조정하는 방법이 더 적절할 수 있다. 이와 같이 경제정책은 간접적인 정책으로 문제해결을 시도하지만 사회복지정책은 특정개인을 대상으로 직접적인 서비스를 제공한다는 점에서 차이가 있다.

(3) 시장적 대 비시장적

자본주의 사회에서 개인들이 점유하는 경제적 위치는 일차적으로 시장에서 결정되고 이차적으로는 시장 기제 밖에서 결정되는데, 전자를 일차적 분배라 하고 후자를 이차적 분배 또는 재분배라고 한다. 사회복지정책을 다른 정책, 특히 경제정책과 구분할 때 사회복지정책은 주로 이차적 분배에 관여하는 정책이다. 시장 내에서의 분배는 경제정책을 비롯한 여타 정책에 의하여 결정되는 것으로 간주한다.

따라서 정확히 구분해 본다면, 경제정책은 현재 시장에서의 소득분배에 직접적으로 영향을 주는 정책과 관련이 되고, 사회복지정책은 시장 원리와 관계없이 시장 기제 밖에서 이차적으로 특정 대상자에게 서비스를 제공해 주는 정책이라 할 수 있다. 그러나 일반적으로 모든 사회복지 서비스나 복지정책이 비시장성을 가지고 있지 않은 경우의 정책도 있다. 예를 들면, 보험료와 보험급여 사이에서 시장원리가 지배하는 경우이다.

(4) 공식적 대 비공식적

일반적으로 사회복지정책은 사람의 욕구를 공식적으로 조직화한 기구나 제도에 의하여 해결하는 것을 기본으로 한다. 즉, 국가나 공적기관에 의한 공적 그리고 법적으로 사회복지 서비스를 제공하는 정책을 의미한다. 물론 가족, 친지, 이웃 등 비공식적으로 해결되는 경우도 있지만 사회복지정책은 대상자들의 욕구를 공식적으로 조직화한 기구나 제도에 의하여 해결하는 정책으로 정의한다.

(5) 영리적 대 비영리적

비영리적이라는 개념은 정부를 비롯한 비영리 공공부문과 비영리 민간부문의 사회복지기관에 의하여 이루어지는 서비스를 말한다. 사회복지정책은 국가에 의한 구성원들의 존엄성을 유지하고 생존권을 유지하기 위한 가장 기본적인 서비스이기 때문에 비영리적인 특성이 있고, 전통적인 사회복지에서도 비영리성을 강조하여 왔다. 그러나 욕구는 비영리 부문뿐만 아니라 영리부문의 조직에 의해서도 해결이 가능하다.

예를 들면, 기업복지는 영리를 추구하는 기업에서 피고용자의 욕구를 해결하는 것이다. 전통적인 사회복지에서 중요성을 지녔던 영리적이냐, 비영리적이냐의 기준은 오늘날의 복지다원주의[1] 추세에서는 점차 그 의미를 상실해 가고 있다(Johnson, 1987).

(6) 일방적 대 쌍방적 이전

사회복지의 특성을 정의할 때 자주 사용되는 또 하나의 개념은 사회복지 급여나 서비스의 제공이 일방적 이전이라는 특성이다. 일방적 이전이란 서비스의 제공자가 그 재화나 급여를 서비스의 수급자로부터 특정한 물질적 또는 비물질적 대가를 받지 않고 주는 것을 말한다. 반면에 시장에서의 교환은 쌍방적이며 특정한 이득을 받으면 반드시 그것에 대한 대가를 지불해야 하는 서로 간의 이전 관계가 성립한다. 사회복지정책은 국가나 공공기관으로부터 개인 또는 집단으로 급여나 서비스가 제공될 때 일방적 이전이라는 특징을 가지고 있다.

그러나 대부분의 사회복지정책이 일방적 이전의 성격을 갖고 있지만 경우에 따라 일방적 이전의 성격을 갖고 있지 않는 경우도 있으며 사회복지정책에 따라 일방적 이전의 성격이 다소 상이한 경우도 있다. 교육서비스와 같이 인적 자본에 대한 투자의 성격을 가지고 있는 사회복지정책은 일방적 이전의 성격이 약하다고 볼 수 있다(송근원 외, 2006: 27).

1) 복지다원주의(welfare pluralism, 福祉多元主義)라는 용어는 영국에서 1978년의 『자원봉사(voluntary) 조직의 미래』라는 제목의 울펜덴 보고(Wolfenden Report)에서 처음 사용된 것으로, 1980년대 이후의 사회복지의 특징을 나타내는 용어이다. 원래의 의미는 복지 서비스가 국가뿐만 아니라 봉사자, 기업, 비공식 등의 부문에 의해 다원적으로 공급된다는 것을 의미한다. 그런데 복지다원주의라고 할 때는 복지공급의 주체가 국가뿐만 아니라 다른 부문까지 다양화한다는 의미에서 사용되는 경우가 많다. 예를 들면, 노인 등을 지역에서 보살피는 '노인보호'라는 것이 논의될 때 국가가 해야 할 역할의 중요성이 아니라 봉사자, 기업, 가족·이웃관계의 중요성이 강조되는 경우가 있다(21세기 정치학대사전, 2010.1.5, 한국사전연구사).

(7) 소비적 대 생산적

일반적으로 대부분의 국가 활동이나 경제정책은 경제활동을 촉진시키기 위한 목적으로 이용되는데, 사회복지정책은 사람들의 소비에 대한 욕구를 직접적으로 해결하려는 특징이 있다. 예를 들어, 국민연금은 생산을 위해 저축하는 개념이 아니라 퇴직 등 노후에 소득이 없을 때를 대비하여 생계를 유지하기 위한 소득이므로 소비적인 특성이 있다.

03 국가별 사회복지정책의 특징

여기서는 사회복지 발달과 관련하여 정책적인 측면에서 대표적인 국가 및 국제기구에 대해 살펴보고자 한다. 먼저 영국은 사회복지에 대해 오랜 역사와 전통을 가지고 사회복지정책을 발달하였고, 다음으로 미국의 경우는 복지정책의 발달 측면보다 우리나라 현대사의 미군정 시기에 직접적인 영향을 미쳤기 때문에 그 특징을 살펴보는 것이 의미가 있다. 그다음으로 독일의 경우 사회보험을 최초로 도입하여 발전시킨 경험이 있기 때문이다. 마지막으로 OECD는 국제적인 수준에서 제시되는 사회복지정책의 동향을 파악해 보고자 한다.

1) 영국

사회복지에 관한 오랜 역사와 전통을 자랑하는 영국은 사회복지정책보다는 사회정책(social police), 사회행정(social administration) 또는 사회서비스(social service)란 용어를 많이 사용한다. 여기에는 사회보장, 건강, 교육, 대인적 사회서비스, 주택, 고용 및 가족정책 등이 포함되는 것으로 우리가 일반적으로 쓰는 사회복지정책보다 넓은 범위를 담고 있다(현외성, 2006: 30).

영국에서 세계 최초의 사회복지제도인 구빈법이 탄생하여 오늘날 사회복지정책 발달의 시초가 되었다. 대표적인 학자들을 살펴보면, 먼저 마샬은 사회복지정책을 시민에게 서비스를 제공하여 복지를 향상시키기 위한 정부의 정책으로서 사회보험, 공공부조, 보건서비스, 복지서비스, 주택정책 등을 포함한다고 정의했다. 그리고 티트머스는 사회복지정책을 시혜적이고, 재분배적이며, 경제적 목적뿐만 아니라 비경제적 목적을 가진 정책이라고 규정했다. 마지막으로 타운젠드(Townsend)는 사회정책이란 공공행정과 관련된 정책이고, 이것은 일반적으로 인정된 특수한 사회문제를 해결하거나 사회목적을 추구하기 위한 국가와 지방 당국의 건강, 교육, 복지 및 사회보장 서비스와 같은 서비스 개발과 관리에 관련된 정책이라고 하였다.

사회보장에 관한 계획으로 1942년에 제출한 베버리지 보고서(Beveridge Report)는 아동수당, 보건 서비스, 고용 유지를 전제로 하여 사회보험을 주요 수단으로, 국가 부조를 보조 수단으로 한 사회보장계획을 제시하였다. 이 보고서는 1948년까지 거의 제도화되어 제2차 세계대전 후의 영국 사회보장제도 확립의 기초가 되었고, 자본주의 국가들의 사회보장제도 확립에 큰 영향을 주었다.

또한, 영국은 국민의 최저생활 보장(national minimum)을 목적으로 다양한 사회복지정책을 발전시켜 왔는데, 대표적으로 의료에 있어서도 모든 국민에게 별도의 비용부담 없이 무상으로 의료서비스를 제공하는 NHS(National health service: 국민보건서비스)를 가장 먼저 도입하였다.

이러한 영국의 사회복지정책의 주요 특징 및 내용으로는 베버리지 보고서 이후로 소득 유무와 관계없이 국민 최저 생활수준의 확보를 국가의 의무로 추진하여 왔다. 현대적인 사회복지정책은 노령연금법(1911년)부터 시작되었다.

2) 미국

미국은 사회정책보다는 사회복지정책을 선호하며, 공공정책뿐만 아니라 민간기관의 정책도 중시한다. 미국의 경우 국가의 특성상 공공복지정책에 비해 민간기관이 주도하는 사적 정책이 발달한 관계로 개인주의적인 복지가 발달되었다. 미국의 사회복지정책은 우리나라의 사회복지정책과 유사한 개념으로 사회보장(social security)이라는 개념이 자주 쓰이며, 사회복지란 단어는 종종 공공부조를 지칭하는 단어로도 쓰인다.

미국에서 사회복지정책은 공공부문뿐만 아니라 민간부문의 사회복지 활동까지 포함하는 개념으로 쓰이기도 한다. 미국은 세계 대공황을 계기로 대량의 실업자가 발생하자 빈곤과 실업의 원인을 사회·구조적 결함으로 인식하고 그 해결책으로 1935년 사회보장법을 도입하여 경제적 위험에 대한 보장이라는 성격을 기반으로 사회복지정책을 발전시켜 왔다. 따라서 미국은 사회보장이라는 용어가 포괄적인 사회복지정책으로 사용되고, 좁은 의미의 사회복지정책은 공공부조만을 지칭하여 사용하는 경향이 있다.

미국 사회복지정책의 주요 특징으로는 대상자의 삶의 질 향상보다 실업자 구제 및 경기회복을 우선한 국가의 고용정책 또는 경제정책의 성격이 강하고, 자유 경쟁원리와 기회의 평등을 기조로 노동시장에의 참가를 촉진하는 적극적 자유주의 국가로 비친다. 또한, 보편적인 사회복지 프로그램이 경제성장에 비해 부족하다.

3) 독일

독일은 비스마르크에 의해 세계 최초로 사회보험정책을 시행한 나라이다. 독일의 사회복지정책은 사회문제와 계급(노동)문제에 대한 관심에서 출발하는데, 독일이 사회복지정책을 처음 도입하던 1880년대에 강단사회주의자가 중심이 되어 사회복지정책학회를 개설함으로써 사회복지정책이 등장하였다.

강단사회주의자들은 자본주의 발달로 인해 야기되는 각종 사회문제(빈곤, 불평등 등)와 노동문제에 관심을 가지고, 노동권에서 분화된 권리 개념으로써 사회복지정책을 실시했다. 독일은 최초로 사회보험을 도입한 이후 사회보험을 중심으로 다양한 사회복지정책을 발전시켜 왔다.

독일 사회복지정책의 주요 특징으로는 세계 최초로 국가주도의 사회보험제도가 실현되어 현대 사회보험제도의 기초가 마련되었고, 이중적인 성격의 사회복지정책으로 사회주의자들에 대한 규제와 예방적 대우가 공존하였으며, 1883년 질병보험법(의료)이 도입되고, 1884년 상해보험법(산업재해), 1889년 연금보험법, 1911년 제국보험법(통합적 성격) 순으로 사회복지정책이 도입되었다.

국가별 사회복지정책의 주요 특징을 정리하면 〈표 1-3〉과 같다.

〈표 1-3〉 각국의 사회복지정책 체계

국가	주요 제도	하위체계
영국	사회서비스 (social service)	• 소득보장(사회보험, 공공부조) • 보건의료(국민보건서비스: NHS) • 주택정책 • 교육정책 • 대인적 사회서비스(아동, 노인, 장애인, 여성복지)
미국	사회보장 (social security)	• 사회보험 • 공공부조 • 사회복지서비스
독일	사회정책 (sozialpolitik)	• 사회보험(국민보험)이 중심 • 공공부조와 사회복지 서비스는 부차적임

출처: 원석조(2006: 27).

4) OECD

국제경제개발협력기구(Organization for Economic Cooperation and Development: OECD)는 1961년 9월 30일 유럽경제협력기구(OEEC)를 발전적으로 개편한 미국 등 선진국 중심의 세계적 경제협력개발기구이다. 이 기구의 설립 목적은 회원국 간 상호 정책조정 및 정책협력을 통한 경제 및 사회의 공동 발전과 세계 경제문제에 공동으로 대처하는 정부 간 협력기구로서, 회원국의 경제성장과 금융 안정을 촉진하고 세계 경제 발전에 기여하며 개발도상국의 건전한 경제성장에 기여하는 것이다. 총 37개국으로 구성되어 있으며 우리나라는 1996년 12월 29번째로 가입하였다.

OECD의 가입은 국가 위상의 제고, 세계 경제 질서의 형성 참여, 국내산업의 체질 강화, 비교우위산업의 활성화, 해외저리자금의 조달, 과학기술협력의 촉진, 환경 및 생활의 질 향상, 경제운용방식의 선진화 등의 장점이 있다. 부정적 영향으로는 비교 열위산업의 쇠퇴, 금융시장의 교란, 핫머니의 유입, 경상수지의 악화, 개발도상국의 지위 상실, 재정적 부담 증대, 경제정책 운용의 자율성 감소가 있다. 주요 권장정책으로는 빈곤 퇴치, 근로유인 강화, 고용안정서비스 개혁 및 개발에 대한 투자 확대와 인구 고령화에 따른 적극적 노화의 지원 그리고 아동의 빈곤문제를 완화, 기회균등을 보장, 부모의 일·가정생활의 조화로운 양립을 지원하며, 공공과 민간의 협력체제 강화 등 복지다원주의를 실현하여 개개인의 욕구 충족을 극대화하는 데 있다.

04 사회복지정책 모형

사회복지정책이 오늘날 어떤 제도와 세부적인 정책으로 나타나는지 살펴보기 위해서는, 먼저 사회복지정책의 모형들을 이해하는 것이 중요하다. 사회복지정책의 모형들은 〈표 1-4〉와 같이 윌렌스키와 르보의 2분법 복지모형과 티스머스, 파커, 미쉬라의 3분법 복지모형 그리고 조지와 윌딩의 4분법 복지모형 등이 있다. 사회복지정책의 제도화 근거에 대한 틀을 제시하기 위해서는 사회복지정책 복지모형의 구분이 중요한데, 다음에서는 윌렌스키와 르보의 모형과 티트머스 모형에 대해 살펴보고자 한다.

〈표 1-4〉 사회복지정책의 대표적 모형

<table>
<tr><th>학자</th><th colspan="6">복지모형</th></tr>
<tr><td>윌렌스키와 르보
(Wilensky & Lebeau, 1958)</td><td colspan="3">잔여적</td><td colspan="3">제도적</td></tr>
<tr><td>티트머스
(Titmuss, 1974)</td><td colspan="2">보충적</td><td colspan="2">산업적 성취 수행</td><td colspan="2">제도적 재분배</td></tr>
<tr><td>파커
(Parker, 1975)</td><td colspan="2">자유방임</td><td colspan="2">자유주의적</td><td colspan="2">사회주의적</td></tr>
<tr><td>조지와 윌딩
(George & Wilding, 1976)</td><td>반집합주의</td><td colspan="2">소극적
집합주의</td><td colspan="2">페이비언
사회주의</td><td>마르크스주의</td></tr>
<tr><td>미쉬라
(Mishra, 1977)</td><td colspan="2">보충적</td><td colspan="2">제도적</td><td colspan="2">구조적
(규범적)</td></tr>
</table>

1) 윌렌스키와 르보의 모형

윌렌스키와 르보(Wilensky & Lebeaux)는 미국의 사회복지모형을 분석하면서 잔여적 개념과 제도적 개념의 복지모형으로 구분하여 설명하고 있다. 윌렌스키와 르보에 의하면, 사회복지사업은 제도적인 접근방법이 좋고, 이러한 지향을 가지고 프로그램을 개발하고 마련하는 것이다.

잔여적 복지모형과 제도적 복지모형을 도식으로 비교해 보면 [그림 1-2]에서와 같이 사회복지제도가 다른 사회제도의 예외적이고 사후치료적인 기능으로 존재하느냐, 아니면 다른 사회제도와 같이 동등한 하나의 사회제도로서 역할을 하느냐를 기준으로 구분할 수 있다.

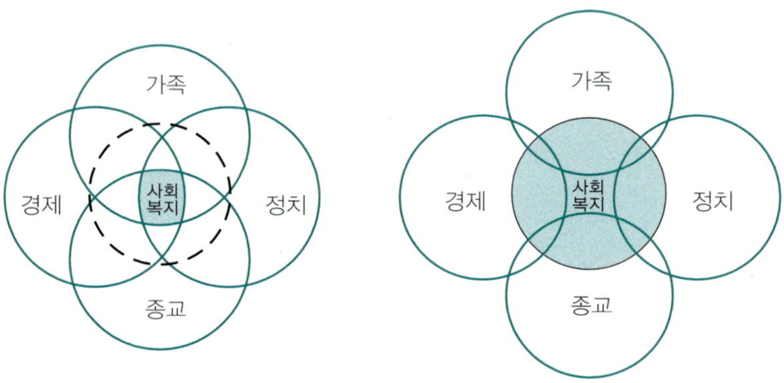

[그림 1-2] 잔여적 복지모형(왼쪽)과 제도적 복지모형(오른쪽)

(1) 잔여적 복지모형

잔여적 복지모형은 가족, 시장, 종교, 정치제도가 기능적으로 실패할 때 임시로 보충적으로 개입할 뿐이며, 사회복지제도가 사회를 유지·발전시키는 데 필수적이라고 인식하지 않는 모형을 말한다. 따라서 사회구성원들 중 낙오자들에게 최저한도의 보호를 제공하는 사회복지활동은 잔여적이고 주변적이며 예외적인 안전망 기능을 수행할 뿐이다.

잔여적 복지모형에서는 사회복지란 가족 또는 시장과 같은 정상적인 공급구조가 제 기능을 발휘하지 못하는 경우에 활동을 시작하는 것으로 본다. 즉, 개인의 욕구를 충족시켜 주어야 하는 가정이 가장의 실직이나 질병으로 제 기능을 하지 못하거나, 시장체계가 경기침체나 그 밖의 요인으로 인하여 제 기능을 하지 못할 때 사회복지가 가정이나 시장체계를 대신하여 개입하게 되는 선별적 복지모형인 것이다. 그러므로 이 경우의 사회복지는 보충적, 일시적, 사후적 또는 대체적인 성격을 지니게 된다. 이러한 복지모형의 대표적인 제도는 국민기초생활보장제도에서 수급자 선정 등이 있다.

(2) 제도적 복지모형

제도적 복지모형에서는 현대사회의 구조적인 문제로 대두된 사회적 위험에 대해 국가가 적극 개입하여 제도적인 장치로 복지를 제공하는 모형을 말한다. 이러한 복지모형에서는 국가의 역할이 극대화되고, 소득조사에 의한 급여가 아닌 하나의 사회권으로 보편적인 권리로 급여가 제공되고, 급여수준도 높을 뿐만 아니라 무엇보다도 사회 집합적인 연대의 원리가 강조된다.

또한, 이 모형은 현대 산업사회에서 사람들이 만족할 만한 수준과 삶의 질적 수준과 건강을 누릴 수 있도록 복지제공을 제도적인 차원에서 제공하는 모형이 된다. 이 모형은 경제적 개인주의와 자유시장이라는 가치와 안정, 평등, 인도주의라는 가치 사이의 절충을 반영하고 있다.

참고로 존슨(H. W. Johnson)이 구분한 잔여적 복지모형과 제도적 복지모형을 비교해 보면 다음 〈표 1-5〉와 같다[2].

〈표 1-5〉 잔여적 사회복지와 제도적 복지모형 비교

잔여적 복지모형	제도적 복지모형
• 그 욕구가 예외적인 것이다. • 문제의 상황이 긴급하고 위급하다. • 자신이 가진 자원이나 노력을 다 쓴 후에라야 도움을 받게 된다. • 문제와 서비스 때문에 낙인(stigma)을 남기게 된다. • 부조는 일시적 개선 또는 마지못해서 하는 최종적인 수단으로서의 시혜나 자선이며, 되도록 빨리 종결짓고자 한다. • 엄격한 개별주의 철학이다.	• 그 욕구가 산업화로 인해 생기는 것으로 언제나 예상된다. • 문제가 현대생활의 복잡성 속에 잠재해 있다. • 파괴되기 전에 도움이 마련되어 있다. • 문제나 서비스 어느 것 때문에도 낙인이 남지 않는다. • 서비스는 예방과 재활을 강조하는 제도적인 것이며 영구적일 수도 있다. • 안전과 인본주의를 강조한다.

2) H. W. Johnson, The Social Services an Introduction(Itasca, Ill.: F. E. Peacock Publishers, Inc., 1982), p. 15.

2) 티트머스의 복지모형

영국의 사회행정가 티트머스[3]는 사회복지의 모형을 보충적(보완적) 모형(residual model), 산업성취형 모형(industrial achievement model), 제도적 재분배 모형(institutional redistributive model)으로 유형화하였다.

(1) 보충(보완)적 모형

보충적 모형은 개인적 욕구의 해결 기제인 가정과 시장이 제 기능을 제대로 발휘하지 못할 때 정부가 일시적으로 개입하여 부족한 부분을 보충해 주는 것으로 윌렌스키와 르보가 제시한 잔여적 모형과 유사하다. 구체적인 정부의 정책으로는 개인주의에 기초를 두고 경제 성장과 국부의 극대화를 중시하고, 모든 종류의 계약과 합의에 대한 개인의 자유선택을 강조한다. 또한, 모든 종류의 분배는 개인의 생산체계와 능력에 따라 좌우되어야 하며 빈곤은 절대적 개념이라 주장한다.

(2) 산업성취형 모형

산업성취형 모형은 개인의 욕구는 개인의 업적, 사회의 기여도 및 공헌 정도 그리고 생산성에 따라 충족되어야 한다는 것이다. 개인의 업적이나 성취, 생산성에 기초하고 있는 정책 모형으로 그 특징은 기회의 평등, 개인의 자유를 강조하는 동시에 분배체계로서는 시장을 중시한다. 그리고 빈곤은 상대적 개념이므로 최저생활 보장에 대한 책임을 정부가 담당해야 한다고 주장한다.

(3) 제도적 재분배 모형

제도적 재분배 모형은 일차적 분배에 따른 사회적 불평등과 사회적 공평성 차원에서 재분배하여 균등화, 평준화를 추구하는 제도로 사회적 통합을 지향하는 모델이다(강용규 외, 2007: 19).

3) 티트머스(Richard Morris Titmuss, 1907~1973)는 베버리지 방식의 복지제도, 즉 모든 국민 혹은 대다수의 국민을 대상으로 하는 대규모의 국가주도의 복지제도를 강력히 옹호한 사람이다(Kinkaid, 한국복지연구회 역, 1987: 161).

05 사회복지정책의 분류

사회복지정책을 분류하는 기준은 여러 가지가 있고 학자마다 다를 수 있지만 일반적으로 정부조직이 담당하는 기능에 따라 분류한다[4]. 이러한 기준에 따라 정부정책을 기능별로 분류해 보면 외교정책, 안보정책, 노동정책, 보건정책, 복지정책, 경제정책 등으로 나눌 수 있다.

기능별 분류는 정부의 기능 또는 정책목표나 이를 달성하여 얻고자 하는 효과를 기준으로 분류한 것이기 때문에, 이 측면에서 실질적인 차이가 있을 뿐만 아니라 이를 달성하기 위한 정책 수단 면에서도 특히 실질적 정책수단에서 커다란 차이가 있다.

사회복지정책 유형을 분류한 학자 중에서 많은 영향을 미친 로이(Lowi)와 알몬드와 포웰(Almond & Powell)의 분류를 중심으로 살펴보면 다음과 같다(Lowi, 1970; Almond & Powell, 1978).

1) 로이의 분류

(1) 분배정책

분배정책(distributive policy)은 특정한 집단 또는 부문에 자원을 할당(제공)하는 정책으로 정부가 특수한 대상 집단에게 각종 서비스·지위·이익·기회 등을 분배하는 것을 말한다. 즉, 정부기관이 예산이나 관직, 교육의 기회, 직위 부여 등의 가치분배에 관계되는 정책으로 국민에게 권리나 이익, 서비스를 분배하는 내용을 지닌 정책을 의미한다. 분배정책의 사례로는 정부의 예산분배, 사회복지시설유형에 따른 보조금 지급 등이 있다.

4) 우리나라의 경우 정부조직도상으로 분류된 기능을 정책 측면에서 살펴보면, 조세정책, 통일정책, 국방정책, 문화정책, 산업통상정책, 환경정책, 가족정책, 해양정책, 교육정책, 외교정책, 사법정책, 행정안정정책, 농림축산정책, 보건복지정책, 노동정책, 교통정책 등이 있다.

(2) 규제정책

규제정책(regulatory policy)은 개인이나 집단의 행동에 대하여 정부의 통제와 관련된 정책으로 특정한 개인이나 집단의 재산권 행사나 행동의 자유를 구속·억제하여 반사적으로 다른 사람들을 보호하려는 정책을 말한다. 규제정책의 사례로는 「근로기준법」, 환경 규제, 불공정 경쟁 규제 정책 등이 해당된다.

(3) 재분배정책

재분배정책(redistributive policy)은 정부가 재산이나 소득 그리고 권리 등 제반 이익과 가치를 개인과 집단 사이의 재분배에 관여하는 정책으로, 부의 분배상태를 다시 조정하는 정책이나 소득 이전을 목적으로 하는 정책을 말한다. 주로 사회보장정책, 국민기초생활보장 정책, 한부모 지원정책 등이 있다.

(4) 구성정책

구성정책(constituent policy)은 정부기관의 운영과 실행에 대한 방침이나 지침을 정하는 정책으로 정부기구의 구조와 기능 변화를 추구하기 위한 정책을 의미한다. 주로 선거구 조정이나 정부기관 신설, 통·폐합 정책 등이 여기에 해당된다.

이상에서 논의한 사회복지정책의 기능별 분류를 정리하면 〈표 1-6〉과 같다.

〈표 1-6〉 로이의 사회복지정책 분류

분류	내용	예
분배정책	국민에게 권리나 이익 또는 서비스를 배분하는 내용을 지닌 정책	정부의 예산분배, 각 지역별 교부금, 사회복지 시설별 보조금
규제정책	정부가 사회의 개인이나 집단의 활동에 제한을 가하는 것을 내용으로 한 정책	불공정 경쟁 규제, 환경 규제
재분배정책	사회의 주요 계층이나 집단 사이에 나타나 있는 부, 소득, 재산, 권리 등의 분포상태를 변화시키는 정책	사회보장정책
구성정책	정부기관의 신설 및 변경, 선거구의 조정, 공직자 보수와 군인퇴직연금에 관한 정책 등과 같이 정부기구의 구조와 기능상의 변화를 목적으로 하는 정책	선거구 조정, 정부기관 신설

2) 알몬드와 포웰의 분류

(1) 추출정책

추출정책(extractive policies)은 조세와 병역 등과 같이 국내 및 국외환경으로부터 물적·인적 자원을 추출해 내는 산출활동으로 이루어지는 정책을 의미한다. 이런 유형의 정책들은 정부의 추출한 자원의 양, 부담의 소재가 우선시되고, 자원동원 방법, 절차와 구조도 다루어져야 한다. 즉, 추출정책의 내용은 추출물의 종류 그리고 그러한 추출에 의해 영향을 받는 집단의 특성이 있다.

(2) 규제정책

규제정책(regulatory policy)은 개인이나 집단의 행동에 대하여 정부의 통제와 관련된 정책으로 규제 대상과 내용 및 강도에 관한 정책을 말한다.

(3) 분배정책

분배정책(distributive policy)은 추출정책과는 반대로 정부가 각종의 물품, 서비스, 명예, 지위, 기회 등을 사회 내의 개인이나 집단에게 배분하는 문제와 관련된 정책이다. 분배정책의 요소로는 분배물 종류, 총량, 구조, 양식 등이 있다.

(4) 상징정책

상징정책(symbolic policies)은 정치체계가 환경으로 하여금 여타 정책에 보다 효과적으로 순응하도록 하기 위해 정치체제의 정당성에 대한 심리적 신뢰감을 증진시키는 산출활동으로 이루어지는 정책을 의미한다.

06 사회복지정책의 영역

사회복지정책의 영역 범위는 시대와 국가 그리고 학자에 따라 다양하게 정의되는데 그 영역 또한 다양하게 구분된다. 영국의 복지국가 기틀을 마련한 베버리지[5]는 사회보장정책의 영역을 소득보장정책, 의료보장정책, 주택보장정책, 고용보장정책으로 제시하고 있다. 또한, 타운젠드(Townsend)는 소득보장, 건강, 교육, 주택 그리고 대인적 사회서비스 등 다섯 가지를 사회복지정책의 영역으로 보고 있으며, 디니또(DiNitto)는 미국의 사회복지정책의 영역을 소득보장, 영양, 건강, 사회서비스 등 네 가지 영역으로 나누어 설명하고 있다(강용규, 2008: 43). 그 외 학자들의 정의를 요약하면 〈표 1-7〉과 같다.

〈표 1-7〉 주요 학자의 사회복지정책 영역

<table>
<tr><th>학자</th><th colspan="2">영역</th></tr>
<tr><td>마샬</td><td colspan="2">• 사회보장정책
• 개별사회적 서비스정책
• 지역사회개발정책
• 건강보장정책
• 주택보장정책
• 교육보장정책</td></tr>
<tr><td rowspan="3">티트머스/미쉬라</td><td>사회봉사</td><td>소득유지, 교육, 보건, 주택</td></tr>
<tr><td>재정급여</td><td>연금 및 수당</td></tr>
<tr><td>직업복지</td><td>기업보상제도</td></tr>
<tr><td>디니또/다이</td><td colspan="2">소득유지, 영양, 의료, 사회적 서비스</td></tr>
</table>

사회복지정책의 고유영역을 설정하는 작업은 궁극적으로 공공행정상의 편의를 고려할 때 가능한 것으로, 절대적인 구분은 사실상 불가능하다. 그러나 사회정책의 영역에 사회보장 또는 소득보장, 대인적 사회서비스 및 보건 또는 건

5) '베버리지 보고서'로 잘 알려진 〈사회보험과 관련 사업(Social Insurance and Allied Services)〉(1942)을 통해 제2차 세계대전 이후 영국의 복지국가 정책 및 제도를 형성하는 데 크게 기여했다. 인도에서 근무하고 있던 영국 공무원의 아들로 태어나 옥스퍼드시 베일리얼 칼리지에서 교육받았다. 평생 그의 연구주제가 되는 실업의 원인과 구제에 대해 그가 처음으로 관심을 갖게 된 것은 1903년 런던의 인보관(隣保館) '토인비 홀'의 부관장으로 임명되면서부터였다.

강을 포함시키는 데에도 아무런 이의를 제기하지 않는다. 그러므로 협의의 사회복지정책 영역은 소득보장, 건강, 주택, 대인적 사회서비스 등 네 가지 영역으로, 광의의 개념으로 해석할 경우 소득보장, 건강, 주택, 교육, 대인적 사회서비스, 조세정책, 노동시장정책 등 7대 영역으로 구성되어 있다고 할 수 있다.

요약하면, 사회복지정책의 영역은 〈표 1-8〉과 같이 소득보장, 건강, 교육, 주택, 개별적 사회서비스, 조세정책, 노동시장정책 등으로 구성되어 있으나 일반적으로 협의의 영역을 중심으로 한 복지정책이 강조된다.

〈표 1-8〉 사회복지정책의 영역

사회복지정책의 영역		사회복지정책의 내용
협의의 영역	소득보장정책	사회보험, 공공부조, 각종 수당제도 등
	건강보장정책	국민건강보험, 의료급여 등
	주택정책	공공임대주택, 국민주택, 주거환경개선사업 등
	대인적 사회서비스	아동 및 청소년복지, 노인복지, 여성복지, 장애인복지 정책 등
광의의 영역	교육정책	영유아보육, 저소득 중·고등학교 재학생 학비지원, 학교급식, 장학금 제도 등
	조세정책[6]	부(負)의 소득세(NIT, Negative Income Tax) 등
	노동정책[7]	고용정책, 노사정책, 임금정책, 사회보장, 산업복지 등

출처: 강용규(2008: 44).

그러나 최근에는 광의의 영역에 포함되어 있는 교육정책이 강조되어 사회복지정책에서 그 중요성이 대두되고 있는데 이것은 교육이 개인의 복지를 해결하기 위한 역량을 증진하는 데 중요한 개념으로 인식되기 때문이다. 따라서 일부 학자들은 광의의 영역에 있는 교육정책을 협의의 영역으로 이동하려는 경향이 있다.

6) 조세정책의 경우 비록 소득보장정책과 같이 직접적인 급여를 통하여 소득을 보장하지는 않더라도 간접적으로 소득의 재분배에 크게 기여한다. 즉, 실질적으로는 소득보장의 기능을 하기 때문에 사회복지정책의 영역에 포함시키기도 하는 것이다(송근원·김태성, 2006: 30).

7) 노동시장정책의 경우 이들 정책들은 저소득계층이 시장에서 얻는 일차소득을 높이는 데 크게 기여하기 때문에 전체적인 소득보장이라는 차원에서 본다면 이차소득과 관련된 소득보장정책과 더불어 사회복지정책의 영역에 포함될 수 있다(송근원·김태성, 2006: 31).

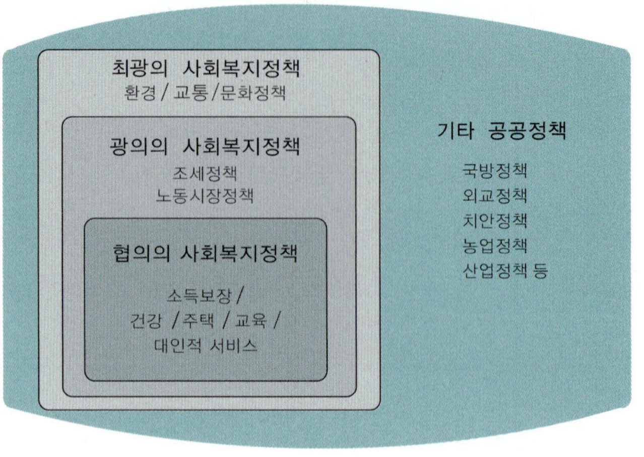

[그림 1-3] 사회복지정책과 사회환경

출처: 김태성(2008: 33)에서 조정.

이상의 논의를 요약해 보면 현재까지 사회복지정책은 소득보장, 건강, 주택 그리고 대인적 사회서비스 영역으로 구성되어 있으나 최근에 [그림 1-3]에서와 같이 교육정책이 협의의 영역에 포함되는 추세이며 광의의 영역에서는 조세정책과 노동시장정책을 포함하여 사회복지정책 영역으로 구성할 수 있다(김태성, 2008: 33).

연/구/문/제

01 오늘날 정부에서 시행되고 있는 사회복지정책을 조사해 보고, 그 특징이나 목적을 고찰해 봅시다.

02 역사적으로 사회복지가 발달한 국가들의 사회복지정책에는 어떤 것들이 있는지 살펴보고 현대에 끼친 영향을 알아봅시다.

03 사회정책과 사회복지정책을 서로 비교해 보고, 차이점을 살펴봅시다.

참/고/문/헌

강용규(2008). 사회복지정책론. 청목출판사.

강욱모(2008). 21세기 사회복지정책. 청목출판사.

김영화 외(2008). 사회복지정책론. 공동체.

김태성(2006). 사회복지정책의 이해. 나남출판.

김태성(2007). 빈곤과 사회복지전책. 청목출판사.

김태성(2008). 사회복지정책입문. 청목출판사.

김태성·성경륭(2000). 복지국가론(2판). 나남출판.

박경일(2007). 사회복지정책론. 공동체.

송근원·김태성(2006). 사회복지정책론. 나남출판.

신원식(2006). 사회복지정책 분석론. 삼우사.

원석조(2006). 사회복지정책론. 공동체.

이정우(2006). 사회복지정책. 학지사.

주성수(2005). 사회복지정책. 한양대학교출판부.

현외성(2006). 사회복지정책강론. 양서원.

조영구 외 2인(2016). 사회복지정책론. 정민사.

양정아 외 5인(2008). 사회복지정책론. 양서원.

Almond & Powell, Jr. (1978). *Comparative Politics*. 2nd ed. Boston: Little, Brown and company.

George, V., & Wilding, P.(1987). *The Impact of Policy*. London: RKP.

Johnson, N. (1987). The Welfare State in Transition: The Theory and Practice of Welfare Pluralism Amherst: The Univ. of Massachusetts Press.

Jones, C.(1985). *Pattern of Social Policy*. London: Tavistock Publications.

Lowi, T. J. (1970). Decision-Making vs. Policy Making: Toward and Antidote for Technocracy. *PAR*, *Vol. 30*.

Titmuss, R. M. (1974). *Social Policy: An Introduction*. London: George Allen & Unwin Ltd.

사회복지정책의 목표와 방향

CHAPTER 02

학/습/목/표

- 목표를 목적과 구분하여 차이점을 이해할 수 있다.
- 평등과 자유의 개념을 설명하고 중요성을 말할 수 있다.
- 시장실패의 개념을 정의하고 그 유형을 다섯 가지 이상 열거할 수 있다.
- 소득분배의 불평등도를 측정하는 방법을 열거하고 차이점을 말할 수 있다.

01 사회복지정책의 가치

우리는 일상생활에서 어떤 사물이나 행위의 중요성을 지칭할 때 가치라는 개념을 사용하는데 사회복지정책에서도 가치의 개념은 매우 중요한 의미를 갖는다. 가치(value)는 어떤 사물·현상·행위 등이 인간에게 의미 있고 바람직한 특성을 나타내는 개념으로 진실·명예·신의·용기 등과 같이 추상적인 것들도 있고, 재산·토지·지위 등과 같은 구체적인 것들도 있다.

일반적으로 가치란 사람들이 생각하고 있는 소중한 것, 바람직한 것, 소망하는 것에 대한 개념이라고 정의해 볼 수 있다. 그리고 가치는 현실세계에 대한 인간의 실천과 경험을 통해 형성되는 의식적인 관계가 축적된 결과물이라 할 수 있기 때문에 가치의 개념은 이를 파악하는 측면에 따라 약간의 차이가 있다[8]. 그럼에도 불구하고 사회구성원들이 어느 정도 인정하는 가치가 존재하는 것도 사실이다. 결국 사회복지정책도 한정된 자원을 가치고 사회구성원들에게 어떻게

8) 이해하기 쉽게 쓴 행정학용어사전(2010), 새정보미디어.

배분할 것인가에 대한 문제로 본다면, 정책에서 추구하는 가치에 따라 우선순위가 매겨질 것이다.

이런 의미에서 가치는 사회복지정책이 추구하거나 지향해야 하는 방향을 제시해 주는 이정표 역할을 한다고 볼 수 있고, 사회복지 가치에 의해 이념이 스펙트럼이 형성되며, 이념에 의해 사회복지정책과 제도 그리고 법규가 제정되어 시행되는 체계를 가진다고 볼 수 있다.

사회복지 영역에서 가치가 가지는 위계를 살펴보면 〈표 2-1〉과 같다.

〈표 2-1〉 사회복지정책의 가치 위계

영역	분야별 위계	예시
추상적	사회복지가치 ↓	인간존엄성, 자유, 평등, 연대
	사회복지이념 ↓	보편주의, 선별주의, 반집합주의, 소극적 집합주의, 사회주의
구체적	사회복지정책 ↓	사회보험제도, 국민기초생활보장제도, 노인장기요양보험제도
	사회복지법제 ↓	사회복지사업법, 국민연금법, 국민기초생활 보장법, 노인장기요양보험법
	사회복지행정 ↓	사회복지 조직유형, 사회복지 전달체계, 인적자원 관리, 재정관리 및 시설운영
	사회복지실천 ↓	사회복지상담, 사례관리, 지역사회조직화
수혜대상	사회복지대상자	클라이언트, 전 국민

또한, 사회복지정책 분야에서 가치에 대한 논의는 매우 다양한데, 프리드랜드(W. Friedlander)는 사회복지사업의 기본적 가치에 대해 다음과 같은 성격을 가진다고 하였다.

① 개인 존중의 원리 ② 자발성 존중의 원리
③ 기회균등의 원리 ④ 사회연대의 원리

그리고 퍼니스와 틸톤(Furniss & Tilton, 1977)은 현대사회에서 사회복지정책이 추구하는 일반적인 가치로 다음과 같이 여섯 가지를 제시하고 있다.

① 평등(equality)

② 자유(freedom)

③ 민주주의(democracy)

④ 사회적 연대의식(social solidarity)

⑤ 생존권의 보장(security of existence right)

⑥ 경제적 효율(economic efficiency)

위에서 살펴본 바와 같이 학자들에 따라 사회복지정책에 대한 가치는 여러 가지 형태로 다양하게 나타날 수 있다. 그러므로 사회복지에서 추구하는 가치는 보는 관점이나 추구하는 이념에 따라 다를 수 있지만, 시대나 이념을 초월하여 일반적이고 보편적이며 항구적으로 많은 사람들이 공유할 수 있는 사회복지정책에 대한 가치도 존재하고 있다. 그중에서도 사회복지정책에 가장 보편적이고 일반적인 기준이 되는 가치로 인식되는 자유와 평등 그리고 사회정의에 대하여 살펴보기로 한다.

1) 자유

자유(freedom)란 사전적인 해석을 보면 다른 사람의 간섭 없이 자신의 의지대로 행하는 것을 말한다. 이런 의미에서 자유의 개념은 단순히 '외부로부터 속박이 없는 상태'를 가리키는, 즉 '~로부터의 자유'를 가리키는 '소극적 의미'의 자유와 '자신이 하고자 하는 바를 적극적 할 수 있는 상태'를 의미하는 '~에 대한 자유'를 가리키는 '적극적 의미'의 자유로 나눌 수 있다.

사회복지정책의 목표가 구성원들의 불평등을 완화하고 재분배를 지원하기 위한 것이라고 한다면, 이런 목표를 달성하기 위해서 자유는 중요한 가치가 된다. 구성원의 불평등을 완화하기 위해 불평등하다고 느끼는 사람들을 대상으로 더 많은 자유를 주는 정책을 실행한다면 현재보다 더 많은 재분배가 일어나 사회복지정책이 추구하는 목표를 달성할 수 있을 것이다. 이런 이유로 사회복지정책을 논의하는 데 있어 고려되어야 하는 중요한 가치 중의 하나인 자유는 개인의 존엄성과 능력을 최대한 발휘하도록 하는 매개체이므로 많으면 많을수록 좋지만 다른 개인이나 집단의 자유와 충돌할 수도 있고 또 다른 가치인 평등과 충돌할 수도 있다.

우리는 일반적으로 시장에서의 거래에 의한 자원의 배분은 거래 당사자들의 '자유로운 선택'의 결과인 반면, 사회복지정책에 의한 자원의 배분은 개인의 자유로운 선택을 제한하여 강제적으로 이루어지는 경향이 있다(Friedman, 1962). 따라서 사회복지정책에 의한 자원의 배분 행태는 개인의 자유를 침해하게 되는 문제가 발생하게 되는데, 이러한 문제와 관련하여 자유의 개념을 명확히 정의할 필요가 있다.

자유의 개념에는 소극적 자유(negative freedom), 적극적 자유(positive freedom), 심리적 자유(psychological freedom)가 있다(박경일, 2007: 52). 소극적 자유는 구속이나 속박에서 벗어나 다른 사람의 간섭 없이 자신의 의지(will)대로 행하는 자유를 말한다. 이것은 강요와 강압의 부재를 의미하기 때문에 침해당할 수 있는 경우가 존재하게 되는데, 특히 사회복지정책의 경우 대상자의 자유 의지와 관계없이 실행되거나 서비스를 제공하는 경우가 많다. 그 이유는 대상자가 간섭을 받지 않으려는 자유 의지(소극적 자유)를 무시하고서라도 급여나 서비스를 제공하는 것이 전체적으로 보면 대상자의 자유를 증가시켜 사회구성원의 통합에 기여하기 때문이라 할 수 있다.

예를 들어, 클라이언트의 자유 의지와 관계없이 사회복지사의 가정방문을 받아야 하는 경우나 학령기의 아동이 정규교육을 받아야 하는 경우가 여기에 해당된다. 그러나 이와 같은 사회복지 영역에서 발생하는 소극적 자유의 침해상황은 다른 사회복지적 가치를 통해 정당화될 수 있어야 한다(박경일, 2008: 56). 그럼에도 불구하고 사회복지정책에 의해 급여나 서비스를 제공하는 것이 궁극적으로 개인의 자유를 증가시키기 때문에 개인의 자유 의지를 제한할 수 있다는 주장에도 많은 논란이 있을 수 있다.

적극적 자유는 자신이 원하는 것을 할 수 있는 자유, 또는 자신이 선택한 대로 행동할 수 있는 능력의 자유를 말한다. 사회복지정책과 관련하여 최소한의 인간다운 삶의 보장을 위해 국가의 적극적 개입을 요구하는 것도 적극적 자유의 한 유형이 된다. 예를 들어, 아사 직전의 사람에게 자유롭게 행동할 수 있는 '기회'를 주는 것은 무의미하며, 이런 경우 음식을 먼저 제공하여 자신이 원하는 것을 할 수 있도록 하는 적극적 자유를 먼저 높여야만 한다. 또 다른 예로, 가난한 사람에게 음식을 지급하기 위해서 부자에게 세금을 부과했다고 한다면 세금 납부로 인한 부자의 자유(소극적 자유)는 감소되었지만, 부자의 세금으로 음식을 지급받는 빈자에게 늘어난 자유를 통한 효용의 증가는 부자가 잃은 자유보다 더 클 수 있다.

즉, 많은 자유를 가진 사람의 자유를 조금 감소하더라도 적은 자유를 가지고 있는 사람의 자유가 그보다 더 크게 늘어난다면 사회 전체적인 자유의 양은 커지게 되어 사회적으로 바람직한 상태가 되는 것이다. 결국 사회복지정책은 특정한 사람들의 소극적 자유를 줄이는 반면, 다른 사람들의 적극적 자유를 증가하는 방향으로 정책이 실행되어 이것은 적극적 자유를 높이는 것이 소극적 자유를 줄이는 것보다 사회적으로 더 바람직할 수 있다는 논리의 정당성을 가진다고 볼 수 있다. 그리고 심리적 자유는 자신이 선택할 수 있는 능력, 즉 기회의 자유를 말한다.

사회복지정책의 목표는 빈곤 또는 장애, 사회적 차별로부터 각 개인의 자유를 회복하고 유지시켜 주며, 불평등을 완화하여 순자유를 극대화시킨다(강용규 외, 2008: 17).

2) 평등

평등(equality)이란 사전적인 해석을 보면 차별이 없이 동등한 상태로서 권리, 의무, 자격 등이 차별 없이 한결같음을 의미한다. 하지만, 사전적인 해석으로 사회복지정책과 평등을 연관 짓기가 쉽지 않다. 사회복지정책에서 평등이란 사회적 자원의 재분배를 통하여 사회구성원의 삶의 질을 골고루 향상시키고자 하는 사회복지정책의 중요한 가치 중 하나이고, 경제적 민주주의를 실현하기 위한 중심 가치이다.

오늘날 평등은 차등 또는 차별에 대비되는 개념으로서 같은 범주에 속하는 존재들은 자의적인 차별 취급을 받아서는 안 된다는 것을 의미한다. 이러한 평등의 개념이 사회복지정책에서 중요한 의미를 가지는 이유는 사회복지는 궁극적으로 구성원의 욕구와 사회문제를 해결하기 위해 개입하는 정책과 제도를 의미하므로 사회구성원의 차등이나 차별을 감소시키는 재분배 정책의 시행은 사회통합에 이르게 하는 기제로 작동하기 때문이다.

평등의 개념은 다시 수량적 평등, 비례적 평등, 기회의 평등 세 가지로 구별된다.

(1) 수량적 평등

수량적 평등(equality of outcome)은 흔히 결과의 평등(equality of result)으로 불리며, 사람들의 욕구나 능력의 차이에 관계없이 사회적 자원을 똑같이 분배하는 것을 의미한다. 예를 들어, 한 강의실의 학생들이 모두 피자 만들기에 참여하여 만든 피자를 동일한 조각으로 나누어 각 개인의 몫으로 가져가는 기계적인 분배를 의미한다. 간단히 생각하면 모두 다 참여하여 동일한 크기의 몫을 가져가기에 평등한 분배라고 볼 수 있지만, 좀 더 깊이 생각해 보면 두 가지 문제가 존재한다. 하나는 모두 다 참여한다고 할 때 실제 참여하는, 즉 기여하는 정도에는 차이가 있다. 피자 만들기가 아주 좋거나 즐거워서 노력이나 참여 정도가 아주 높은 경우가 있고, 반대로 피자를 싫어하거나 기타의 이유로 참여하기를 좋아하지 않는 경우도 있다. 이런 경우는 노력이나 기여가 아주 낮다고 볼 수 있어서 만들어진 피자는 동일하게 나눈다고 하면 이의가 제기될 수 있다. 또 하나는 피자 만들기에 참여한 학생 중에서 피자를 좋아하지 않거나 지금 먹고 싶지 않다는 등의 이유로 동일하게 나눈 피자를 거부할 수도 있지만, 앞에서 살펴본 수량적인 평등의 개념으로 본다면 동일한 몫을 가져가야 한다. 그럼에도 불구하고 여러 사회복지정책들은 이러한 수량적 평등의 가치를 반영하여 정책으로 결과의 평등을 부분적으로나마 목표로 하고 있다.

따라서 수량적 평등은 사회복지정책들이 소득재분배의 목표를 달성하기 위해서 빈자들에게 그들의 능력과 기여에 상관없이 자원을 일정하게 할당해 줌으로써 부자들과의 소득의 격차를 줄이려고 하고 있다. 수량적 평등을 위한 대표적인 사회복지정책의 사례로는 기초생활 수급자에게 최저생계비를 지급하며, 기초연금 및 장애인연금 대상자에게 급여를 지급하는 등의 정책이 해당된다.

(2) 비례적 평등

비례적 평등(equality of condition)은 개인의 욕구, 노력, 능력, 기여에 따라 사회적 자원을 상이하게 배분하게 하는 것을 의미하는데 공평(equity)이라고도 한다. 예를 들어, 한 강의실의 학생들이 모두 피자 만들기에 참여하여 만들어진 피자를 노력이나 기여의 정도에 따라 동일하지 않은 조각으로 나누어 각 개인은 기여나 노력의 정도에 따라 다르게 몫을 가져가는 분배를 의미한다.

우리가 공평이라 할 때, 그것은 공정한 처우라는 의미를 지니고 있으며 이는 비례적 평등의 의미를 지니고 있다. 즉, 기여에 의한 보상을 의미하는 것으로, 이러한 점에서 공평의 가치는 사람들이 사회에 기여한 바에 대한 보상과 관련이 있다. 예를 들어, 보험료를 많이 지불한 사람에게 많은 급여 혜택을 주거나 공적부조 정책에서 열등수급의 원칙 등을 나열할 수 있다. 이러한 가치에 의하면 사회에 기여할 수 없는 무능력한 사람들에 대한 배려는 예외적인 경우에 한정하여 이루어진다.

한편으로 사회복지 영역에서 이른바 열등처우의 원칙이 있다. 즉, 사회복지 수급자의 전반적인 삶의 수준이 스스로 노동을 해서 살아가는 사람들의 수준보다 나은 상태가 되어서는 안 된다는 원칙을 말하는데, 공평의 가치가 이러한 열등처우 원칙에 잘 반영되어 있다. 다시 말하면, 공공부조 수급자들이 받는 사회복지 급여의 수준이 스스로 노동을 해서 버는 최저임금의 수준보다 높아서는 안 된다는 열등처우 원칙의 밑바탕에는 공평의 가치가 깔려 있는 것이다. 이러한 열등처우 원칙은 일을 하지 않고 사회복지 급여를 받는 사람은 스스로 노동을 하여 임금을 받는 노동자보다 더 받아서는 안 된다는 원칙을 의미하므로, 가급적 근로 동기가 감소되는 것을 막으려는 목적을 은연중에 지닌다고 볼 수 있다.

우리나라 「국민기초생활 보장법」에 의하면 근로능력이 있으면서도 소득이 없거나 소득이 있더라도 최저생활을 하기에 부족한 경우에는, 이들을 조건부 수급자로 규정하고 있다. 이들 조건부 수급자들은 근로와 연계해서 생계급여를 받을 수 있다. 즉, 이들은 일을 해야 생계급여를 받을 수 있는데, 이 또한 공평의 가치가 적용된다고 하겠다.

비례적 평등은 다른 유형의 평등보다 상대적으로 불평등이 존재하지만, 수량적 평등의 비현실성을 고려한다면 자본주의 사회에서 실질적으로 가장 널리 사용되는 평등의 개념이다. 비례적 평등을 위한 대표적인 사회복지정책의 사례로는 국민연금, 병역·출산 크레딧 등의 정책이 해당된다.

(3) 기회의 평등

기회의 평등(equality of opportunity)은 결과의 평등 측면을 무시한 채 결과를 얻을 수 있는 과정상의 기회만을 동일하게 주는 개념으로 가장 소극적인 개념의 평등을 말한다. 기회의 평등을 위한 대표적인 사회복지정책의 사례로는 재외국민의 공무원시험 응시, 장애인 의무고용기회 확대 등의 정책이 해당한다. 그리고 1960년대 미국에서 이른바 '빈곤과의 전쟁(war on poverty)' 시기에 강조되었던 각종 빈곤층을 대상으로 실시한 교육, 훈련 프로그램들이 대표 사례이다.

〈표 2-2〉는 평등의 세 가지 유형을 비교한 것이다.

〈표 2-2〉 평등의 유형 비교

	수량적 평등	비례적 평등	기회의 평등
개념	• 사회구성원 모두에게 욕구나 능력, 기여 등의 차이에 관계없이 사회적 자원을 동일하게 배분 • 결과의 평등	• 개인의 욕구, 노력, 능력, 기여에 따라 사회적 자원을 상이하게 배분 • 공평	• 결과의 불평등에 관계없이 과정상의 기회 제공 • 과정상의 평등
정책적 의미	• 사회통합을 위한 소득재분배 정책	• 기여자의 권리 실현 및 기여 정도에 따른 비례적 평등 실현	• 과정상의 기회 제공으로 참여기회 보장
사례	• 생계급여 • 기초연금 • 장애인연금	• 열등수급의 원칙 • 국민연금 급여의 차등	• 빈곤층의 교육, 훈련 • 리스타트 운동
문제점	• 현실세계에서 실현 불가능	• 비례적 차등에 의한 또 다른 불평등 발생	• 결과의 평등을 고려하지 않는 과정상의 기회 제공은 무의미

3) 사회정의

사회정의(social justice)는 개인의 정당한 몫을 배분해 주는 것으로, 이해가 상충되는 당사자들을 대상으로 어느 한편을 일방적으로 부당하게 희생시키지 않고, 모든 당사자의 이익을 공정하게 고려하여야 한다는 원칙이다(이상수, 2006). 이때 무엇이 정당한 것인가에 대해서는 절차를 중시하는 입장을 절차적 정의라고 하고, 실질적 결과를 중시하는 입장을 실질적 정의라고 한다.

사회정의는 고대 플라톤에서 아리스토텔레스까지 인간에 대한 도덕성의 관점으로부터 사회정의는 어느 정도 정립되어 왔다. 이 시기 인간의 존엄성 유지와 자유의 보장은 사회정의에서 기본적으로 지켜야 하는 것으로 인식되어 왔다. 또한, 현대에 와서 존 롤스(J. Rowls)는 "모든 이에게 자유를 완벽하게 누리게 할 수 있어야 하며, 빈곤한 사람들의 복지를 우선으로 배려해야 한다. 즉, 결과의 불평등은 존재하되, 모든 사람에게 기회는 균등하게 주어져야 하는 것이

정의의 원칙이다."라고 사회정의를 정의하였다. 결국 롤스는 정의의 두 원칙에 의해 운영되는 사회를 질서 정연한 사회로 규정하면서 이런 사회에서는 여러 가지 신념체계를 지닌 여러 집단이 공존할 수 있다고 보았다.

02 사회복지정책의 목표

목적과 목표는 사회복지정책이 추구하거나 지향해야 하는 방향을 제시해 주는 이정표 역할을 한다. 즉, 사회복지는 가치와 이념에 의해 목적과 목표가 정해지고 목적과 목표를 달성하기 위한 세부 정책인 사회복지정책과 제도가 시행되는 것이라 볼 수 있다.

1) 목적과 목표의 관계

사회복지와 관련하여 정책목표(policy objective)는 정책을 통해서 달성하려는 미래의 바람직한 방향이나 지향점, 기준을 말한다. 따라서 정책목표는 그 정책이 추구하고자 하는 궁극적인 '목표'를 말하는 것으로서, 이 정책목표를 달성하기 위해서 사용되는 각종 수단 또는 방법들과는 구별된다.

사회복지 정책목표와 관련된 용어로는 목적(goal), 목표(objective), 세부목표(target) 등이 있다. 목적은 포괄적인 정책의 방향이나 지향점에 대한 의도적이고 추상적인 표현이며 정책 실천의 이념적 틀을 제시한다. 예를 들어, '사회구성원 전체의 삶의 질 향상', '대상자의 행복감 증진' 등이 사회복지정책의 목적이 될 수 있다. 반면에 목표는 목적을 보다 구체화한 정책의 지향점을 의미하는데, 예를 들어 '최저생계 보장', '빈곤문제의 해소' 등이 정책의 목표가 될 수 있다.

정책의 목표는 궁극적으로 달성하고자 하는 것에 대한 설명이지만 여전히 포괄적이고 추상적일 수 있다. 그런 의미에서 세부목표는 정책실행을 통해 달성하고자 하는 것에 대한 설명으로 정책의 성과는 결과적으로 세부목표들이 달성되어야 하는 것이다. 그리고 정책에 대한 평가는 세부목표의 달성 여부를 평가하는 것이다. 따라서 세부목표는 실현 가능하도록 구체적이고 현실적인 지침이나 내용으로 표현되어야 한다. 예를 들어, '최저임금 기준 50%의 최저생계비 지원' 등이다.

그렇지만 정책의 목표와 관련하여 혼란스러운 이유 중의 하나는 많은 사람이 정책의 목적(goal)과 목표(objection)를 혼용해서 사용하기 때문이다. 대개 정책의 목적은 일반적이고 추상적이며 광범위한 반면에, 정책의 목표는 세부적이고 구체적이며 조작적(operational)이어서 직접 측정 가능한 것들이다.

[그림 2-1]은 사회복지정책의 목적과 목표 그리고 세부목표의 관계를 나타낸 것이다.

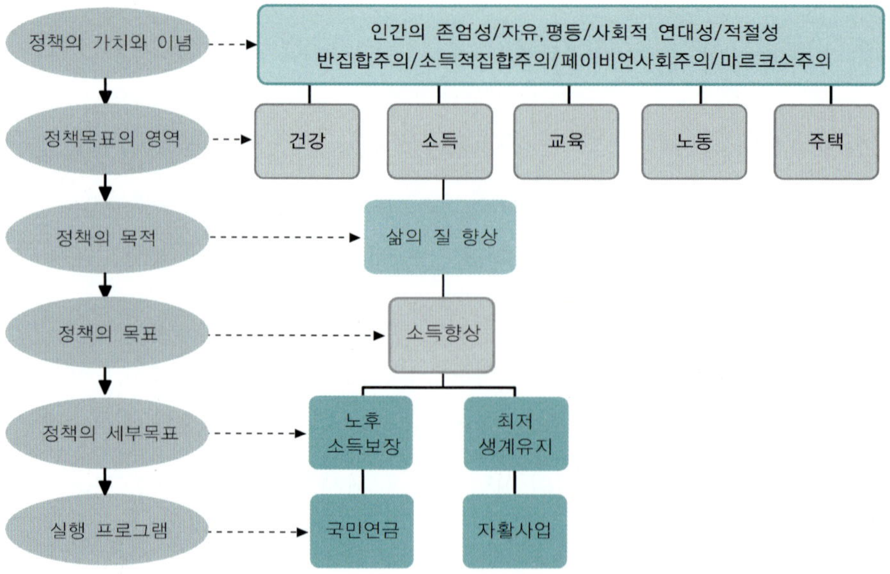

[그림 2-1] 정책목적과 목표의 관계

출처: 현외성(2006: 53), 재조정.

사회복지정책은 일반적으로 전 국민을 직접적인 대상으로 하는 것도 있지만, 대개는 특정 개인 또는 집단이나 계층들을 주요 대상으로 삼는다. 따라서 사회복지정책을 분석할 때 그 대상이 누구인가가 중요한 쟁점으로 부각되며, 특히 그 정책의 목표에서 구체적인 대상 집단을 명확하게 하는 것이 중요하다. 또한, 어떠한 사회복지정책도 특정한 사회문제나 이슈를 완전하게 해결하지는 못한다. 따라서 정책의 목표를 설정할 때 그 정책이 추구하는 목표를 달성할 수 있는 기간, 그 목표의 범위 등을 구체적으로 정의하여야 한다.

2) 목표의 다양한 형태

사회복지정책의 목표는 여러 가지로 나눌 수 있지만 다음과 같이 세 가지 기준으로 나누어 정리할 수 있다(송근원 외, 2006: 204-207).

(1) 장기적 목표와 단기적 목표

정책의 목표는 기간에 따라 단기적인 목표와 장기적인 목표로 구분할 수 있고 대부분의 정책들은 이러한 두 가지 목표를 동시에 가지고 있다. 장기적 목표는 궁극적으로 도달하고자 하는 목표가 되고, 단기적 목표는 일반적으로 장기적 목표를 추구하기 위한 세부적 목표를 말한다.

(2) 공표된 목표와 숨어 있는 목표

정책의 목표는 명확하게 공표된 목표와 잠재적으로 숨어 있는 목표로 나누어질 수 있다. 예를 들어, 보건복지부의 고령화사회대책 발표나 저출산정책 관련 백서에 제시된 정책목표는 공표된 목표라고 볼 수 있다. 흔히 공표된 목표만을 분석하는 경향이 있는데 이러한 경우 그 정책의 성격을 명확히 이해하는 데는 상당한 한계를 지닐 수밖에 없다.

대표적 예로, 미국의 푸드 스탬프(Food Stamp) 프로그램에서 공표된 목표는 저소득층에게 음식물을 공급함으로써 그들의 영양 상태를 높이는 것이지만, 숨어 있는 목표는 대규모 농산물 생산업자들의 이익을 위하여 잉여생산물의 소비를 높이는 것이 된다. 즉 공표된 목표는 일반 대중에게 명확하게 인식되는 목표이고, 숨어 있는 목표는 정책결정자나 입안자 사이에서 이해되는 목표를 말한다(송근원 외, 2006: 205).

(3) 의도한 목표와 의도하지 않은 목표

정책의 목표는 의도한 목표와 의도하지 않은 목표로도 구분할 수 있다. 의도한 목표는 특정한 정책의 대상, 효과 등과 관련하여 정책입안 초기에 미리 의도했던 목표를 말하는 것이고, 의도하지 않은 목표는 정책의 목표설정 당시에는 예상하지 못한 것으로 정책의 집행과정에서 나타난 부수적인 결과로 확인 가능한 것이다(박경일, 2007: 38).

대표적 예로 최저생계비의 적절성을 제시할 수 있는데, 최저생계비는 이전 해의 공공부조 수급자들이 인간의 존엄성을 유지하며 최소한의 문화적인 생활을 할 수 있는 수준에서 결정되는 것이 의도한 목표이지만, 결정 후에 물가가 갑자기 상승하거나 하락할 경우 최저생계비의 가치가 실질적으로 상승하거나 하락하여 원래의 목표인 최저생활의 보장에서 벗어나 의도하지 않은 목표가 될 수 있다.

3) 사회복지정책의 기본적 목표

(1) 인간의 존엄성 유지

인간의 존엄성이란 한 개인의 인종, 종교, 연령, 성, 교육 수준, 경제·사회적 신분 등의 차이에 관계없이 한 인간으로서 존엄한 가치를 지닌 존재라는 것을 의미한다. 인간의 존엄성을 유지하기 위해서는 먼저 국민 각자에게 최저한도의 인간다운 생활을 보장해야 하고 인간다운 생활보장을 명문화하기 위해 각 나라의 헌법에 생존권이 등장하게 되었다. 생존권의 입법 예는 바이마르헌법과 우리나라 「헌법」 제10조에서 인간의 존엄과 가치, 행복추구의 권리 및 국가의 기본권 보장 의무를 규정하고 있다. 그리고 우리나라 제6공화국 「헌법」에서 인간의 존엄성 확보를 위해 제34조에서 인간다운 생활을 할 권리에 대해 구체적으로 사회복지 관련 규정을 설정해 놓고 있다.

그 외에도 제31조에서 교육을 받을 권리·의무, 제32조 근로의 권리·의무, 제33조 근로자의 단결권, 제34조 사회보장, 제35조 환경권, 제36조 혼인과 가족생활·모성보호·국민보건, 제119조에서 균형 있는 국민 경제의 성장 및 안정과 소득의 분배를 유지하고 경제민주화를 위한 규제와 조정을 명시한 것에 이르기까지 일련의 개별적인 생존권을 보장하고 있다.

(2) 자립성 유지

개인의 자립성 유지는 타인에 의한 의존에서 벗어나 자기 스스로 삶을 영위하는 데 있다. 따라서 자립성 또는 자활의 목표는 한 개인이 스스로 자신의 생활을 결정하고 영위할 수 있도록 사회복지정책 실천의 목표가 된다. 특히 사회복지 개입목표에 있어서 문제를 가진 클라이언트의 경우 자신의 문제 원인과 의미를 스스로 인식하여 해결할 수 있는 데까지 개입하고, 전문사회사업가가 주관적이고 권위적인 방법으로 해결하지 않아야 된다는 사회사업실천상의 개입원리는 자립성의 유지라는 목표를 극명하게 보여 주는 예가 된다(현외성, 2006: 59).

(3) 개인적 성장과 개발

사회복지는 인간의 잠재력과 성장 가능성을 인정하는 원리를 바탕으로 하여 정책과 실천이 이루어지고 있다. 따라서 개인적 성장과 개발은 사회복지정책의 기본적 목표로서 중요성을 가지고 있다(박경일, 2007: 39).

03 사회복지정책의 방향

오늘날 서구의 모든 복지국가에서 사회복지정책은 국가에 의해서 주도되고 있다. 여기서 주도된다는 의미는 국가가 사회복지정책의 재원을 부담할 뿐만 아니라 다양한 형태의 통제를 포함한다. 예를 들어, 사회보험의 경우 정부가 대상, 재원, 급여내용, 전달방법 등 모든 부분에서 정부가 결정을 한다(김태성, 2008: 35).

이와 관련하여 일반적으로 사회복지의 재화나 서비스를 국가가 주도해야 하는 이유는 무엇인가라는 질문에 대한 해답은 크게 두 가지로 나눌 수 있다. 첫째는 평등, 소득 재분배, 인간의 존엄성, 사회구성원의 유대 등의 공동체 가치를 구현하기 위해서는 국가가 적극적으로 나서서 사회복지의 재화나 서비스를 국민에게 제공하여야 하기 때문이다. 즉, 당위성 측면에서 필요성이다. 둘째는 국가가 제공하는 것이 다른 방법에 의한 것보다 더 효율적으로 사회복지의 재화나 서비스를 제공할 수 있기 때문이다. 즉, 효과성 및 효율성 측면에 있다.

따라서 사회복지 재화나 서비스를 국가가 제공하는 것이 민간부문이나 다른 부문에서 제공하는 것보다 더 중요하고 효율적일 수 있다. 반대로 사회복지 재화나 서비스를 국가가 주도하지 않고 시장에서 사고판다면 국가에 의해 이루어지는 것보다 더 비효율적이 되거나 처음부터 거래가 성립되지 않을 수도 있다. 이것을 시장의 실패(market failure)라고 한다.

1) 시장의 실패와 국가개입

시장의 실패 개념은 시장의 불합리한 기능으로 공정한 가격형성이 되지 않아 공급이나 수요자가 없거나 있어도 가격형성이 어려운 경우를 말한다. 일반적으로 시장은 수요자와 공급자 간의 합리적인 선택을 바탕으로 하는 자유경쟁의 기제에 의하여 자원을 효율적으로 배분 가능하여야 한다. 그런 시장의 기능으로는 재화나 서비스의 배분으로 만족감을 주고, 수요와 공급을 일치시켜 가격을 형성하게 한다. 그러나 특정 조건하에 있는 시장은 어떤 재화들을 효율적으로 배분하지 못하거나 시장기능의 불충분으로 공공의 이익을 충분히 보장하지 못하여 자원배분이 이루어지지 못한 상태가 되는데, 이런 경우에 사회의 혼란을 초래하는 상태로 발전될 수 있어 국가나 정부가 개입하게 하는 근거가 된다.

시장실패의 유형으로는 ① 공공재적 성격, ② 외부 효과 ③ 불완전한 정보, ④ 역의 선택, ⑤ 도덕적 해이, ⑥ 규모의 경제 등이 있다(김태성·성경륭, 2008).

(1) 공공재적 성격

공공재(public goods)는 재화를 소비하는 데 있어 비경쟁적이고 비배제적인 성격을 가지는 재화를 말한다(Rosen, 1988). 비경쟁적(non-rivalry)이라 함은 공공재는 해당 재화를 다른 사람이 소비를 하더라도 특정한 사람의 소비를 감소시킨다거나 소비 효과인 효용을 감소시키지 않는 성질의 재화를 말한다. 예를 들어, 국방, 방송, 홍수통제, 일기예보, 오염완화, 공중보건 등이 해당되고, 비배제성(non-exclusive)이란 치안이나 국방의 경우처럼 공공재는 누구라도 소비할 수 있으며, 그 소비에서는 누구도 배제할 수 없는 성격의 공공재를 말한다.

이런 공공재는 재화가 제공되면 다른 사람들이 그 재화를 소비하는 데 드는 추가비용은 없고, 다른 사람들이 그 재화를 사용하는 것을 막기도 어려운 특성이 있는데 이것을 무임승차(free-rider) 현상이라 한다. 따라서 공공재가 사회적으로 바람직하게 제공되기 위해서는, 국가에 의해 세금의 형태로 강제적으로 국민에게 재화에 대한 사용을 지불하게 해야 한다.

우리가 흔히 공공재의 대표적 예로 등대를 제시하는데, 일단 등대불이 켜지면 등대 주위를 지나가는 모든 배는 혜택, 즉 등대서비스에 대한 요금을 지불하지 않아도 똑같은 서비스를 받을 수 있고, 요금을 지불하지 않은 배를 그 서비스로부터 제외시키기도 어려운 상태가 된다(김태성, 2008: 40). 이런 현상은 사회복지분야의 자선사업, 방역사업 등에도 발생한다.

따라서 공공재의 경우, 사회에서 실제적인 필요성에도 불구하고 국민 개개인의 무임승차 심리 때문에 시장에서 제대로 공급될 수 없는 문제가 발생하고 결국은 시장에서 경쟁할 수 없는 상태가 되어 일반적으로 국가가 개입하거나 서비스를 제공하게 된다.

(2) 외부효과

외부효과(external effect)란 어떤 사람들의 행동이 또 다른 사람들의 복지에 대한 시장가격의 변화 없이(시장 기제 밖에서) 영향을 주는 현상을 말하는 것으로, 개인의 경제행위가 다른 사람들에게도 이익 또는 손해를 가져다주게 되고 그에 따른 손익의 청산이 시장의 기능을 통하여 자동적으로 이루어지지 못하게 되는 현상을 의미한다. 이것은 프리드만(Friedman, 1962)의 '이웃효과(neighborhood effect)'라고도 한다.

외부효과는 크게 긍정적 외부효과와 부정적 외부효과로 나눈다. 긍정적인 외부효과는 어떤 사람의 행위를 통하여 제3자가 어떤 대가를 지불하지 않고도 이득을 보게 되는 현상으로 어떤 사람이 자선을 해서 이웃의 가난한 사람들을 줄인다면, 자선을 하지 않는 다른 사람들도 가난한 사람들이 줄어든 것으로 인한 이득, 예를 들면 범죄율 감소, 집값 상승, 만족감의 증가 등을 얻을 수 있다.

부정적인 외부효과는 한 사람의 행위가 그 행위에 대한 비용을 지불하지 않고 다른 사람들의 복지에 해를 주는 현상으로, 환경오염, 공해, 교통체증 등을 들 수가 있다. 그러나 외부효과 중에 부정적인 외부효과의 경우에는 그 행위가 과도하게 나타날 수 있고, 긍정적인 외부효과의 경우는 그 행위가 지나치게 낮은 수준이 될 가능성이 있다. 즉, 자선, 봉사 등 긍정적인 외부효과를 유발하는 개인의 행위는 미미한 수준에서 나타나거나 축소될 수 있고, 반대로 사회 전체가 공동으로 부담하는 사회복지의 수요(공공부조, 사회보험 등)는 과도하게 나타나는 문제를 초래하는 경향이 있다.

공공재적 성격의 재화와 외부효과의 차이점을 비교해 보면, 일반적으로 공공재의 재화나 서비스는 외부효과가 있지만, 외부효과가 나타나는 재화는 공공재가 아닌 것도 있다는 것이다. 위에서 살펴본 개인의 자선행위는 공공재가 아니지만 외부효과가 있다고 볼 수 있다. 또한, 어떤 재화는 외부효과가 매우 커서 한 국가의 모든 국민에게 영향을 줄 수 있는 경우에는 이러한 재화는 공공재라 할 수 있다.

(3) 불완전한 정보

어떤 재화가 시장 기제에서 효율적인 배분이 이루어지기 위한 전제조건은 수요자나 공급자 모두가 재화의 질과 가격에 대한 충분한 정보를 가지고 효용을 극대화하는 합리적인 선택을 한다고 가정한다.

그러나 어떤 재화나 서비스의 공급자와 수요자 간에 재화에 대한 정보 차이가 있을 때, 일반적으로 정보를 많이 가진 공급자에 의해 재화의 형태, 질 그리고 가격 등이 결정될 가능성이 크다. 예를 들면, 사회보험, 의료서비스, 교육서비스, 주택서비스 등은 복잡한 기술적인 정보를 가지고 있어야 올바른 선택이 가능하지만, 전문적 지식과 정보가 없는 일반 소비자들의 선택에 맡겨 배분이 이루어지게 된다면 비효율적이 될 수 있거나 합리적 선택의 어려움이 있다.

특히 건강보험의 경우 의료 및 보험에 대한 정보는 복잡하고 전문적이어서 시장 기제에만 맡겨두면, 일반소비자들은 자기들에게 적합한 서비스가 무엇인지, 이러한 서비스를 어디에서, 어떻게 구입해야 하는지에 대한 정보가 부족하거나 왜곡되어 적절하지 못한 선택을 할 가능성 크다고 볼 수 있다. 따라서 건강보험 서비스는 정보의 비대칭성이 강하기 때문에 특정 개인이나 집단이 서비스하는 것보다는 국가가 서비스하는 것이 바람직하다고 볼 수 있다. 현재 세계적으로 볼 때 건강·의료 서비스는 몇몇 국가를 제외하고 국가가 서비스하는 것이 대부분이다.

(4) 역의 선택문제

역의 선택(adverse selection)문제는 민간시장에서 미래에 발생할 위험에 대비하여 개별보험이 성립되기 어려운 구체적인 현상을 말한다. 역의 선택문제는 앞에서 논의한 불완전한 정보의 또 다른 현상으로 피보험자가 보험자보다 자기 자신의 위험발생 가능성에 대하여 더 많은 정보를 갖고 있는 경우에 나타나는 현상이다. 따라서 질병, 실업과 같은 미래에 발생할 위험에 대비한 보험들이 민간보험회사에서 실업보험, 건강보험의 형태로 개별적으로 판매한다면, 위험이 발생할 가능성이 큰 사람들(보험금을 받을 가능성이 높은 사람들)이 집중적으로 구입하게 되는 문제가 발생하게 된다.

이것은 보험회사가 보험에 가입할 개인들의 위험발생 가능성에 대한 충분한 정보를 구하기 어렵고, 보험회사는 개인들에 대한 적정한 보험료를 책정하기 어려워 보험회사가 이익을 남기고자 높은 보험료를 부과하게 되는데, 높은 보험료의 부과는 역의 선택 문제를 더욱 악화시키게 된다(김태성, 2008: 49).

사회복지의 재화나 서비스에 대한 역의 선택문제의 대표적 예는 실업보험을 들 수 있다. 실업보험이 시장에서 상품의 형태로 판매되면 실업 가능성이 큰 사람들이 집중적으로 상품을 구입하게 되고 민간 실업보험회사는 갈수록 채산성이 나빠져 더 높은 보험료를 책정하지만 결국은 높은 보험료와 가입고객의 부족으로 파산을 하게 된다.

(5) 도덕적 해이

도덕적 해이(moral hazard)는 개인의 의도적 행위가 보험대상으로 하는 위험의 발생 가능성에 영향을 줄 수 있다는 것에서 출발한다. 만일 민간시장에서 실업보험을 판매한다면, 어떤 사람이 실업이 되었을 때 자발적 또는 비자발적인 실업인지 구분하기가 어렵고, 실업된 상태의 심리적 비용은 다른 위험에 비해 적기 때문에 실업상태는 상당히 오래갈 수 있다. 이러한 결과로 가입자들의 보험료는 높아지고, 따라서 가입자는 줄어들게 되고 결국은 이 문제가 심각해지면 이러한 상품은 민간보험에서 제공되기 어렵게 된다(김태성 외, 2011: 212, 재인용).

도덕적 해이 현상을 방지하기 위한 민간보험의 방안으로는 위험이 자주 발생하는 경우에는 높은 보험료를 부과하고, 일정 이하의 위험(경미한 위험)이 발생할 경우에는 보험금을 지불하지 않으며, 위험이 발생해도 보험금의 일부만을 지불하고 나머지는 본인이 부담하게 하는 방법이 있다(김태성, 2008: 53). 결국, 도덕적 해이 문제는 서비스 제공자가 수혜자의 행위에 대한 충분한 정보를 갖고 그들의 행위를 조정하고 통제함으로써 해결될 수 있다. 기초생활 수급자 중 조건부 수급자가 대표적인 경우에 해당한다.

(6) 규모의 경제문제

일반적으로 시장에서 재화가 효율적으로 배분되기 위해서는 어떤 경제 주체도 시장가격에 영향을 주지 않고, 많은 수의 공급자와 수요자의 거래에 의해서 재화의 가격이 형성되어야 한다. 만일 규모의 경제(economy of scale)가 존재하면, 규모가 큰 경제 주체는 재화를 단위당 싼 가격에 대량으로 생산·판매할 수 있기 때문에 작은 경제주체를 몰아내고 시장을 독점 지배하여 결과적으로 자원의 비효율적인 배분이 이루어질 가능성이 높다. 이러한 경우는 국가가 개입하여 규모에 의한 경제효과가 큰 재화를 제공하는 것이 바람직할 것이다.

사회복지와 관련된 재화 및 서비스는 규모의 경제에 의한 속성을 가지며 특히 대중교육, 대규모의 공공주택 건설, 사회보험 등은 국가가 직접 제공하는 것이 단위 비용이 적게 들고, 민간부문의 여러 공급자가 제공하는 것보다 필요한 거래비용도 줄일 수 있다(김태성·성경륭, 2008: 215).

2) 소득의 재분배와 불평등

사회복지정책은 사회구성원들이 일차적으로 시장에서 벌어들인 소득으로 개인의 복지를 해결하지 못하게 될 때 이차적으로 개입하는 국가의 사회정책이다. 따라서 사회복지정책은 재분배 정책으로 사회구성원의 불평등 문제와 관계가 있다. 결국 소득 불평등의 심화는 빈곤으로 이어지고 다른 유형의 불평등과 연결되며 이것은 사회구성원 개인의 복지에 해를 끼쳐 사회통합을 저해하는 문제로 나타나게 되는 것이다.

특정 사회에서 소득 불평등이 심화되는 이유는 자본주의 경제체제에서 기인하는 것도 있지만 위에서 살펴본 시장의 실패로 자원배분의 공정성이 동작하지 않거나 생산된 자원이 사람들 사이에서 고르게 분배되지 않는 경우 등을 말한다. 특정 사회의 소득재분배 상태를 알아보는 것은 결국 사회구성원들의 불평등이 어느 정도 되는지를 알아보는 것과 같다. 소득의 불평등을 측정하는 기준을 소득의 불평등도라 하는데 그 유형으로는 로렌츠곡선(Lorenz curve), 지니계수(Gini coefficient), 10분위 분배율(income deciles distribution ratio) 등이 있다.

(1) 로렌츠 곡선

로렌츠 곡선은 한 나라 국민의 소득분배 상태를 살펴보기 위하여 인구의 누적비율과 소득의 누적점유율 간의 관계를 나타낸 곡선으로 미국 통계학자 로렌츠가 1905년에 발표한 논문에서 제시하였다.

가로축에 소득액 순으로 소득계층(인원) 수의 누적 백분비율을 나타내고, 세로축에 소득금액의 누적 백분비율을 나타냄으로써 얻어지는 곡선이다. [그림 2-2]와 같이 소득의 분포가 완전히 균등하면 로렌츠 곡선(점선)은 대각선(45° 직선)과

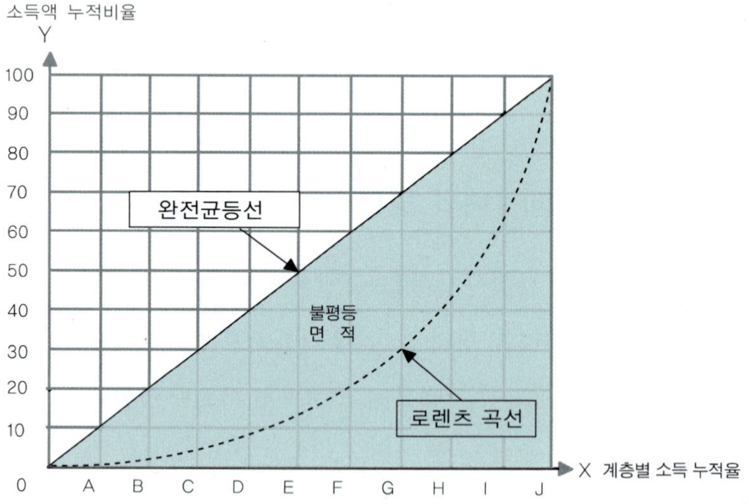

[그림 2-2] 로렌츠 곡선

일치한다. 곡선과 대각선 사이의 면적의 크기가 불평등도의 지표가 된다. 그리기가 쉽기 때문에 소득분포뿐만 아니라, 그 밖의 경제량 분포의 집중도 또는 불평등도를 측정하는 방법으로 사용되고 있다.

예를 들어, 소득분포가 완전히 평등할 경우에 로렌츠 곡선은 직선으로 되어 완전균등선과 일치하게 되고, 소득분포가 불평등할수록 곡선의 커브가 커진다. 어떤 집단(A~J)의 소득(Y)이 이론적으로 동일할 때, 각 집단의 누적소득은 다음과 같고, 이런 경우 로렌츠곡선은 이론적으로 완전균등하여 직선이 된다.

A=10, B=20, C=30, D=40, E=50, F=60, G=70, H=80, I=90, J=100

그러나 어떤 집단(A~J)의 소득 누적치가 아래와 같을 때 [그림 2-2]에서와 같이 곡선(로렌츠곡선)의 형태가 된다. 즉, 집단 간의 소득격차가 심할 때 곡선의 커브는 더욱 커진다.

A=1, B=2, C=2, D=4, E=5, F=6, G=8, H=12, I=17, J=43

로렌츠 곡선은 한 사회의 여러 집단이나 개인에 대한 소득의 불평등도를 자세하고 알기 쉽게 보여 주는 장점이 있으나, 여러 사회나 연도별 불평등도를 비교하기에는 불편하다는 단점이 있다.

(2) 지니계수

지니계수는 빈부의 격차와 계층 간 소득분포의 불균형 정도를 나타내는 수치로, 이탈리아의 통계학자인 지니(C. Gini)가 소득분포에 관해 제시한 통계적 법칙인 지니의 법칙에서 나온 개념이다. 지니계수는 빈부격차와 계층 간 소득분포의 불균형 정도를 나타내는 수치로, 소득이 어느 정도 균등하게 분배되어 있는지를 평가하는 데 주로 이용된다.

한 나라의 경제 내 소득분포가 완전히 평등한 상태를 0에서부터 1 사이로 나타내고 1에 가까울수록 불평등 정도가 높아지도록 구성되며, 보통 0.4가 넘으면 소득분배의 불평등 정도가 심한 것으로 본다. 지니계수는 [그림 2-2]와 같이 로렌츠 곡선과 완전균등선 사이의 불평등 면적을 완전 평등선이 그래프상에서 만드는 삼각의 면적으로 나눈 것으로 계산된다. 바꾸어 말하면 [그림 2-3]과 같이 직각 삼각형에서 불평등면적을 나눈 값이 된다.

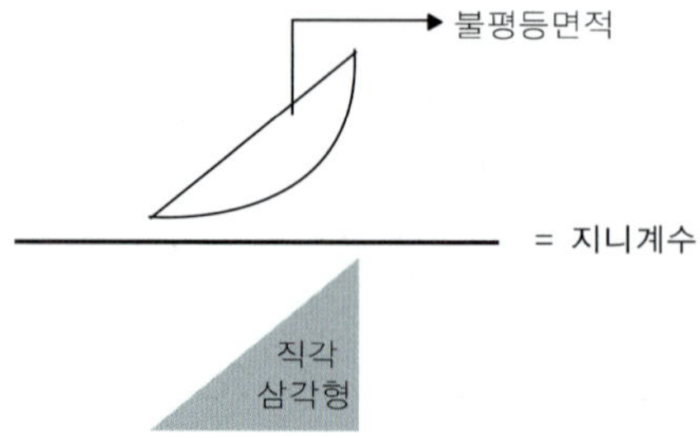

[그림 2-3] 지니계수 계산

결국 지니계수는 로렌츠 곡선이 이루는 불평등면적을 수치로 구한 값(0~1 사이)으로 표현되는데, 이것은 특정 사회의 불평등도를 하나의 숫자로 표현하므로 여러 사회나 국가를 상대로 불평등도를 비교하기가 용이하다는 장점이 있다. [그림 2-4]는 우리나라 연도별 지니계수를 나타낸 것이다.

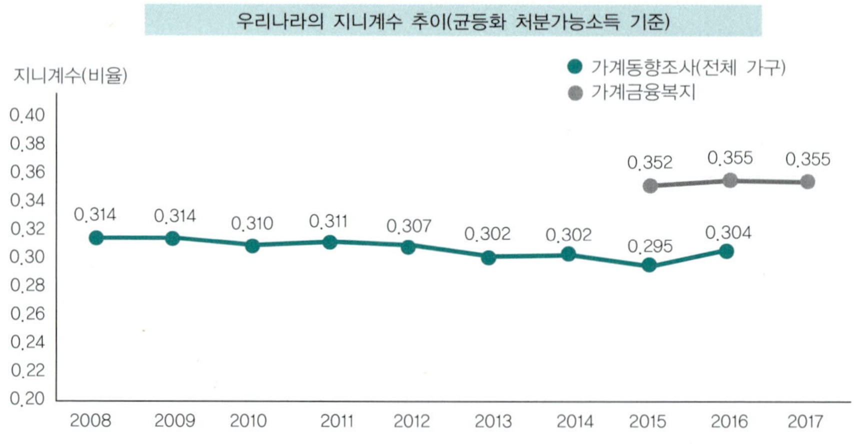

[그림 2-4] 연도별 지니계수

출처: 통계청. 가계동향조사.

(3) 10분위 분배율

10분위 분배율(income deciles distribution ratio)은 한 나라의 모든 가구를 소득 크기순으로 배열하고 이를 10등급으로 분류하여, 소득이 낮은 1등급에서 4등급까지의 소득 합계를 소득이 가장 높은 9~10등급의 소득 합계로 나눈 비율을 말한다. 즉, 10분위 분배율은 [그림 2-5]와 같은 공식으로 나타낸다.

$$10분위\ 분배율 = \frac{하위\ 40\%\ 소득}{상위\ 20\%\ 소득}$$

[그림 2-5] 10분위 분배율

따라서 10분위 분배율의 값은 0~2 사이의 값을 가지는데, 그 값이 0이면 하위 40%의 소득이 0이 됨을 의미하여 계층별 불평등이 아주 심한 상태를 나타내며, 10분위 분배율의 값이 2이면 모두가 평등하게 분배되어 하위 40%의 소득누계가 상위 20% 소득누계의 2배가 되어 완전 평등한 소득분배를 의미한다.

따라서 10분위 분배율은 그 값이 높을수록 소득의 분배상태가 평등해지는 사회를 말하고, 그 값이 0에 가까울수록 불평등이 심화된 사회를 의미한다.

(4) 5분위 분배율

5분위 분배율은 모든 계층의 소득을 소득 순에 따라 5등급으로 분류하여 소득수준이 가장 높은 5등급(상위 20%)의 평균소득을 가장 낮은 1등급(하위 20%)의 평균소득으로 나눈 비율로 계산된다.

$$5분위\ 분배율 = \frac{상위\ 20\%\ 소득}{하위\ 20\%\ 소득}$$

[그림 2-6] 5분위 분배율

[그림 2-6]의 5분위 분배율은 10분위 분배율과 반대로 그 값이 클수록 소득분배의 불평등도가 높다는 것을 의미하며, 가장 평등한 상태는 그 값이 1일 때를 말한다. 예를 들어, 5분위 분배율의 값이 5.5라는 의미는 상위 20%의 소득이 하위 20%의 소득보다 5.5배 많다는 것을 의미하며, 이것은 불평등이 매우 심하다는 것을 나타낸다.

연/구/문/제

01 현재 시행되고 있는 사회복지정책 제도를 조사해 보고 각 제도의 목표와 목적 그리고 세부목표를 알아봅시다.

02 사회복지정책이 추구하는 가치들을 조사해 보고, 가치와 이념의 관계를 토론해 봅시다.

03 현대 자본주의 경제시장에서 시장의 실패가 발생하는 이유를 조사해 봅시다.

04 불평등도를 측정하는 방법을 알아보고 각 방법 간의 차이점을 비교해 봅시다.

참/고/문/헌

강용규 외 3인(2008). 사회복지정책. 청목출판사.
강욱모(2008). 21세기 사회복지정책. 청목출판사.
곽효문(1999). 복지국가론. 제일법규.
김경우 외(2008). 사회복지정책론. 창지사.
김교환(2002). 현대 복지국가론. 교육과학사.
김병록 외(2009). 사회복지와 정책. 동문사.
김정헌(2003). 복지국가론. 대명.
김태성 외(2008). 복지국가론. 나남.
김태성(2006). 빈곤과 사회복지정책. 청목출판사.
김태성(2008). 사회복지정책입문. 청목출판사.
김학만 외(2007). 사회복지정책신론. 대명사.
김태성·성경륭(2011). 복지국가론. 나남.
남기만(2004). 사회복지정책론. 학지사.
박경일(2008). 사회복지정책론. 공동체.
송근원 외 1인(2006). 사회복지정책론. 나남.
이상수(2006). Basic 고교생을 위한 사회 용어사전. 네이버 지식백과.
이정우(2006). 사회복지정책. 학지사.
현외성(2006). 사회복지정책강론. 양서원.
Friedman, M.(1962). *Capitalism and Freedom*. Chicago University Press.
Furniss, N. & Tilton, T. (1977). *The Case for the Welfare State*. Indiana Univ. Press.
Rosen, H. S. (1988). *Public Finance*. Homewood: Irwin.

사회복지정책의 발달이론

CHAPTER 03

학/습/목/표

- 사회복지정책의 발달이론을 열거할 수 있다.
- 수렴이론의 특징을 설명하고 사회복지정책 발달 변수를 제시할 수 있다.
- 시민권의 개념을 세 가지 유형으로 나열하고 역사적으로 발전과정을 설명할 수 있다.
- 위계적 확산과 공간적 확산을 구분하고 간단히 설명할 수 있다.

이론(theory)이란 어떤 현상들 사이의 상호관계를 논리적인 연관관계로 설명해 주는 사고체계를 의미한다. 또한, 이론적 체계는 개념, 변수 및 진술 등의 요소로 이루어진다. 그리고 우리가 발달이라 할 때에는 어떤 한 단계에서 보다 바람직한 다음 단계로 변화하는 것을 의미한다고 본다면, 사회복지정책의 발달을 설명하는 이론은 장기간의 시간적 흐름에 따라 사회복지정책이 어떤 과정과 절차를 통하여 발전적으로 변화하는지에 대한 연구의 결과를 말한다. 아래에서는 사회복지정책의 발달을 설명하는 이론들을 살펴보고자 한다.

01 사회양심이론

사회양심이론(social conscience theory)은 1950년대 영국 사회정책학의 통설로서 애용되고, 그 이후 사회사업가 및 박애주의자들에게 큰 영향을 미치고 있는 가설로, 사회복지정책이란 타인에 대한 사랑을 국가를 통해 실천되는 것으로 사회적 의무감에 대한 확대와 욕구에 대한 국민의 지식 증가와 요구로 사회복지정책이 발전한다고 보는 이론이다[그림 3-1].

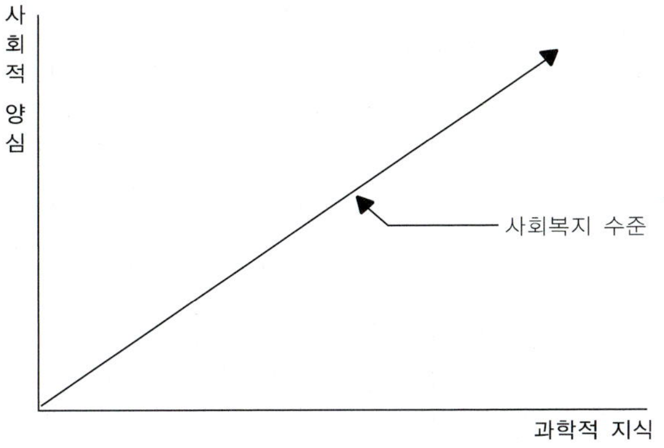

[그림 3-1] 사회적 양심과 지식과의 관계

이것은 사회의 집단적인 양심은 사회복지정책의 변수이므로, 사회적 양심의 증대가 사회복지 발전을 가져오는 원동력이 된다고 본다. 또한, 성선설, 인도주의, 이타주의로 인간을 바라보며, 사회문제를 보는 관점도 개인의 책임보다 사회적 책임으로 본다. 결국 개인의 이타주의가 집단적인 이타주의로 되어 국가로 하여금 사회복지제도를 실시하는 것이 사회복지정책이라고 본다.

양심이론이 제시하는 가설의 주요 내용을 살펴보면 첫째, 사회정책이란 인간이면 누구나 갖기 마련인 타인에 대한 사랑을 국가를 통해 표현하는 것이다. 둘째, 사회정책은 사회적 의무감의 확대와 욕구에 대한 국민의 지식 향상이라는 두 요인에 의해 변화된다. 셋째, 변화는 축적적이고 관대함과 관심 영역의 증대하는 방향으로 균일적인 변화폭은 아니지만 계속 넓은 범위로 발전한다. 넷째, 사회변화는 불가피하며 사회변화에 따라 정책도 개선·발전되고 있으며 현재의 사회복지서비스는 지금까지의 것 중 최선의 것이다. 마지막으로, 역사적으로 볼 때 현재의 서비스가 완전한 것이 아닐지라도 사회복지의 주된 문제는 이미 해결되었고 사회는 안정 기반 위에 구축되어 있기 때문에 지속적으로 발전을 기대할 수 있다(원석조, 2010: 182).

그러므로 양심이론은 사회적 의무감의 확대·심화와 사회적 욕구에 대한 과학적 지식의 증대에 의해 변화는 끊임없이 관심 영역으로 증대되고 정책도 관대하며 광범위하게 발전된다는 것이다. 또한, 사회변화는 불가피하고 개선·발전되어야 하며 현재의 사회복지서비스 수준이 가장 높은 단계이고 불완전한 사회복지 서비스나 제도는 개선·발전된다는 긍정적이고 낙관적인 시각이 필요하다고 본다.

그러나 이 이론은 사회복지정책을 국가의 자선활동이자 국가의 의무로 간주하여 사회복지정책을 동정주의 시각으로 보려는 경향이 존재한다. 그리고 사회복지정책 발전에 대한 정치적 요인을 무시하고 사회복지정책을 이상주의와 인간사회에 관한 지식, 정보의 발전 결과로 인식하는 단점이 있다. 또한, 인간의 선한 양심으로는 모든 사회문제를 예방하거나 완전히 제거하지 못하며, 사회복지정책이 사회변화에 따라 나타난 사회문제에 적절하게 대응하지 못하기 때문에 항상 사후대책으로만 존재하는 인식을 준다. 마지막으로 최근의 공공정책 실패와 사회문제 재발에 대한 설명도 미흡하다. 대표적 학자로는 바커(baker) 등이 있다.

02 합리이론

합리이론(rationality theory)은 사회정책의 불가피성을 현대사회의 산업화라는 맥락 속에서 찾고 있다. 즉, 산업화 과정에서 필연적으로 각종 사회문제가 파생되는데, 이때 합리적 이성을 가진 개인이 고안해 낸 문제해결책이 사회복지정책이다. 따라서 개인의 능력에 의존하는 현대 자본주의에 의한 경제체제가 발전하면 할수록 부수적으로 사회문제가 발생하고 욕구를 충족하지 못한 개인이나 계층이 존재하게 되는데, 이런 부분에 대한 대응책으로 문제해결을 실행하다 보면 사회복지정책이 발전하였다고 보는 이론이다.

합리이론의 주요 내용을 살펴보면, 산업화 사회에서는 인구 증가, 핵가족화, 평균수명의 연장 등으로 인해 전통가족 및 지역사회의 개인에 대한 복지제공의 기능이 붕괴되어 취약집단이 형성되는데, 합리적 인간에게는 빈곤이 불필요하고 낭비적인 것으로 인식되어 합리적 해결 또는 완화책으로 사회복지정책이 등장하고 발달한다고 본다.

하지만 사회문제의 현명한 대책으로 합리와 논리의 힘만이 유일한 원동력으로 간주되어 문제 인식과 해결에 관한 합의가 항상 존재하는 것처럼 오해를 야기할 수도 있다. 그리고 사회복지정책의 결정요소로서 가치판단을 배제할 수 없는데, 한 개인에게는 합리적일지라도 다른 개인에게는 정반대로 받아들여질 가치문제도 있기 때문에 사회문제가 특정 시점과 특정 상황에서 어떻게 사회문제화되는가에 관한 설명이 부족하다. 또한, 정책결정 과정의 영향요소로서 이데올로기를 무시함으로써 사회복지정책을 탈가치적 기술로만 보며 사회복지제도가 사회·경제적 변화에 수반되는 문제 해결책이 아니라 사회변화의 능동적 변수(원인)로 발전되는 사실을 설명하는 것은 불가능하다(박경일, 2008: 75).

03 수렴이론

수렴이론(convergence theory)은 정치·경제적 사회체제가 다를지라도 산업화나 경제성장의 정도가 유사하면 사회복지 발달의 수준도 유사한 형태로 수렴해 나간다고 주장하는 이론이다. 여기서 사회복지 발달수준은 사회적 양심과 같은 윤리나 이념, 시민권과 같은 법적·정치적 권리가 아니라 산업화의 정도, 경제성장의 수준 등과 같은 요인에 의해서 결정된다고 본다.

따라서 수렴이론에서는 현대사회를 이해하기 위한 중요한 변수로 산업화의 정도나 기술의 발전 그리고 경제성장 등에 의해 사회복지정책이 발전된다고 보기 때문에 산업화론(industrialization theory), 기술결정론(technological determinism theory), 경제발전론(economic level theory)이라고도 한다. 즉, 산업사회의 결과로 풍요로워진 자원을 통해서 복지가 발전하기 때문에 정치·경제·사회적 체제가 다를지라도 산업화나 경제성장의 정도가 유사하면 사회정책도 비슷한 형태로 발전하여 결국에는 수렴된다고 보는 이론이다.

수렴이론의 논리를 요약해 보면, [그림 3-2]와 같다. 먼저 A국가와 B국가는 국가마다 다른 산업화의 발달과 기술의 발전은 경제성장을 가져오는 동시에 새로운 사회적 욕구를 유발시켜 개인의 욕구나 사회문제가 등장하게 된다. 이때 경제성장은 문제 해결에 필요한 자원을 제공하고 새로운 욕구에 대한 국가의 대응으로 사회복지정책이 발달하게 되는데, 그 결과로 나타나는 사회복지정책은 A국가와 B국가는 서로 유사하게 되어 궁극적으로 사회복지정책이라는 한 점으로 수렴하게 된다고 보는 이론을 말한다(원석조, 2006:173).

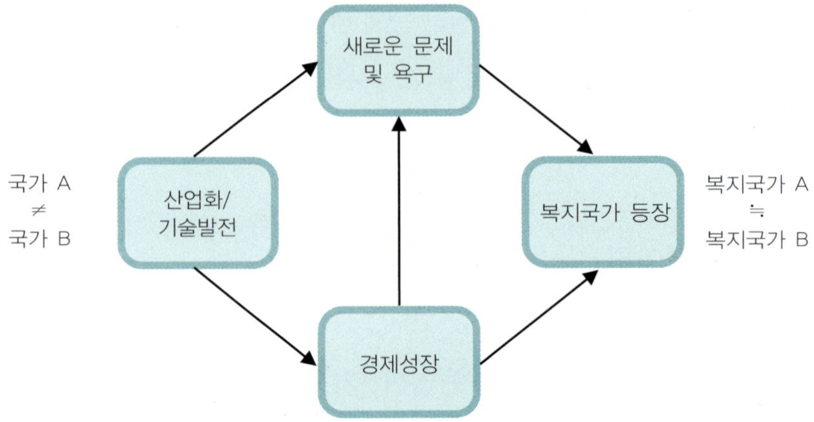

[그림 3-2] 수렴이론의 논리

출처: 김경우 외(2008: 90).

그런데 수렴이론은 사회복지정책의 발달을 결정하는 주체가 이념이나 정치적 결정 그리고 시민권의 규정들이 아니라, 산업사회에서 자본가 대신 전문 기술을 보유한 기술관료가 사회의 지배층이 되어 사회복지정책을 결정한다고 본다는 것이다. 이것은 정책의 결정과정을 너무 단순화시키는 문제가 있는데, 일반적으로 사회복지정책은 국가의 정책방향과 이념, 현사회의 대상층 욕구 그리고 사회적 합의 등에 의한 과정이나 절차를 무시하고 특정 주체에 의해 사회복지정책이 발전한다는 주장에는 설득력이 부족하다고 볼 수 있다. 또한, 이 이론에서 간과하고 있는 것은 사회복지의 발전이 경제성장만 이루어지면 자동적으로 그리고 결정적으로 이루어진다고 보는 결정론적인 시각이다.

그러나 수렴이론은 다른 이론들, 예를 들면 사회양심이론, 시민권이론 등에 비해 사회복지정책의 범위에 직업복지 등 다양한 사회복지영역을 포괄한다는 점에서 한층 더 일반화의 폭을 넓힌 장점이 있다. 특히 선진 서구사회에 한정되었던 사회복지정책 현상을 사회체제를 넘어서 여러 사회에 적용하거나 비교할 수 있는 이론적 준거틀을 마련했다는 점은 장점으로 인정된다. 주요 대표적인 학자로는 윌렌스키, 르보 등이 있다.

04 시민권이론

시민권이론(citizenship theory)은 사회구성원이면 누구나 사회복지를 향유할 수 있는 권리가 있다고 보는 이론으로 시민권이 발전하여 사회복지정책이 발전하였다고 주장하는 이론이다. 시민권은 마샬의 저서인 『시민권과 사회계급(*Citizenship and Social Class*)』에서 논의된 복지국가에 관한 공리주의적 개념에서 출발한다.

마샬은 사회의 발전과정에서 사회적 불평등이 시민권으로 발전됨에 관심을 가지면서 〈표 3-1〉과 같이 사회가 발달해 온 과정 중에 18세기, 19세기 그리고 20세기를 보면서 사회발달에 영향을 주는 권리가 존재하게 되는 것을 제시하였다. 사회구성원이면 누구나 향유할 수 있는 권리로서 공민권, 정치권, 사회권 순서로 시민적 권리가 발전하는데 이것을 시민권이라 하고, 사회권이 확보될 즈음에 사회복지정책이 가장 확대되고 발전하여 복지국가가 발전한다고 주장한다.

〈표 3-1〉 시민권의 발전단계

18세기	19세기	20세기
공민권(자유권) 계약에서 불이익을 당함	참정권(정치권) (피)선거권-여성은 제외	사회권 (복지권=생존권)

여기에서 시민권은 개인의 자유에 필요한 권리인 공민(자유)권과 정치권력의 행사에 참여할 수 있는 권리로서 선거권, 피선거권을 합쳐서 정치(참정)권이라 하고, 사회(복지)권은 최소한의 경제적 복지와 보장에 대한 권리, 또는 개인의 존엄성을 유지하기 위해 요구되는 생존권, 즉 사회권을 말한다.

시민권이 등장하게 되는 배경을 살펴보면 [그림 3-3]과 같다. 즉 자본주의 사회의 불평등 계급구조는 법에 의한 개인적인 자유와 평등을 보장받고자 하는 요구로 표현되고 사회적 불평등을 해소하기 위한 방편으로 시민적 권리를 주장하게 된다. 국가는 사회적 효율성의 유지와 구성원들의 불평등을 경감하기 위한 노력이 요구되는데 그 사회적 불평등의 완화제가 사회복지정책으로 나타나게 되는 것이다.

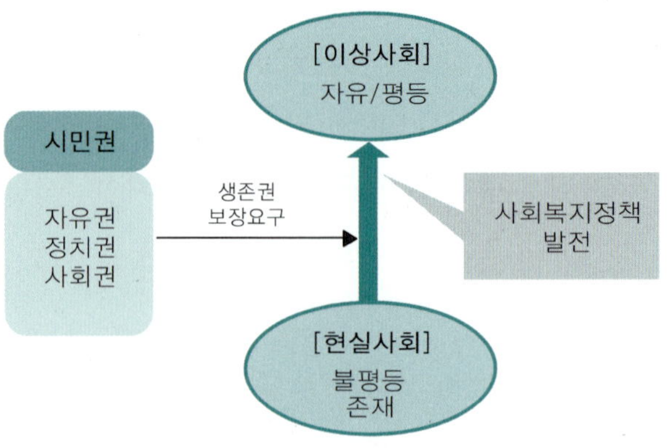

[그림 3-3] 시민권이론

근대국가에서 시민권이 등장하게 되는데 이 사회를 시민사회라고 불렀다. 그리고 시민사회에서 전체 구성원을 규율한 법으로 시민법이 있었다. 시민사회는 오늘날 민주사회로 발전하는데 사회의 발전으로 기존의 시민법의 법리에 모순이 발생하면서 오늘날 사회법으로 대체되게 된다[그림 3-4].

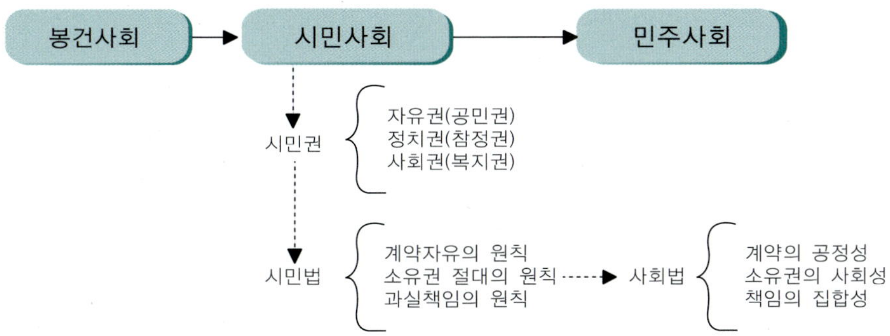

[그림 3-4] 시민사회와 시민권

또한, 마샬은 시민권을 완전한 사회구성원으로서 인정되는 지위의 향유라고 보고 있는데, 일종의 기본적 평등을 의미하는 시민권의 개념은 자본주의의 경제적 불평등과 모순되지 않다고 주장한다. 시민권의 요소를 법 앞에서의 자유와 평등과 같은 공민적(civil)인 자유권, 정치적(political)으로 참여할 수 있는 참정권 그리고 복지권과 같은 사회적(social) 요소로 분류하면서 시민권의 변천을 진화론적 입장에서 분석하고 있다.

시민권이론은 복지가 통치자의 시혜나 은전이 아니라 구성원들의 시민적 권리로서 복지권이 주어짐을 강조하는데, 이것은 국가의 사회복지정책이 보편적 복지를 행하게 하는 논리적 근거가 되며 사회구성원 전체의 복지 증진을 위해 사회적 연대성을 제공하는 장점이 있다. 그러나 이러한 논리는 영국 등 선진 민주주의가 정착된 선진국에 한정되고, 사회복지정책은 정치적인 역학관계를 무시할 수 없는데 이런 부분을 배제하고 오직 시민권만으로 사회복지정책이 발전한다고 하는 데는 무리가 있다.

시민권이론이 사회복지정책 발전에 기여한 점으로는, 사회복지급여를 시민의 기본적 권리의 하나로서 현대사회에서 인정할 수 있는 기반을 제공하였다는 것이다. 그리고 1948년 제정된 UN 인권선언에 명시된 사회권이 인권으로서 확립될 수 있는 논리적 근거를 제시하였으며, 사회적 서비스는 현대사회에서 시민적 연대성을 창조할 수 있다는 가능성을 제시하였다는 점이다. 또한, 시민이라는 법적 자격을 가짐으로써 사회복지급여를 제공받을 수 있고 다른 구성원들이 사회적 약자를 돕는 근거가 된다는 것을 들 수 있다.

그러나 시민권이론은 공공서비스의 바람직한 분배기준으로 주장될 수 있지만, 낙인과 지위 평등의 관계, 기본적 욕구충족과 선별주의와 보편주의 논쟁, 전문가 중심의 복지계획, 관료적 복지행정, 민주적 통제 등의 문제점이 있었다. 그리고 복지의 개념을 법에 규정된 권리, 즉 사회권으로만 제한된 시각에서 파악하여 직업복지, 민간복지 그리고 사적 이전 등과 같은 영역들이 제외되어 사회구조와 복지제도 간의 관계를 설명해 줄 수 있는 일반화된 포괄적인 분석틀로는 부족하다는 지적이 있다.

또한, 마샬의 연구는 영국의 복지국가 발달과 관련되어 있었기 때문에 이와 유사한 서구 산업사회에서의 발전에 대한 틀이 될 수 있겠지만, 제3세계나 사회주의 국가에서 그것을 적용하기에는 어려움이 있다. 게다가 사회변화에 대한 단선적이고 진화론적인 접근은 사회복지정책을 둘러싸고 있는 집단갈등과 행동, 정책결정 과정상의 복잡한 역동성을 설명하기에는 부족하다. 대표적인 학자로는 마샬 등이 있다.

05 음모이론

음모이론(conspiracy theory)은 사회양심이론과는 정반대의 입장을 주장하는 이론으로서, 사회복지정책 발달을 하나의 목적론적 측면에서 파악한 것이다. 즉, 음모이론에 의하면 사회복지정책이라는 선의의 측면에서 대상자에게 복지를 제공하는 정책이 아니라 사회 전체의 안정과 질서유지를 통한 사회통제와 현상의 유지를 위해 제공되는 측면이 있다고 보는 이론이다. 따라서 음모이론은 사회양심이론과 정반대적인 입장을 취하고 있는 이론으로, 사회양심이론이 인도주의나 인정에 의한 사회복지정책의 실현에 있다면, 음모이론은 사회 안정과 질서의 유지 그리고 사회통제를 위해 사회복지정책이 필요하다고 보는 이론이다. 음모이론을 '사회통제이론'이라고도 한다.

음모이론에 의하면, 사회가 혼란스러울 때에는 일반적으로 사회복지정책이 발달하고 사회가 안정적일 때에는 사회복지정책의 기능 및 서비스가 축소된다고 본다. 그리고 사회복지정책이란 사회의 혼란과 무질서를 완화시키기 위해 의도된 것이며 노동규범을 강화하기 위해 숨어 있는 정책이 있다고 보는 것이다. 대표적 예가 미국의 사회보장법(1935년)으로 당시에 경제 대공황(1928년)을 극복하기 위해 제정되었고, 1960년대 존슨(Johnson) 대통령의 '빈곤과의 전쟁(War on poverty)'도 마찬가지이다.

따라서 국가의 사회복지제도가 실제로 내세우는 것은 국민의 생활 향상, 저소득층의 문제 개선 등이지만, 실질적으로는 기존 체제를 유지하기 위한 수단으로 사회복지를 이용한다는 것이다. 즉, 하층민들이 빈곤화와 불평등에 대해 저항하고 투쟁하는 것에 대한 지배계급의 대응책은 사회복지정책을 확대하는 것으로, 결과적으로 사회복지의 진정한 수혜층은 지배계급이라 본다. 그 대표적 예가 구빈제도인데, 이것은 지배계급의 자비심이 아니라 빈민을 통제하기 위해 공적 사회복지제도를 사용한다고 주장하는데, 이것을 빈민규제론이라고도 한다.

빈민규제론에 의하면 사회정책이 발달하게 되는 동기는 [그림 3-5]와 같이 사회통제 또는 노동규범을 강화하기 위한 지배계층의 음모로 설명되며, 사회복지정책의 성격은 복지 수혜자에게 자비롭고 이익을 주는 것이 아니라 해로운 것이라는 가정이 전제한다.

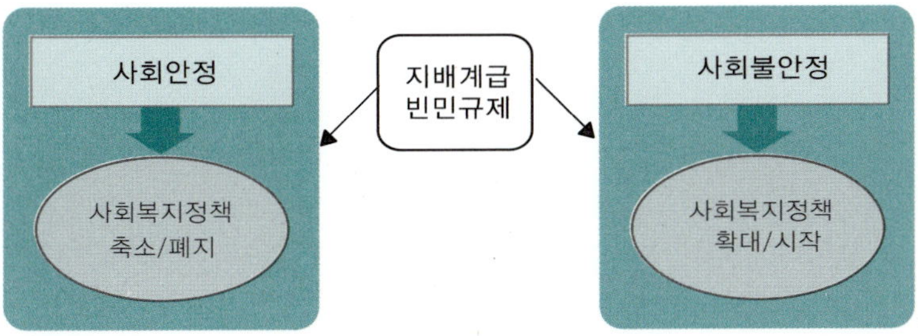

[그림 3-5] 음모이론

빈민규제론을 요약하면, 앞에서 살펴본 음모이론과 유사하여 사회복지정책의 시행은 공공의 복지를 위해 실행되는 것이 아니라 빈민을 통제하기 위해 이용된다는 것으로, 사회경제의 침체기에는 일반적으로 사회복지정책을 확대하고, 사회경제의 활성기에는 축소하는 것을 예로 들고 있다. 또한, 국가가 사회복지정책을 실시하는 이유로는 계층 간의 갈등으로 발전할 수 있는 사회질서 파괴를 예방하고 지배계층이 자신들의 이익을 위협할 수 있는 요소를 미리 제거하는 것으로 사회복지정책은 사회 무질서를 해결하기 위해 빈민에 대한 억압책으로 시행하게 된다.

이러한 빈민규제론이 가진 문제점으로는 사회복지가 피지배계층에 대한 통제수단으로 사용되는가에 대한 문제제기이다. 첫 번째 문제점으로는 사회복지정책의 성격은 복지 대상자에게 자비롭고 이익을 주는 경우가 많은데, 사회 안정에 위협적이지 않은 집단이면서 사회서비스 확충으로 혜택을 입은 사회적 약자(노인, 아동, 취약계층)에 대해서는 이 이론으로 설명이 불가능하다. 두 번째로, 권력에 대한 견해가 모순적이라는 것이다. 지배계층이 빈민의 압력에 반응하여 정책을 수립하는 것처럼 가정하고, 다른 한편으로 사회 전체 권력을 장악하여 구호체계의 확대 및 축소를 결정하는 것처럼 가정하는데, 사회통제의 의도가 있다고 하더라도 현대사회의 정치 다원화 특성과 민주 정치의 압력 때문에 도입부터 시행에 이르는 정책과정을 일반화하기에는 어려움이 있다. 대표적인 학자로는 피븐(Piven)과 클로와드(Cloward), 사빌레(Saville), 오페(Offe) 등이 있다.

06 종속이론

종속이론(dependency theory)은 사회정책의 관심영역을 제3세계[9]까지 확대시키는 데 기여한 이론으로 사회복지정책의 발달은 국민의 욕구에 의해 결정되는 것이 아니라 외국 지향적 경제와 관련된 국가의 위상에 따른 불가피성에 의해 결정된다고 보는 이론이다.

이 가설은 제3세계의 사회정책을 설명하는 데 있어 앞에서 제시한 서구에서 개발된 여러 이론들이 부적절하다는 가정에서 출발한다. 이 이론에 의하면 지속적 저개발국가는 외국의 부적절한 정책의 지속적 억지 적용을 의미하는 것으로 이러한 정책은 대다수 국민의 욕구에 의해 결정되는 것이 아니라 외국 지향적 종속경제와 그것과 연관된 사회 형태의 불가피성에 의해 결정된다는 것이다.

제3세계의 사회정책 변화에 대해 설명하는 이 이론은 세계 경제의 중심부 국가(선진 자본국가)의 발전과 주변부 국가(제3세계 저개발국가, 특히 라틴아메리카)의 저발전 사이의 관계를 파악하고 자본주의의 팽창주의적인 속성과 사회의 구조적인 분석을 시도한 접근이다. 제3세계의 사회정책이 국민의 욕구에 의해 결정되지 않고 중심부 국가적인 경제구조와 사회 형태의 불가피성에 의해 결정되어 지속적으로 저개발 상태로 존재하게 된다고 보는 학설이다.

이 이론의 문제점으로는, 먼저 제3세계의 잠재력을 과소평가한다는 것이다. 카우프만의 라틴아메리카 17개국 분석에 따르면 종속수준이 높을수록 토지 소유구조는 공평하고 자원 의존도가 높은 나라가 정치적으로도 안정된다는 것이다. 또한, 국가 간의 불평등문제에서도 종속관계가 아닌 한 국가 내의 두 지역 간에 또는 중심국가 내의 두 국가 간에 발견된다는 점이다.

9) 통상적인 의미로는 동서 냉전 블록의 어느 쪽에도 가담하지 않은 개발 도상국가들을 총칭하는 용어로, 중국이 대소(對蘇) 긴장격화에 따라 국제정세 인식에 변화를 겪으면서 1960년대 말부터 사용되었다. 이 구분에 의하면 전 세계는 경제적으로 발전된 미국과 서유럽 등의 선진 자본주의 국가가 제1세계, 여기에 맞서온 사회주의 국가가 제2세계, 양쪽 모두에 포함되지 않는 국가가 제3세계로 규정된다. 흔히 제3세계로 부르는 국가들은 지역적으로 라틴아메리카·아시아·아프리카·중동 등지에 편중되어 있다(두산백과 사전).

07 확산이론

확산이론(diffusion theory)은 한 나라의 사회복지정책이 다른 나라에 영향을 미친다는 데 초점을 둔 이론으로 국제관계가 긴밀하게 이루어지는 현대사회에서 국가 간 교류로 인하여 사회복지정책과 사회보장의 아이디어와 경험이 한 국가에서 다른 국가로 전파 또는 확산되어 사회복지가 발전된다는 이론으로 전파이론이라고도 한다.

즉, 한 나라의 사회복지정책이 다른 나라에 영향을 미쳐 선진 복지모델에 대한 국제적 모방을 통해 사회복지가 확산된다고 보는 모방이론이다. 이것은 특정 개별국가의 사회정책 발달이 인접한 국가 간에 공간적으로 확대 또는 선진국의 복지제도가 후진국으로 확산된다는 논리와 통한다.

확산의 유형에 따라 위계적 확산과 공간적 확산의 두 가지 종류의 유형이 있다. 첫 번째로 위계적 확산(hierachial diffusion)은 복지 선진국가에서 개발된 기술이나 도입된 제도가 그 주변에 있는 국가들로 점점 확산되어 주변국의 사회복지정책이 발달하는 형태의 확산유형을 말한다. 일반적으로 근대화가 먼저 진행된 국가로부터 늦게 진행된 국가로, 복지 선진국가에서 복지 후발국가로의 확산을 의미한다. 기술혁신이나 새로운 제도가 선진국에서 개발도상국이나 후진국으로 전파(확산)되는 경우이거나, 그 반대로 복지 후발국가에서부터 반대로 전파되는 위계적 확산도 있다. 대표적인 예로 독일 비스마르크 정부의 사회보험제도를 모방해서 영국의 사회보험제도가 도입되는 경우가 해당된다.

두 번째로 공간적 확산(spatial diffusion)은 한 국가의 선진제도가 인근 국가로 이전되는 과정에 주목하여 사회보장 발전과 국가의 지리적 위치는 상당한 상관관계에 있다는 사실에 근거하여 사회복지정책이 발달한다고 보는 확산 유형을 말한다. 유럽대륙에서 사회복지제도가 발달하자 인접한 남부유럽과 동유럽으로 사회복지제도가 전파되거나 식민지 종주국에서 식민지국으로 확산되는 경우에 해당된다. 위계적 확산과 공간적 확산을 비교해 보면 [그림 3-6]과 같다.

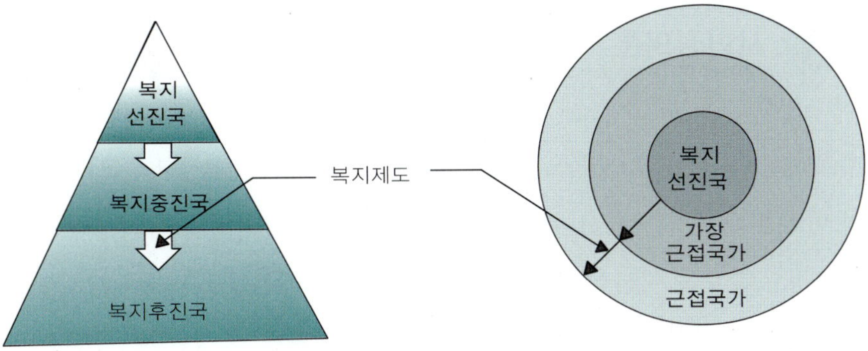

[그림 3-6] 위계적 확산(왼쪽)과 공간적 확산(오른쪽)

확산이론은 한 국가의 사회복지정책의 발달을 설명함에 있어 국제 관계나 국제 영역으로 범위가 확대되었다는 장점이 있지만, 국제적인 환경변수가 사회복지 정책으로 전환되는 구체적이고 역동적인 과정을 설명하지 못한다는 한계를 가진다. 또한, 한 국가의 복지제도가 반드시 지리적으로 인접한 다른 국가에 영향을 미쳤는지에 대한 의문도 있다.

예를 들면, 일반적으로 경제 발전수준이 높은 국가로부터 사회보장제도를 도입·실시하는 상대적으로 경제발전 수준이 낮은 국가들이 영향을 받으면서 제도를 도입하는 것이 보편적인데, 이런 경우 지리적으로 인접하다고 복지정책이 발달되었다고 보기에는 무리가 있다는 것이다.

이것은 복지제도의 구체적인 내용과 제도 그리고 도입시기가 국가마다 차이가 있고 확산효과의 정도도 미미하다. 또한, 확산효과보다는 국가 내부의 사회 경제적, 정치적 상황이 더 중요하게 영향을 미친다고 볼 수 있다. 그리고 최초의 제도 도입 시기만으로 확산과정을 설명하기에는 어려움이 있으며 역확산의 현상도 나타나는데 근대화가 영국에 비해 뒤진 독일에서 먼저 사회보험이 시작되었다는 것은 확산이론으로는 설명이 어렵다. 또한, 제도 도입과정에서 참고한 것을 그 원인이라고 단정할 수는 없다는 것이다. 확산이론의 대표적인 학자로는 타이라(Taira), 킬비(Kilby), 콜리어(Collier), 메식(Messick) 등이 있다.

08 사회정의론

사회정의론(social justice theory)은 사회정책 변화의 기본요소를 사회정의의 개념 변화로 보는 입장에서 출발하여 사회정책의 발달과정을 사회정의의 확대 실천과정으로 보는 이론이라고 가정하고 있다. 밀러는 법적정의와 사회정의로 구별했는데, 법적정의는 병리와 형벌 적용에 관한 원칙, 공정한 재판, 항소권 등을 의미하는 것에 반해, 사회정의는 사회적 이득과 손실, 즉 임금 및 이윤에 관한 것, 개인의 권리, 주택, 의료 배분과 같은 주요 사회제도들을 취급한다고 하였다(박경일, 2008: 77).

사회정의와 관련되어 사회복지정책의 다양성과 발전을 가장 잘 보여 주는 것이 이념모형인데, 가장 간단히 좌파 이데올로기와 우파 이데올로기로 나누는 것이다. 좌파가 이상적으로 생각하는 사회주의 이념은 평등과 동일시되며 평등은 사회주의 이념에서 사회정의가 되는 것이다. 또한, 우파는 자유와 자유경제에 의한 시장의 불평등을 사회정의로 간주한다. 그러므로 이념에 따른 사회정의가 다르기 때문에 사회복지정책도 이념에 따라 발전한다는 것이 된다. 하지만 이념에 따라 사회복지정책이 다양함에도 불구하고 특정의 사회정의가 유독 지배적일 수밖에 없었던 이유를 설명하지 못하는 단점이 있다(양정화 외, 2008: 83).

09 엘리트이론

엘리트·위인이론(elite theory)은 사회복지정책이 탁월한 능력을 소유한 소수의 지도자 또는 특정 개인에 의해 사회복지정책이 발전된다고 보는 이론이다. 사회란 소수의 엘리트 집단을 정점으로 한 피라미드 구조로 이루어져 있으며 정책은 엘리트로부터 대중에게 일방적, 하향적으로 전달되고 집행될 뿐 엘리트에 대한 대중들의 요구와 비판은 수용되지 않는다는 것이다.

여기서 엘리트란 행정관료, 부자, 기술전문가, 지식인 등으로 그들이 사회적으로 힘을 가진 기득권층이 된다. 이러한 엘리트는 사회를 엘리트와 대중으로 구분하여, 엘리트의 특별한 인맥, 학맥 그리고 지식을 기초로 하여 정부를 통제하고 권력을 향유하면서 정책결정에 영향력을 행사한다. 엘리트론의 대표적 예는 미국의 경우 사회보장법(1935년)을 만든 루즈벨트 대통령이 있고, 영국의 경우에는 부스와 라운트리의 최초의 사회조사, 사회보장제도를 입안한 베버리지 등이 있다.

그러나 엘리트이론은 권력이 여러 집단에 분산되어 있는 것이 아니라 몇몇 지배집단에 집중되어 사회복지정책의 궁극적 목적인 사회통합과 먼 계급갈등의 문제를 약화시킨다는 것에 있다. 대표적인 학자로는 모스카(Mosca)와 파레토(Pareto) 등이 있다.

10 책기론

책기론(prince's obligation theory)은 우리나라 전근대의 사회정책 발달을 설명하는 데 유용한 이론으로 민생구휼의 책임이 국왕에게 있기 때문에, 국왕은 선정 또는 어진 정치를 행해야 하고 이를 국왕이 얼마나 충실하게 구현하는가에 따라서 사회복지가 발달하는 것으로 보는 입장을 말한다.

책기론의 이론적 배경은 천인합일론에 바탕을 둔 유교의 정치사상으로 빈곤의 원인을 국왕 또는 국가의 과오에서 찾고 있으며, 사회복지제도의 체계적 발전과 진화의 부족에 대한 설명이 가능하나 국왕에 대한 책기의 정도를 설명하지 못하고 사회복지제도의 미실시에 대한 설명이 어려운 점이 있다.

연/구/문/제

01 이론(theory)의 개념을 살펴보고 이론이 가져야 할 논리가 무엇인지 알아봅시다.

02 교재에서 소개된 사회복지정책의 발달이론 외에 새롭게 나타나는 발달 관련 이론들을 조사해 봅시다.

03 현대사회에서 볼 때 사회복지 발달이론 중에서 설득력 있는 이론을 제시해 보고, 그 이유를 설명해 봅시다.

04 사회복지정책을 발달하게 하는 요인에는 어느 것들이 있는지 조사해 봅시다.

참/고/문/헌

강용규(2008). 사회복지정책론. 청목출판사.
김경우·양승일·강복화(2008). 사회복지정책론. 창지사.
김상균(1987). 현대사회와 사회정책. 서울대학교출판부.
김태성 외(2008). 복지국가론. 나남.
남기만(2005). 사회복지 정책론. 학지사.
남찬섭 역(2007). 사회복지정책론. 나눔의집.
박경일(2008). 사회복지정책론. 공동체.
양정화 외(2008). 사회복지정책론. 양서원.
에스핑-앤더슨(2006). 21세기 새로운 복지국가. 나남.
원석조(2006). 사회복지정책론. 공동체.
원석조(2010). 사회복지정책론. 양서원.
Gerhard, A. Ritter(2005). 복지국가의 기원. 법문사.

사회복지정책의 이념과 전략

CHAPTER 04

학/습/목/표

- 사회복지정책의 개념과 이념을 이해한다.
- 윌렌스키와 르보의 2분법 이념 모형을 설명할 수 있다.
- 티트머스의 3분법 이념 모형을 설명할 수 있다.
- 조지와 윌딩의 4분법 이념 모형을 설명할 수 있다.

01 사회복지정책의 이념

1) 마르크스주의

독일의 정치학자이며, 철학자요, 경제학자인 마르크스(K. H. Marx, 1818~1883)는 변증법적 유물론에 입각한 역사관을 피력하였다. 그를 따르면, 모든 생산제도는 필연적으로 지배계급과 피지배계급을 낳는다. 각자의 시대는 지배계급이 피지배계급으로부터 빵을 빼앗는 방법의 차이에 따라 구분된다. 고대시대에는 노예를 소유한 자들이 생산수단을 갖고 있었다. 중세봉건제도 아래에서는 영주들이 농도의 이익을 가로챘다. 자본주의 아래에서는 자본가들이 상대적으로 많은 부를 탈취해 간다. 따라서 지배계급의 생존은 피지배계급의 노동에 의지한다고 보았다(박천익, 2002; 이진숙 외, 2009: 49, 재인용). 마르크스가 제시한 역사발전 단계는 [그림 4-1]과 같다.

[그림 4-1] 마르크스의 역사발달 단계

출처: 이진숙 외(2009: 50).

원시사회나 노예제사회, 중세봉건사회에서는 복지나 인권이 존재하지 않았다. 태어난 대로 주어진 신분에 만족하며, 자신에게 주어진 인생을 운명으로 알고 살아갈 뿐이었다. 그러나 중세 이후 자본이 축적되고 시장이라는 교환 기능이 등장함으로써 자본주의가 성립되었고, 이를 통하여 중세 이후의 신분제도가 붕괴하기 시작하였다. 중세까지 삶의 유일한 수단은 토지였으나 산업혁명 이후 산업기술이 토지보다 더 큰 생산수단으로 등장하게 되었다. 이러한 산업화로 말미암아 과거에 자급자족 물물교환의 경제에서 인간 삶의 질서를 변화시킨 자유로운 시장경제의 등장으로부터 자본주의는 시작되었다.

마르크스주의는 자본주의가 구조적으로 모순을 내포하고 있으며, 복지정책에 의해서 그 모순이 더욱 가중되기 때문에 결국 붕괴의 위기에 직면한다고 주장한다. 마르크스주의에서는 자본주의 경제를 계급갈등과 착취로 간주한다. 이때 그 정도는 국가와 시대별로 차이가 나지만, 자본주의라는 공통적인 구조 속에서는 없어지지 않는다고 한다. 복지국가는 자본가의 요구에 맞는 국가 활동의 연속이자 노동자 계급의 반발에 대한 대응책 그리고 노동자 계급의 급진적 투쟁을 조절하기 위한 국가 장치로 나타난 산물로써 이해한다. 그런데 마르크스주의가 처음 태동할 당시와 비교해 본다면, 현재의 계급 혹은 계급갈등은 마르크스가 직시했던 것보다 훨씬 더 복잡하게 변화하고 있다. 따라서 복지국가의 염원을 마르크스주의자들이 주장하는 자본과 노동의 대립구도에 따른 국가적 대응책으로만 이해하는 것은 왜곡의 소지가 있을 수 있다.

한편, 마르크스주의자들은 복지국가는 모순적인 사회구성체이며 선과 악이 공존한다고 보았다. 복지국가가 노동자계급의 이익을 증대시키는 것처럼 보이지만, 사실은 제한하게 되며 자본주의 체제의 방어막이라고 여긴다. 다시 말하면, 복지급여가 일부 노동자 계급에는 도움이 될 수 있겠지만, 급여 목적이 노동자 계급을 지지하기 위해서가 아니라 자본가 계급을 보호하기 위해서라고 생각한다. 또한, 자본주의 체제에서 복지급여는 일정 수준까지는 받아들여지겠으나, 높은 공공지출이 경제성장을 위축시키고 물가상승을 부추길 수 있다는 논리에 따라 복지급여가 확대될 수 없다고 본다. 결국, 노동자 계급의 풍요와 정치적 각성, 발달한 선진기술단계에 도달하지 않는다면, 자본주의를 통한 이상적 사회구현은 불가능할 것으로 여겼다. 자본주의는 계급체계를 파괴하고 평등주의적 공산사회로 이행하는 한 단계에 불과할 것으로 생각하였다. 이들이 주장하는 마르크스주의의 이상사회는 생산수단의 사회화를 통한 모든 국민의 복지를 향상시키는 것이다.

오늘날 대부분 마르크스주의자는 사회주의가 대체로 의회민주주의로 될 것으로 인정한다. 하지만, 시장이 소멸하고 국가가 모든 국민의 욕구를 충족시킨다는 고전적 마르크스주의 이론에는 전적으로 동의하지 않는다. 또한, 대기업 문화를 종식하게 되면 그로 말미암은 부의 불평등이 감소할 것으로 전망하고 있으며, 생산과 재분배의 주요 수단을 사회화시키는 것이 궁극적인 사회주의 실현에 절대적이라고 간주한다. 그러나 마르크스주의 한계는 첫째, 지나치게 자본가와 노동자 계급의 갈등에만 초점을 두고, 노동자 계급 내부의 갈등과 이해관계를 예사로이 보았다는 점이다. 둘째, 복지국가의 등장을 노동자 계급의 투쟁에 대한 단편적인 대응책으로만 일원화시켰다는 점이다(김영화 외, 2008: 121-122).

2) 페이비언 사회주의

페이비언 사회주의(fabian socialism)는 영국의 독특한 실용주의적·점진적 사회주의로서 1884년 설립된 영국 페이비언협회에 기원을 두고 있다. 페이비언 사회주의는 버나드 쇼(Bernard show), 시드니(Sydney)와 웹(Webb) 부부, 에니

버전트(Annie Besant), 토니(Tawney) 등 저명한 지식인들이 주도하였다. 페이비언이란 이름은 포에니 전쟁(Poeni War: 기원전 2~3세기에 걸친 로마와 카르타고[Carthage]의 세 차례 전쟁) 때 카르타고의 한니발(Hannibal)을 격파한 로마의 파비우스(Fabius) 장군의 이름을 딴 것인데, 막강한 한니발과의 전쟁에서 로마를 구한 것은 전면전보다는 신중한 태도와 접전의 회피였다는 사실에서 보듯이 사회주의에로의 진전을 위해서는 기회가 오기를 기다리는 지연 전략이 필요하다는 것을 상징했다(박광준, 1990: 64).

페이비언 사회주의는 사회적 선을 추구하고 달성하는 데 있어 국가가 매우 긍정적인 구실을 한다고 믿는다는 점에서는 국가개입주의와 같다. 그러나 궁극적으로 자본주의를 수정의 대상이 아니라 극복의 대상으로 간주한다는 점에서 국가개입주의와 다르다. 이 점에서 페이비언 사회주의는 마르크스주의와 입장이 유사하다. 하지만, 프롤레타리아트(proletariat, 無産階級) 독재와 계급혁명을 부정하고, 평화적(입헌적)이고 점진적인 방법으로 사회주의를 지향한다는 점에서 입장이 갈린다. 그리고 이들은 계급전쟁보다는 윤리와 공리주의(功利主義, utilitarianism)를 더 중시했다. 또한, 이들은 평등, 자유, 우애 그리고 민주주의와 인도주의 같은 프랑스 혁명 후 등장한 시민사회의 기본적인 가치를 신봉한다. 민주주의는 평등과 자유의 소산이고, 인도주의는 평등과 우애의 소산이다. 특히 이들은 평등을 강조한다. 평등이란 사실상 모든 사회주의 원칙 중에서 가장 강한 윤리적 영감이 되어 왔으며, '평등주의 없는 곳에 사회주의란 없다.'라고 단언한다(George & Wilding, 1987: 115-116).

그리고 이들은 사회통합을 중시한다. 사회경제적 불평등에 뿌리를 둔 계급갈등은 사회통합의 가장 큰 적이다. 따라서 불평등은 사회통합을 위해 완화되어야 한다. 동시에 불평등은 비효율을 가져온다. 왜냐하면, 자유시장체제는 요구가 없는 수요에 응함으로써 불필요한 생산을 가져오고(예: 모든 사람을 위한 빵보다는 특정인을 위한 고급 과자와 서민을 위한 주택보다는 부유층을 위한 요트와 롤스로이스를 생산한다.), 지배계급이 세습적이고 자기 영속적이 되고 재능 있는 자의 지위 상승을 막아 능력의 낭비를 가져오기 때문이다. 또한, 불평등은 사회정의 이념에 손상을 준다. 그 이유는 첫째, 교육기회의 불평등이 아동의 자연적 재능에 따라 자신의 사회적 지위를 결정하는 자연권을 파괴하고, 둘째, 불평등 자체가 비도덕적 보상과 특권체제의 산물이며(우연적인 출생과 가문의 산물), 셋째, 한 집단이 다른 집단에 거대한 권력을 행사하기 때문이다.

한편, 사회주의자에 있어 평등은 기회의 평등 이상을 의미한다. 토니는 기회의 평등이란 무능력의 해소와 능력의 창출에 좌우되나, 어떤 자는 환경에 의해 자신의 능력을 삭감당하기 때문에 기회의 평등이란 고상하지만, 실현이 희박한 하나의 허구에 불과하다고 주장하였다. 크로슬랜드(Crosland)도 기회의 평등이 사회주의자 처지에서 보면 충분한 것이 아니라는 데 동의했다. 하지만, 이들이 원하는 평등은 소득의 평등은 아니다. 모든 사람을 위한 합당한 대책이 마련될 때 특별한 책임은 특별하게 보상받아야 하는 것은 당연하고, 과다한 책임과 특별한 재능은 차등적 보상을 요구할만한 가치가 있으며, 소득의 평등을 기하려는 조치가 자유주의 사회에 있을 수 없는 어떤 규제(공산주의)를 필요로 할지 모른다고 보았던 것이다(George & Wilding, 1987: 120-121).

이들은 소득의 평등보다는 부의 평등을 주장한다. 부의 불평등은 세 가지 이유에서 불공평하다. 첫째, 불평등이 노력이 아닌 상속된 재산으로부터 발생하거나, 둘째, 능력의 차이보다는 기회의 차이를 반영하거나, 셋째, 조세제도에 의해서 불평등하게 취급되는 경우이다. 특히 세습된 부로부터 생기는 불평등은 가장 비난 받아야 한다.

그리고 이들은 자유를 신봉한다. 그런데 이들의 자유는 자유주의자들의 자유와 달리 정부의 적극적인 활동의 결과이다. 법, 경제정책, 사회복지정책, 재정정책을 통해 개인의 자유는 신장한다. 그러나 자유는 평등에 달렸다. 권력의 불평등이 존재하는 한 자유를 기대할 수는 없다. 또한, 이들은 우애도 강조한다. 경쟁보다는 협동, 권리보다는 의무, 개인의 요구보다는 공동체의 선, 자조보다는 이타심을 더 중시한다. 토니에 있어 사회주의 정수는 출세의 관념으로부터 봉사의 관념으로 대치하는 데 있었다. 그리고 복지국가 성립 후 이론적·정책적으로 페이비언 사회주의를 주도한 티트머스(Titmuss)의 저서 『증여관계(The Gift Relationship)』의 주제가 이타주의와 자신도 모르는 다른 사람에 대한 조건 없는 증여였다(George & Wilding, 1987: 122-124).

복지국가에 대하여 페이비언 사회주의자들은 열렬한 찬성과 지지를 표명한다. 이들은 점진주의와 침투를 통해 자본주의 국가를 개혁시킬 수 있다고 보았다. 복지국가는 이러한 접근의 결실이다. 복지국가의 전통은 영국의 노동당 정책 중 가장 깊숙이 깔린 정강이다. 이를 복지국가주의(welfare statism)라 한다. 이들의 복지국가관은 기본적으로 실용주의적이다. 복지국가는 실제 문제에 대한 논리적 반응으로서 산업화, 도시화, 기술변동, 민주주의의 산물이다. 복지국가의 과도한 재정지출을 비난하는 자들에 대해 이들은 복지국가란 산업사회의 문제와 욕구에 대한 실용적인 대응책이라고 응수하였다. 그리고 사회적 지출의 경제성장에 대한 기여를 중시한다. 복지비란 소비가 아니라 투자이다. 예컨대 실업급여와 부가급여는 기술과 산업의 변화에 대한 대응책임을 역설하였던 것이다.

티트머스는 사회복지정책의 기능으로 사회통합, 공동체 의식의 강화, 이타주의(利他主義, altruism) 의식의 유지를 들었다. 특히 그들의 중심 사상은 사회통합이었다. 사회복지정책의 기능으로 재분배도 매우 강조되었다. 사회복지정책을 통한 재분배의 효과는 그 크기보다는 아주 사소하고도 예상치 못한 결과가 중요한데, 이러한 재분배는 사회를 분열시키는 가장 파괴적인 무능력과 추악한 특권을 분쇄하고, 노동의 대가인 화폐 임금과 함께 모든 시민이 평등하게 사회적 임금을 누릴 수 있게끔 보장한다. 경제성장은 무상교육을 통한 교육기회의 재분배가 필요하고, 사회복지는 청년에서 노인으로, 직업인에서 실업자로, 건강한 자에서 환자로, 자녀가 없는 부부에서 자녀가 있는 가족으로 다양한 형태의 소득재분배가 필요하다.

그런데도, 현실의 복지국가는 이들의 눈에는 매우 미흡한 것으로 비쳤다. 이들은 복지국가의 목표는 열렬히 지지하였으나 그 한계와 위험에 대해서는 엄격하게 비판하였던 것이다. 예컨대 현실의 복지국가가 시민의 권리 확립보다는 경제성장의 특별한 예속물로 전락했고, 경제적 특권의 뿌리를 손대지 못했으며, 부·소득·기회의 재분배를 이루지 못했다는 비판 등이 그것이다. 그러나 이들의 비판은 모두 기술적이라는 한계점을 갖는다. 사회복지정책의 효과를 측정하기 위한 연장이 빠져 있으며, 목적이 불분명하고 조정이 불충분하다. 페이비언 사회주의자들에게 복지국가는 사회주의를 향한 불안정한 타협이며 디딤돌이었다(George & Wilding, 1987: 156). 페이비언협회의 회원은 최전성기였던 1946년에도 8,400여 명 정도로 숫자는 적었지만, 영국 하원의 노동당 지도부는 물론 노동당 출신 의원의 상당수가 페이비언협회 출신이었던 만큼 그 영향력은 매우 컸다(원석조, 2008: 140-143; 이진숙 외, 2009: 52-53).

3) 케인스주의

자유주의적 이념에 의해 지탱해 오던 자본주의는 1929년에 이르러 치명적인 위기의 상황에 빠졌다. 뉴욕 주식시장의 붕괴는 미국 경제의 파탄은 물론 세계경제를 와해시켰다. 이러한 경제 현상은 기존의 경제이론체계로는 도저히 설명할 수 없는 현상이었다. 이에 무언가 전통적인 사회경제 이론에 근원적인 문제가 있음을 감지하지 않을 수 없었다. 케인스(Keynes, 1883~1946)는 이러한 세계경제 위기의 상황에서 새로운 경제학을 제창했다. 아담 스미스가 중상주의를, 마르크스가 자본주의를 비판했다면, 케인스는 자유방임주의를 비판했다. 케인스는 경제에서 중요한 것은 수요라고 했다. 수요는 막연한 총공급과 총수요의 일반수요와 실제로 구매력을 가진 유효수요에 의해 결정되므로 아무리 엄청난 투자를 하더라도 수요가 없으면 효과가 없다고 보았다.

수요는 크게 투자수요, 소비수요, 정부수요로 나누어진다. 소비수요는 소득에 의해 결정되며, 누구든지 가계를 운영하는 데 있어서 소득에 의존하므로 소비는 소득보다 작다. 정부수요는 정치적 차원에서 결정되므로 경제 외적인 변수이다. 투자수요는 수익률과 이자율에 의하여 결정된다. 이자율보다 투자수익률이 높으면 투자가 이루어지고 그 반대이면 투자가 발생하지 않는다. 미래가 불확실한 상황에서 투자는 당연히 위축되고 경제생활에서 불안을 느낀 소비자들은 가능한 한 소비를 줄이고 저축을 늘리려 할 것이다. 또한, 소득이 증가하여도 상대적으로 소비의 증가는 줄어든다. 이러한 요인 때문에 일반적으로 총수요와 총공급이 같아지기 어렵다. 즉, 언제나 유효수요는 부족해진다. 고전학파는 투자와 저축이 항시 일치한다고 보았으나, 케인스는 일반적으로 일치하지 않는다고 보았다. 경제는 그때마다 여건에 따라 움직인다. 케인스 경제학의 출발은 실업이 25% 대를 넘어서는 대공황의 상황에서 결정적인 설득력을 갖고 있었다(박천익, 2002; 이진숙 외, 2009: 55-56, 재인용).

케인스는 총수요가 총공급에 미달하면 불황이 시작된다고 생각했다. 케인스는 가계와 기업이 재화나 용역을 충분히 소비하지 않을 경우를 우려했다. 사람들이 기업이 생산한 물건을 사주지 않는다면 기업은 생산을 줄일 것이고, 그것이 실업을 만들어내며 국민총생산(GNP) 수준을 떨어뜨린다. 자본주의 경제구조는 구조적으로 총수요가 총공급보다 적게 된다. 그러므로 정부는 유효수요를 늘리기 위한 투자를 해야 한다. 소비는 소득 증가의 원인이 되고, 경제회복의 핵심이다. 소비가 없으면 투자수요라도 있어야 한다는 것이 그의 생각이다.

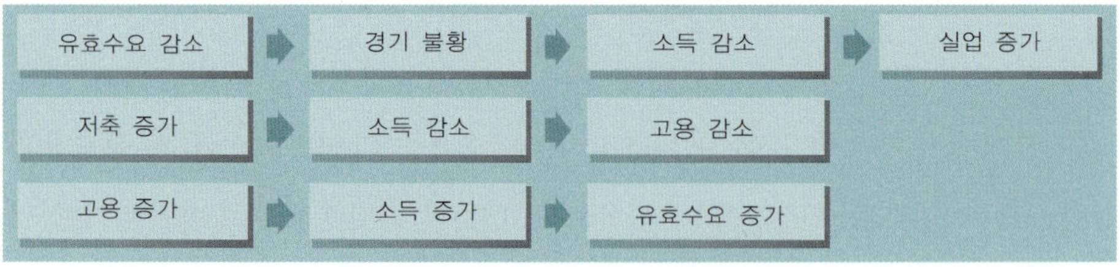

[그림 4-2] 케인스 이론의 유효수요, 경기, 투자, 고용 간 관계

주: 유효수요(effective demand) 개념은 케인스 이론의 키워드에 해당되며, 실제로 살 수 있는 능력을 갖춘 수요를 말한다. 사람이 사고자 하는 욕망을 가졌을 때 살 수 있는 능력이 있어서 그 욕망이 실현될 수 있다는 점에서, 사고자 하는 욕망만 있고 구매력은 없는 잠재적 수요와 다르다. 유효수요는 소비수요와 투자수요로 구성되어 있으며 한 국가의 경제활동 수준을 결정짓는다.

케인스는 자본주의 경제가 건강성을 유지하기 위해서는 시장 실패에 대해 국가가 적절히 개입해야 한다고 주장한다. 자본주의는 현명하게 관리된다면 가장 능률적인 체제임이 틀림없지만, 부나 소득은 거대한 불평등을 일으킨다는 점에서 관리되어야만 한다는 논리이다. 그래서 케인스 사상을 국가개입주의라고도 한다. 국가개입주의란 자유주의와 같이 자본주의의 기본 가치인 자유, 개인주의, 경쟁적 사기업에 대한 신념을 신봉한다. 그러나 자본주의의 자기 규제적이지 못한 결함을 직시하고, 이의 해결을 위해 일정한 수준에서의 국가개입이 불가피하다고 보는 실용주의적 입장을 말한다. 이를 소극적 집합주의라고도 하는데, 베버리지(Beveridge)와 갤브레이스(Galbraith) 등이 거기에 속한다. 이들에 있어 자본주의는 최선의 경제체제임이 틀림없지만, 공정하고도 효율적으로 기능을 하기 위해서는 적절한 규제와 통제가 필요하다. 또한, 자본주의의 결함이 심각하지만, 근본적인 것은 아니고 수정될 수 있다. 체제 선택의 이데올로기에 얽매이지 않으면서 경우에 따라 공공독점이 필요하기도 하고, 자유로운 민간기업이 필요하기도 하다는 실용주의는 강력한 인도주의에서 나왔다. 실업, 질병, 슬픔, 무지 등 인간의 고통에 대한 인간적인 사랑이 그것이다(George & Wilding, 1987: 76-78).

케인스 이전 사회민주주의적 평등주의자들은 소득분배의 평등화가 정치적·사회적으로 옳은 일이긴 하지만, 그것이 저축의 감소와 경제발전의 둔화를 가져온다는 자유주의자들의 주장에 대응하는 논리를 결여하고 있었다. 그런데 케인스에 의해 저축의 증대가 오히려 경제발전 정체와 실업을 일으킨다는 점이 밝혀짐으로써, 이들은 자신들의 주장에 상당한 힘을 얻게 되었다. 바로 이 점 때문에 사회민주주의자들이 케인스 이론을 복지국가의 이론적 무기로 적절히 활용할 수 있었다(김수행, 1986: 136).

4) 신자유주의

반집합주의(anti-collectivism)라고도 부르는 신자유주의(new liberalism)란 아담 스미스(Adam Smith)와 데이비드 리카도(David Ricardo) 등 고전파 경제학자들의 자유주의 사상을 이어받은 오스트리아학파의 거두 하이에크(Hayek)와 그의 미국인 제자 프리드먼(Friedman), 영국의 보수 정치인 포웰(Powell)의 자유방임주의적·반복지적 사상을 말한다. 이들의 주장은 국가의 사회복지정책은 국민을 국가에 예속시키고 시민적 자유를 박탈한다는 것으로 요약된다. 기본적으로 신자유주의는 국가개입을 비판하고, 개인의 자유를 고양하는 효율적인 자원배분 기구로서의 시장을 존중하고 신뢰한다(원석조, 2008: 149-155).

이들은 자본주의 시장을 신봉한다. 이들을 따르면, 시장은 억압의 원천인 정치적 권위와 강제력의 제동장치이며, 자유로운 경쟁, 수요와 공급, 이윤, 자유로운 임금교섭 등과 같은 시장의 힘은 사회적 평등의 신장에도 크게 이바지하였다. 반면, 이들은 국가를 혐오한다. 그 이유는 시민의 사회생활에 개입하는 국가의 사회복지정책이 사회적 분열을 일으키고, 자원 낭비적이며 경제적 비효율을 조장하고, 개인의 자유를 억압하기 때문이라는 데 있다. 이를 구체적으로 설명하면 다음과 같다(George & wilding, 1987: 51-58).

① 사회적 분열: 사회적 욕구를 하나의 권리로 인정함으로써 잠재적인 수혜자층과 재정을 부담하는 사람들 사이에 적대감이 조성된다.

② 자원 낭비: 사회복지정책에 필요한 자원은 한정된다. 반면, 그에 대한 수요는 무한한데, 무상의 사회복지정책은 가수요를 조장하고, 수혜자의 자존심을 손상하며 서비스의 질을 하락시킨다.

③ 비효율: 국가의 사회복지정책 비용이 시장의 이윤과 가격 메커니즘(mechanism)의 효율성을 도저히 따라잡을 수 없다.

④ 전제와 독재의 초래: 민주주의 사회에서 완전한 합의란 있을 수 없어서 집합주의적 계획은 개인의 자유를 억압하는 전체주의를 가져오고, 그 형태는 파시즘(fascism), 사회주의, 공산주의 등으로 나타난다.

그러나 이들은 모든 국가개입을 반대하는 조건 없는 무정부주의자는 아니다. 이에 대해서 프리드먼이 분명한 입장을 취하고 있는데, 그는 시장을 통해 조정될 수 있거나 매우 큰 비용이 소요되어 정치적인 경로를 통하면 더욱 바람직한 영역을 다음과 같이 제시했다.

① 규칙 제정자 또는 심판: 규칙의 제정은 자유사회에서 정부의 기본적인 역할이며, 규칙에 따라 집단 간의 견해차를 조정하고 게임에 불응하려는 자들을 규칙에 순종시킨다.

② 자발적인 교환의 비용이 너무 들거나 불가능한 경우

- 시장의 불완전성으로 말미암은 독점: 원칙적으로는 독점에 반대(특히 정부독점)하지만, 기술적 효율성 때문에 독점이 필요할 수가 있다. 이를 기술적 독점이라고 하는데, 전화나 우편이 여기에 해당된다.
- 이웃효과(neighbourhood effect): 개인의 행동이 다른 사람에게 해를 끼쳤음에도 그에 대해 책임을 지우거나 보상을 할 수 없는 때가 있다. 또한, 개인이 사회로부터 어떤 혜택을 보았음에도 그 효과를 정확히 측정할 수 없는 때가 있다. 이럴 때는 국가가 불가피하게 개입된다. 예를 들어, 공장폐수로 말미암아 피해가 발생했으나, 그 원인 제공자를 명확히 구분해 낼 수 없을 때 국가가 대신 보상한다(이를 외부불경제[externality]라고 한다). 도시의 공원이나 도로도 그렇다. 공원의 도로는 그로부터 직·간접으로 혜택을 받는 사람을 정확히 가리기가 매우 어렵다. 예를 들어, 공원의 숲이 공기를 정화하고 쳐다보기만 해도 마음의 안정을 얻는다 하여 그 주변에 거주하는 사람들에게 공원관리비를 징수할 수는 없다.
- 자신의 행동을 책임질 수 없는 사람에 대한 온정주의: 심한 정신질환자와 정신장애인이 대표적인데, 이들을 내버려두면 대다수 사람이 불안해하므로 국가가 대신 책임진다(George & Wilding, 1987: 59-62).

교육은 취학아동의 수가 적어 민간이 활동하기 곤란한 벽촌지역에만 정부가 지원하고 나머지는 모두 민간에 위임해야 하며, 빈민구제의 불가피성은 인정하되 최저수준 이하로 하고(정액의 사회보험급여 이하) 자산조사가 반드시 수반되어야 한다. 사회보험은 위험하다. 사회보험은 사회입법을 위한 트로이의 목마 역할을 하였다. 사회보험의 강제성(강제가입의 원칙)은 관료제를 가져왔고, 더욱 많은 사람을 국가에 종속시켰으며, 여러 국가의 보호를 요망하게 하여 사회주의로 가는 길을 포장하였다. 무상의 국민보건서비스(NHS)는 전 국민의 부담을 증가시키고 서비스의 질을 하락시키며, 청장년층보다는 노인의 생명 연장과 고통 완화에 주력함으로써 경제적으로 비능률적이고, 의사들을 국가에 예속시킨다. 국가 의료체계의 비능률에 대해 하이에크는 다음과 같이 냉소적으로 비판한 바 있다(George & Wilding, 1987: 70-74).

"잔인한 말처럼 들릴지 모르지만, 자유체제 아래에서는 노령자와 정신질환자를 제쳐놓거나 희생시키는 한이 있더라도 완전한 노동능력을 갖춘 자의 질병부터 빨리 치유해야만 하고, 무능력의 위험에서 구출시켜야만 모든 사람에게 이로울 것이다. 국가 의료체계에서는 일반적으로 노동능력을 완전히 회복할 수 있는 사람들이 장기간 치료를 기다려야 하는 경우를 목격할 수 있다. 왜냐하면, 모든 병원시설을 회복 가능성이 희박한 사람들이 차지하고 있기 때문이다."

이런 신자유주의가 정치적으로 가장 분명하게 표현된 것이 대처리즘(thatcherism: 1979년 대처 총리가 집권하면서 대폭의 정부재정지출 삭감, 공기업 민영화, 규제 완화 등 과감하고 획기적인 정책을 추진하여 '철의 여인'이라 불렸음)이다. 대처리즘은 영국 경제의 쇠퇴와 사회민주주의의 퇴조 속에서 대처가 이끈 보수당이 집권하면서 출현한 이래 거의 같은 시기에 등장한 레이거노믹스(reaganomics: 1980년 미 대선에서 공화당의 레이건이 승리함으로써 출현)와 함께 전 세계를 신자유주의 이념으로 휘몰았다.

대처리즘 본질을 파악하기 위해서는 무엇보다도 보수당의 이념을 이해해야 한다. 전통적으로 보수당 이념에는 두 개의 흐름이 있는데, 하나는 일국 보수주의(one nation conservatism) 혹은 토리 집합주의(Tory collectivism)이고, 다른 하나는 자유주의이다. 일국 보수주의는 빅토리아시대의 토리 수상 디즈레일리(Disraeli)에 기원한다. 그는 자신의 저서 『Sybil or the Two Nation』(1845)에서 국가권력은 "국민의 사회복지 확보라는 단 하나의 책무를 지닌다."라고 단언할 정도로 사회복지에 대한 국가의 책임을 강조했다. 그는 유산자들이 사적 자선을 통해 빈민에 대한 책임을 져야 한다는 버크(Burke)의 관념을 뛰어넘어 사회복지를 국가의 책임 속에 포함했다. 또 그는 국민의 상태를 정치의 중심 과제로 삼아야 한다고 주장하였으며, 보수당은 국민복지의 정당이 되어야 하고, 사회계급들이 상호 책무라는 강력한 망으로 결속될 때 불평등은 참을 만한 것이 되며, 온정주의적 책무(noblesse oblige)를 지닌 엘리트의 지배는 정당하고 공정한 것이 된다고 확신했다(고세훈, 1999: 501-503). 그러나 토리 집합주의는 선거(강령)보다는 정부의 권위를 중시하고, 인민 또는 계급의 이익보다는 국익을 더 중시했다는 점에서 사회주의와는 거리가 멀었다(Kavanagh, 1990: 189).

대처는 보수당의 주류였던 이런 온정주의적 집합주의에 도전했다. 그녀는 문제의 근원으로 사회주의, 노동운동, 집합주의 등 보수당 외부의 세력뿐만 아니라 보수당 내의 일국 보수주의를 지목하였다. 대처의 집권은 보수당 주류가 사회적 약자에 대한 온정주의적 배려를 중시했던 전통적 보수주의에서 자유시장과 경쟁을 중시하는 시장자유주의로 교체되었음을 뜻했다. 대처를 중심으로 한 보수당의 신(新)우파(New Right)는 전·후 사회민주적 집합주의의 수명이 다했다고 확신했고, 중도 정치에 대한 대중의 합의, 즉 전후의 합의정치(politics of consensus)를 청산해야 한다고 보았으며, 자유시장경제의 복권과 강한 국가의 구축을 도모하였다(Gamble, 1994: 148). 다시 말해서, 케인스주의와 국가개입을 포기하는 대신 자유방임적 정치경제학(특히 하이에크와 프리드맨)을 되살리고, 자유시장경제의 재확립과 시장기준의 확대 적용을 통하여 사회제도의 권위, 국내 질서와 국가 안보의 중요성을 강조했던 것이다(Levitas, 1986: 6). 개인과 국가, 경제와 복지에 관한 신념체계로서의 대처리즘은 대략 다음과 같은 여덟 가지로 정리된다.

① 정부는 사회적 선(good)을 지속시키는 데는 그 능력에 한계가 있지만, 사회적으로 해로운 것을 행하는 데는 큰 힘을 발휘한다.

② 개인의 책임이 중요하고, 선과 악은 존재한다(대처는 사형제도의 부활을 주장한 극소수의 보수당 각료 중 하나였다).

③ 정부의 가장 중요한 임무는 법과 질서의 유지와 국방에 있다.

④ 국민은 자신의 문제를 스스로 해결해야 하며, 정부에 미루어서는 안 된다.

⑤ 경제성장 없는 공공지출의 증대는 세금 부담을 증대시키고 선택의 자유를 축소할 뿐이다.

⑥ 시장은 경제성장과 자유선택을 촉진하고 개인의 자유를 수호하는 가장 좋은 수단이다.

⑦ 한 부분의 지출 증가는 다른 부분의 지출 감소를 가져온다. 그렇지 않으려면 부채 증가와 인플레가 불가피하다. 그리고 그 비용은 납세자가 부담해야 한다. 납세자의 상당수는 그 수혜자보다 가난할 수 있다.

⑧ 정부개입은 사회변화에 대한 사회의 적응 능력을 저하함으로써 비생산적이다. 제대로 된 대책은 사회적 약자, 실업자, 병자 등에 대한 동정심의 표출보다 유용하다(Kavanagh, 1990: 11-12).

이를 한 문장으로 요약하면, '시장은 좋고 정부는 나쁘다'라는 말이 된다. 시장은 민간 부문과 함께 존중과 고양의 대상이 되었고, 정부는 사회주의(사회민주주의), 강한 노조, 복지국가와 짝을 이루어 배척과 청산의 대상이 되었다. 강한 노조는 사회주의 온상으로 지목되었고, 복지국가는 사회주의 이념 확산의 산물로 규정되었다. 반사회주의, 반노조주의, 반복지국가주의가 천명된 것이었다. 대처의 반사회주의는 1987년 9월 14일자 일간지 인디펜던트(The Inde- pendent)와의 인터뷰에서 다음과 같은 말에 잘 나타났다. "사회주의는 자유로운 인간을 위한 게 아닐뿐더러 영국의 특성에 맞지도 않는다. 사회주의는 번영도 인간 존엄성도 만들지 못한다." 그녀의 반사회주의는 법과 질서의 강화를 위한 강한 국가 정책과 동전의 양면을 이루었다. 강한 국가와 자유시장경제는 일견 상호 모순적이지만, 사회민주주의로 말미암아 크게 후퇴했던 자유시장경제의 회복을 위해서는 물론 사회주의의 온상인 노동조합과 강력한 노동운동을 무력화시키고, 국가보다는 가족 중심의 사회복지정책을 관철하기 위해 '제한되지만 강한(limited and strong)' 국가가 불가피하게 필요했던 것이다.

반사회주의는 반복지주의이기도 했다. 대처와 보수당에 복지는 불평등의 완화나 교정을 위한 장치가 아니라 최저생활을 위한 선택주의적 안전망일 뿐이었으며, 국가에 대한 복지 수급권을 의미하는 복지권(welfare right)은 국가에 대한 의존성을 키우는 온상이었다. 따라서 책임과 의무를 강조함으로써 복지권은 견제받아야 했고, 복지는 복지권이 아니라 민간 부문 부의 창출 역량, 즉 범람 효과(trickle-down effect)에 의존해야 했다(Deakin, 1994: 214). 대처는 이렇게 국가복지를 부정적으로 보았지만, 민간복지에 대해서는 매우 우호적이었다. 1981년 왕립여성자원봉사자협회 연설에서 자원봉사 부문의 중요성을 다음과 같이 역설했다(Deakin, 1994: 99). "저는 자원봉사 운동이 우리의 모든 사회복지 대책의 심장이라고 믿습니다. 법적 서비스는 필요한 것을 보강하고, 격차를 채워 주고, 돕는 사람을 도와주는 지원체제일 뿐입니다." 대처의 복지국가에 대한 관념은 다음과 같은 세 가지로 정리할 수 있다. 첫째, 요람에서 무덤까지의 복지국가는 비용이 너무 많이 든다. 둘째, 국가책임의 과잉은 개인 책임의식, 가족과 공동체의 연대의식, 사적 자원의 가치를 약화시킨다. 셋째, 복지윤리는 시장의 위험을 제거하고, 실패에 대한 쿠션을 제공한다. 또한, 열망에의 인센티브를 약화시킴으로써 기업에 해롭다(Kavanagh, 1990: 212-213).

5) 제3의 길

1994년 영국 노동당 당수로 선출된 토니 블레어(Tony Blair)는 노동당의 실패를 구식의, 유권자와 유리된, 경제의 무능한, 노조가 지배하는, 극단적 좌파에 취약한 정당이란 데서 찾았다. 그 대안으로 블레어는 당의 현대화론을 제시했다. 그를 따르면, 노동당은 자본주의 축적체제의 변화(포스트 포디즘)로 말미암은 유권자의 의식 변화에 대해 전략적으로 대응해야 하며, 노동당의 정책은 당의 지지대상을 넓히고 그간 보수당에 빼앗겼던 노동자 계급의 지지를 회복하는 데 초점을 두어야 했다. 또 블레어는 친기업적 성향을 분명히 밝혔다. 그는 대처의 노동정책(노동시장의 유연화 정책)과 기업정책을 그대로 유지할 것을 천명했다. 그리고 블레어는 1995년 임시전당대회에서 당헌 4조, 즉 생산, 분배, 교환수단의 공공 소유를 당의 목표로 명시한 사회주의 조항을 공식적으로 폐기함으로써 당을 더욱 우경화시켰다.

블레어의 노동당은 1997년 5월 총선에서 승리함으로써 1979년 대처 보수당에 패배하여 정권을 내준 지 18년 만에 여당이 되었다. 블레어가 집권할 무렵 영국 정치는 완전히 우편향되어 있었다. 대처에 의해 이미 케인스주의는 경멸의 대상이 되어 버렸고, 65만 명의 종업원을 둔 17개 거대기업이 민영화되었으며, 무려 8개의 반노조입법으로 노조운동은 궤멸하였고, 복지국가가 체계적으로 침식되었으며, 코포라티즘은 사라졌다(고세훈, 1999: 477-478). 이러한 상황에서 블레어가 내건 강령(slogan)이 '제3의 길'이었다. 제3의 길은 영국의 대표적 사회학자 기든스(Giddens)가 이론적으로 체계화했고, 이를 블레어가 자신의 기본적인 정치노선으로 채택함으로써 우리에게도 잘 알려졌다. 그러나 원래 제3의 길이란 용어는 복지국가를 지향하는 노동운동 일부 계열의 사회 - 자유주의 경향을 가리키는 말이었다. 기든스가 주장하는 제3의 길의 이념적 정향을 〈표 4-1〉에서 기존 이념과 비교해 본다.

제3의 길이란 고복지-고부담-저효율로 요약되는 사회민주적 복지국가 노선(제1의 길)과 고효율-저부담-불평등으로 정리되는 신자유주의적 시장경제 노선(제2의 길)을 지양한 새로운 정책노선으로서 시민의 사회경제생활을 보장하는 동시에 시장의 활력을 높이자는 신(新)노동당 프로젝트, 즉 구식의 사민주의와 신(新)자유주의로부터의 차별화 전략이었다. 제3의 길은 사민주의 복지국가에 대한 비판에서 출발한다. 복지국가에 문제가 많아서 우파가 제기한 비판을 받아들여야만 한다는 것인데, 우파의 비판이란 민간에 대한 정부의 과도한 간섭을 의미한다. 그리고 복지국가의 관료성과 비효율성을 문제로 꼽았다. 단, 신자유주의처럼 복지국가를 청산하자는 것이 아니라 이러한 문제를 복지국가 재건의 이유로 인식한다는 것이다. 그리고 과도한 복지비 지출과 복지가 가져온 도덕적 해이도 문제로 지적한다.

〈표 4-1〉 좌파와 우파, 제3의 길의 이념 비교

좌파(사회민주주의)	제3의 길	우파(자유주의)
• 사회·경제적 영역에 대한 국가의 점증되는 개입	• 근본주의적 중도	• 최소정부
• 시민사회에 대한 국가의 지배	• 새로운 민주적 국가	• 자율적인 시민사회
• 집합주의	• 적극적인 시민사회	• 시장 근본주의
• 조합주의와 연결된 케인지안 수요 관리	• 민주적 가족	• 강력한 경제적 개인주의와 도덕적 권위주의
• 시장의 제한된 역할	• 신혼합경제	• 투명한 노동시장
• 강한 평등주의	• 포섭으로서의 평등	• 불평등의 수용
• 요람에서 무덤까지 보호하는 포괄적 복지국가	• 실용주의 복지 • 사회투자 국가	• 안전망으로서의 복지국가
• 단선적 근대화		• 단선적 근대화
• 국제주의	• 코스모폴리탄(cosmopolitan) 국가 • 코스모폴리탄 민주주의	• 전통적 민족주의 • 국제질서에 대한 현실주의적 이론
• 낮은 생태학적 인식		• 낮은 생태학적 인식

출처: 기든스(Giddens, 1998); 이진숙 외(2009: 54), 재인용.

제3의 길에서 내세우는 대안, 즉 적극적 복지는 대략 세 가지로 압축된다. 첫째, 국민에게 경제적 혜택을 직접 제공하기보다는 인적 자원에 투자하는 복지국가, 즉 사회투자 국가로 개편하자는 것이다. 사회투자전략의 대표적 예가 노령인구대책과 실업대책이다. 지금까지의 복지국가는 노인들을 부양대상으로만 간주해 왔다. 이에 대해 기든스는 노령화를 부정적으로만 볼 것이 아니라 새로운 기회의 부여로도 볼 수 있다고 주장한다. 노령인구를 문제라기보다는 자원으로 간주하자는 말이다. 다시 말해서, 노인이 되었다고 해서 무조건 노동을 중단해서는 안 되고, 노인들에게 적합한 일자리를 창출하여 일하게 하자는 것이다. 또 노인들 자신도 노령이 책임은 없고 권리만 있는 시기로 여겨서는 안 된다고 한다. 동시에 법률의 정년퇴직 조항을 폐지해야 한다. 그럼으로써 노동과 공동체에 대한 노인의 참여가 증가할 것이고, 이는 노인들을 젊은 세대와 직접적으로 연결하는 역할을 할 것으로 희망한다.

실업문제도 마찬가지다. 정부는 인적 자원에 투자하여 실업률을 줄여야 한다. 정부는 기업의 일자리 창출 노력, 예컨대 중소기업의 창업이나 기술혁신기업을 적극적으로 지원해야 한다. 기업가 정신은 직업 창출의 직접적인 원천이다. 정부는 이런 기업가 정신을 지원해야 한다. 벤처기업에 대한 지원이나 기업가의 모험에 대한 안전장치의 마련 등이 그것이다. 그리고 정부는 평생교육을 강조하고, 국민이 일생 일을 지속할 수 있도록 교육해야 한다. 직업 변경에 필요한 교육도 지원해야 한다. 복지에 의존하는 대신 교육과 투자 기회를 이용토록 장려해야 한다. 그리고 정부는 가족 친화적 직장이 늘어날 수 있도록 지원해야 한다. 아동양육에 대한 지원은 물론 재택근무, 안식년제 등의 제도를 통하여 고용과 가사가 조화될 수 있도록 여건을 만들어 주어야 한다(Giddens, 1998: 168-187).

둘째, 복지 다원주의(welfare pluralism)이다. 복지 다원주의란 복지의 주체를 다원화하자는 것인데, 기존의 중앙정부 중심의 복지공급을 지양하고 비영리부분(제3부문), 기업, 지방정부 등도 그 주체로 삼는 것이 요지이다. 기든스는 먼저 사회보험을 세계 최초로 시행한 독일에서 이미 제3부문의 집단과 단체로 이루어진 복잡한 조직을 이용해 왔다는 사실을 상기시킨다. 제3부문이란 시민사회 내부의 자발적 단체, 예컨대 시민단체, 종교단체, 직업집단, 지역공동체 등을 말한다.

셋째, 의식전환이다. 기든스를 따르면, 복지국가는 자원보다는 위험성을 공동 부담하는 것이다. 복지를 개혁하려면 위험성에 관하여 분명히 인식해야 한다. 효과적인 위험성 관리는 위험성을 최소화하거나 그것에 대하여 보호하는 것만을 의미하지는 않는다. 또한, 그것은 위험성의 긍정적·활력적 측면을 이용하고, 위험의 감수에 대해 자원을 제공하는 것을 의미한다. 적극적인 위험의 수용은 기업가들이 중시해 왔다. 벤처기업가 정신이 좋은 예이다. 그런데 기든스는 이런 위험을 두려워하지 않는 정신이 노동자에게도 필요하다는 것을 지적한다. 즉, "혜택을 포기하고, 직업을 찾는 것, 혹은 특정한 산업에서 일자리를 얻는 것은 위험성으로 고취된 활동이다. 그러나 이러한 위험 수용은 개인에게, 좀 더 넓게는 사회에 종종 이익을 준다."라는 것이다(Giddens, 1998: 177).

이상과 같은 복지에 대한 블레어식 접근의 이면에는 복지지출이 경제적 경쟁력, 즉 성장에 직접적인 부담일 뿐이라는 신자유주의적 가정이 깔렸으며, 블레어가 강조하는 복지국가의 재편이란 비용 삭감 이외에도 수혜자의 의존성향을 줄이고, 개인의 책임을 더 강조하는 의지가 함축되어 있다. 그리고 그에게 사회정의는 재분배와 불균등 교정을 강조한 평등주의적 성향이 아니라 최소 기준과 기회균등을 확보하는 데 초점을 둔다. 자유시장에 대한 조건 없는 신뢰는 아닐지라도, 공공부문과 공동지출 또는 혼합경제에 대한 뿌리 깊은 불신이 엿보인다. 만약 개인이 자유로운 선택을 할 수 있다면 그 결과가 아무리 불평등하더라도 사회정의가 훼손된 것은 아니며, 정부의 역할은 그런 선택의 기회를 모두에게 보장하는 일에 한해야 한다(고세훈, 1999: 487, 490-491).

결국, 제3의 길에서 말하는 적극적 복지는 베버리지의 지양이다. 기든스는 베버리지의 5대 악(빈곤, 질병, 무지, 불결, 나태)에 대한 전쟁이 소극적인 복지를 중시한 것이라고 본다. 적극적인 복지는 베버리지가 제기한 이러한 소극적 요소를 적극적인 것으로 대체시키는 것이다. 빈곤 대신에 자율성을, 질병 대신에 건강을, 무지 대신에 교육을, 불결 대신에 안녕을, 나태 대신에 진취성을 강조하자는 것이다(Giddens, 1998: 189; 원석조, 2008: 157-164). 고전적인 사회민주주의가 케인스적 경제개입과 복지정책을 강조하였다면, 기든스가 제시한 제3의 길은 생태위기와 복지국가 위기를 겪는 유럽 좌파들이 찾을 수 있는 현실적인 문제해결책이다. 새로이 등장한 제3의 길이 현재 전 지구적 자본주의 시대의 모든 문제를 해결할 수는 없다.

제3의 길은 기존의 좌파와 우파를 '넘어서는(beyond)' 것이 아니라 좌파와 우파 '사이에서(between)' 진동하는 절충주의에 불과하다는 비판이 비관적 전망의 기저에 깔렸다. 단지 현실적으로 다른 대안이 없는 상태이기 때문에 제3의 길이 대중적으로 받아들여지고 있다는 것이다. 또한, 뚜렷한 철학적 근거도 없으며 자본주의 근간인 자유경쟁을 포기하면서 사회 전체에 평등한 부와 권리를 주겠다는 논리는 달콤한 허상에 불과하다는 반론이 제기되고 있다. 영국의 노동당 안에서도 블레어의 제3의 길에 대해 "노동당은 사회민주주의 정당의 근본으로 돌아가라." "노동당은 사회민주주의 정당으로 남아야 하며, 19세기 자유주의로 돌아가서는 안 된다."라는 대(對) 블레어 선언이 나오는 등 반발이 거세다(박경일, 2008: 437).

6) 페미니즘

페미니즘은 마르크스주의에서 보인 복지국가의 등장과 발달의 시각에서 한 걸음 더 나아가, 성(gender)의 관점에서 복지국가를 조망하도록 했다. 이들은 기존의 복지국가론이 주장해 온 '시장으로부터의 자유'는 애초에 자신의 노동력을 상품화하지 못하고 무급노동에 종사해 온 대다수 여성의 경험을 배제하고 있다는 사실을 지적하였다. 또한, 복지국가가 '사회적으로 용인될 만한 생활수준'을 보장한다고 할 때, 이것이 개인단위에서 통용되는 현실인가, 아니면 임금노동자인 가구주를 통해서 그 가족에게 전달되는 권리인가에 따라 그 의미가 매우 달라진다는 점을 주목하였다.

따라서 여성에게 필요한 것은 탈상품화뿐만 아니라 유급노동에의 접근권(Orloff, 1993)임을 주장한다. 페미니스트들은 남성을 기준으로 삼은 기존의 복지국가에 대하여 여성을 함께 고려하는 대안적 복지국가유형론을 제시하였는데, 이것은 요즘 '젠더 레짐(gender regime)'으로 더 자주 불린다. 복지국가유형론이 자본주의적 시장과 국가의 관계를 탈상품화 개념의 기준으로 구별한 것이라면, 젠더 레짐은 가부장제적 가족과 국가의 관계를 성별 분업양식을 중심으로 하여 유형화한 것이다(장지연, 2004: 3-4).

페미니즘에서 복지국가의 탈상품화 개념을 비판하는 중요한 논지는 크게 두 가지이다. 첫째, '시장의 힘으로부터의 자유'라는 개념은 이미 임금노동을 전제로 하는 것이므로 기본적으로 임금노동자로 정의되지 않는 대다수 여성의 경험이 배제된 개념이란 점이다. '시장에의 의존으로부터 독립'이라는 개념 자체가 여성들의 비시장·무급노동으로서의 가사노동을 간과한 것이며, 많은 여성이 자신의 노동력을 상품화할 수 없는 현실에 있다는 사실까지도 인식되지 않은 측면이 있다(Orloff, 1993; Sainsbury, 1999). 요컨대 에스핑-앤더슨(Esping-Andersen)의 탈상품화론은 남성노동자의 탈상품화일 뿐이다(이혜경·홍승아, 2003: 174-175).

둘째, '사회적으로 용인될 만한 생활수준'을 보장한다고 하는데, 이것이 개인에게 적용되는 것인지 아니면 가족에게 적용되는 것인지 불분명하다는 것이다(Sainsbury, 1999). 모든 개인의 시민권을 인정하고 노동시장 참여와 상관없이 일정 정도 이상의 삶의 질을 누릴 수 있게 한다는 것과 가족을 경제와 사회의 단위로 하여 가족구성원은 임금노동자인 남성가장을 통해서 삶의 질을 보장받는 것은 매우 다르다. 복지국가이론에 대한 페미니스트의 기여는 남성중심적인 주류시각으로 볼 때 포착되지 않는 시민권의 배제적인 성격을 드러내었다는 데서 가장 큰 의의를 발견할 수 있다. 탈상품화는 복지국가의 성격을 가늠하는 중요한 잣대이지만, 이 기준만을 가지고 복지국가를 본다면 한쪽 측면에서만 바라보게 되므로 왜곡된 정책을 산출해 낼 수 있다.

이처럼 페미니즘은 사회복지정책에서 성(gender)을 중요한 분석기준으로 삼는 데 영향을 미쳤다. 특히 복지국가가 성 중립적이지 않다는 사실을 밝혀 양성평등 이해적 사회복지정책을 만들어야 할 필요성을 제시한 데 의의가 있다(김영화 외, 2008: 122-124).

7) 코포라티즘

다원주의(pluralism)의 변종인 코포라티즘(corporatism)이란 제2차 세계대전 이후 서구사회의 특징을 지칭하는 것으로, 거대한 노조가 출현하여 사용자와 대등한 수준에서 임금·근로조건 등 노사 간의 주요 현안을 협상하고 정부가 이를 중재하며, 나아가 물가와 복지 등의 문제를 정부와 노사 간에 상의·결정하는 삼자협동주의(tripartism)를 말한다. 삼자협동주의의 양 당사자인 노조와 자본가 단체는 다원주의에서 말하는 평범한 압력집단에서 통치기구로 변화된 거대한 힘을 가진 조직을 말한다. 이들 기구는 예외적인 권력을 보유하면서 그들 자신의 회원을 자체적으로 통제하게 되고, 대중의 소요 사태를 최소화할 수 있었다(Lowe, 1993: 29). 국가적 현안이 이렇게 의회 밖에서 삼자에 의해 결정되자 의회의 정책결정 권한이 상당히 약화하였으며, 이런 정책결정 구조는 사회복지정책의 확대·발전에 큰 영향을 주었다. 다시 말해서, 코포라티즘은 복지국가의 성장과 확대를 이끌어 낸 유력한 근거가 되었던 것이다(원석조, 2008: 133-138).

코포라티즘에 대한 논의는 20세기 초까지 소급된다. 뒤르껭(Durkheim)과 귀펭(La Tour Du Pin)의 직능조합론이 그것이다. 직능조합(corporation) 또는 직능단체란 전국적으로 조직되고 기능적으로 분리되며, 민주적인 대표성을 가지고 자율적이며, 회원 가입은 강제적이고 중앙의 권위에 의해 조합의 우선순위가 결정되며, 법에 따라 설립된 조직체를 말한다. 이들은 이러한 직능조합들이 국가의 기초가 되어 자본주의의 각종 병폐를 바로잡을 수 있다고 믿었다. 코포라티즘은 유럽 각국이 정치적으로 큰 혼란을 겪었던 전간 기간(제1차 세계대전 종료 이후부터 제2차 세계대전이 발발하기 직전까지)에 정치적 혼란의 극복방안으로 활발히 논의되었다. 특히 당시 유럽에서 후진국이었던 루마니아, 이탈리아, 독일 등지에서 후진 상태를 벗어나기 위한 전략으로 코포라티즘이 제시되었다. 코포라티즘을 계급투쟁, 상업주의, 물질주의 폐해를 해결할 수 있는 유일한 방법으로 믿은 사람들은 국가질서를 직능조합질서로 등치시켜야 한다고 주장했다. 예컨대 위계서열의 저변에 근로자들의 조합을 두고, 그 위에 장인과 예술가들의 조합, 경제적 리더십의 조합(경제단체), 정상에 정치적 리더십의 조합(정치단체)을 위치시켜야 한다는 것이다. 그러나 이들의 이런 관념은 파시즘으로 연결되었다(최경구, 1993: 80-83).

코포라티즘에 대한 논의는 1970년대 들어 서유럽 각국에 복지국가가 확대되면서 재개되었다. 1970년대 중반 슈미트(Schmitter), 렘부르흐(Lehmbruch), 루버트(Luebbert), 빠알(Pahl), 윙클러(Winkler) 등은 전전의 권위주의적 코포라티즘과는 다른 신코포라티즘(neo-corporatism), 자유주의적 코포라티즘(liberal-corporatism), 민주적 코포라티즘(democratic-corporatism), 사회적 코포라티즘(social-corporatism) 등으로 불리는 새로운 코포라티즘의 등장에 주목했다. 슈미트는 코포라티즘을 두 가지로 나누었다. 하나는 사회적 코포라티즘으로서 국가로부터 이익단체의 자율성이 보장되고, 아래로부터의 진화발전을 특징으로 한다(민주적 복지국가). 다른 하나는 국가 코포라티즘으로서 이익단체들이 국가에 종속되고, 위로부터의 권위적 권력에 의해 강제적으로 운영되는 체제를 말한다. 반자유주의적·신중상주의적 체제, 즉 파시즘 체제를 말한다.

렘부르흐는 권위주의적 코포라티즘과 새로운 자유주의적 코포라티즘을 대비시켰다. 자유주의적 코포라티즘은 대규모 사회집단이 국가의 공공정책(주로 경제정책) 결정에 참여하며, 참여하는 모든 집단 간에 협력관계가 유지되는 것을 특징으로 한다. 이는 고전적 방임주의 경제로부터 조직적으로 통제되는 자본주의로 이행하는 것이다. 케인스주의가 이런 관념의 이론적 기반이 되었다(최경구, 1993: 90-91). 빠알과 윙클러는 코포라티즘을 국가가 통제한 사적 경제체제로서 통일성, 질서, 민족주의, 성공 등의 가치를 지향한다고 규정하고, 평등한 코포라티즘(스웨덴)과 불평등한 코포라티즘(파시즘 국가)으로 구분했다. 이들은 국가가 코포라티즘을 통해 경제권력을 장악하여 인간의 얼굴을 한 파시즘으로 나아갈 가능성에 대해 우려했다(최경구, 1993: 91-92).

한편, 코포라티즘을 더욱 확대하여 현대의 복지국가는 물론 중세 길드 사회주의와 비스마르크(Bismarck) 독일제국까지 포괄하는 이도 있다. 폴더 등(Forder et al., 1984: 149-152)은 코포라티즘을 다음과 같은 세 가지 유형으로 나누었다. 첫째, 고전적 코포라티즘이다. 사회를 여러 단체의 집합체로 간주하며, 의회에 대해 부정적이다. 중세의 길드 사회주의가 대표적이다. 이탈리아 파시즘의 기원이 되었다. 둘째, 19세기의 코포라티즘이다. 새로이 부상하는 노동자 계급의 힘을 억제하기 위해 등장했다. 자본주의 체제가 제대로 작동하지 않을 때 국가가 나서서 사회단체를 조직하여 사회안정을 기한다. 국가가 중앙집권화된 권력을 보유하고 있고, 이데올로기적으로 합의가 이루어질 때 가능하다. 자유주의가 부정되기도 한다. 노동자 계급을 복종시키는 것이 주된 목표이다. 시장을 통한 지배라는 정통적인 방법이 통하지 않을 때 일시적으로 나타난다(비스마르크 사회입법). 셋째, 계약(bargained) 코포라티즘이다. 순수한 다원주의하에서는 국가가 혼합경제를 지향한다면, 코포라티즘하에서는 국가가 간섭(re- gulated) 경제를 지향한다는 차이점이 있다. 자유민주주의 사회의 코포라티즘으로서 현대의 복지국가가 전형적인 코포라티즘 체제이다. 자본가와 노동단체는 최소한의 자율성을 견지하고 있으며, 국가에 이데올로기적으로나 제도적으로 예속되어 있지 않다. 단체는 국가활동에 항상 대표를 파견하기를 원하며, 국가와 단체 간의 협약 형태를 취한다. 단체들은 원하는 것을 얻은 대가로 사회적 평화를 보장해 주어야 한다. 자본가 계급은 코포라티즘 질서 그 자체의 유지보다는 호전적인 노동운동이나 자유경쟁을 통해 해결이 잘 안 되는 경제적 문제에 직면하여 효과적인 해결방안을 연구하는 데 더 큰 관심이 있다. 복지국가에서의 코포라티즘은 임금·물가·복지 등 각 계급의 핵심적 관심사를 절충·타협·결정하는 메커니즘으로 작동하고 있다. 형태적으로는 삼자협동주의라 하여 국가, 노동, 자본의 대표가 참여한다.

그리고 윌렌스키(Wilensky)는 현대의 코포라티즘을 세 가지 유형으로 구분했다. 첫째, 민주적 코포라티즘으로서 네덜란드, 벨기에, 스웨덴, 노르웨이, 오스트리아, 독일 등이 여기에 해당된다. 조직력이 강하고, 중앙집권화된 이익집단들, 예컨대 노동, 고용주, 전문직 조직과 정부가 경제성장, 물가, 임금, 조세, 실업과 사회복지정책과 같은 주요 과제를 법에 입각하거나 비공식적 협의기구를 통해서 협의·결정하는 체제이다. 이 경우에 사회복지정책은 일반 경제정책에 융합되어 있다. 둘째, 노동자 계급의 완전한 참여 없는 코포라티즘으로서 일본, 프랑스, 스위스 등이 여기에 속한다. 공업, 상업, 농업, 전문직과 정부 간의 협상구조가 준(準) 공적인 체제를 말하는데, 주요 사회경제정책을 이 집단 간의 협상에 의해 결정하지만, 노동단체는 일정한 거리를 둔다. 정책결정 과정에서 대체로 기업가단체가 우월한 지위를 갖는다. 따라서 경제사회적 평등을 지향하는 공공정책이 많이 도입되는 편은 아니다. 경제여건이 악화하면 노동을 배제하고, 대중의 사회적 평등 요구를 억압하는 권위주의 통제로 대응한다. 셋째, 분절된 코포라티즘으로서 선진복지국가라 할 수 없는 미국, 영국, 캐나다, 호주 등이 이에 속한다. 이익집단 대부분이 기득권을 유지하는 데 매달려 있고, 편협한 이해관계에만 매달린다. 따라서 국가적인 과제를 놓고 협상하고 타협할 여지가 별로 없다(Wilensky, 1983: 53-55).

그런데 코포라티즘에 대해 논급할 때 우리가 반드시 유념해야 하는 것은 지배층 내에서 코포라티즘 정책, 즉 일정한 양보정책을 거론할 때는 사회적 상황이 매우 혼란스럽고, 노동자들이 정당을 만들거나 노동조합을 결성하여 그 세력을 강화시키는 국면이라는 점이다. 한 마디로 자본가와 노동자 간의 세력관계에 균열이 와서 기존의 억압적인 노동통제 전략을 고집하면, 더 큰 파국이 올지도 모르는 상황에서 그렇게 한다는 점이다. 미국의 1910년대와 1930년대 초, 제2차 세계대전 직후의 서유럽이 그랬다.

02 사회복지정책의 이념적 모형

사회정책의 이념모형은 그동안 극우와 극좌라는 이념의 연속선상에서 학자들의 관점에 따라 다양하게 제시되었다. 그러나 여기에서는 여러 학자 중에서 대표적인 학자인 윌렌스키(Wilensky)와 르보(Lebeaux)의 2분법, 티트머스(Titmuss)의 3분법, 조지(George)와 윌딩(Wilding)의 4분법 이념모형을 〈표 4-2〉에서 비교하였으며, 각각의 이념모형에 대한 구체적인 내용은 다음과 같다.

1) 윌렌스키와 르보의 2분법 이념모형

사회정책의 이념모형은 처음에 2분법으로 분류되었다. 이 2분법은 윌렌스키와 르보(1958: 138-140)가 제시한 ① 보충적 모형과 ② 제도적 모형이다.

첫째, 보충적(補充的) 모형은 사회정책을 가족이나 시장경제 등이 정상적으로 제 기능을 발휘하지 못해 가족이나 가족구성원의 욕구가 충족되지 않을 때 국가가 보충적으로 개입하여 응급조치 기능을 수행하는 것을 의미한다.

둘째, 제도적(制度的) 모형은 사회정책을 가족이나 시장경제 등이 기본적인 기능을 수행하는 하나의 제도로 보는 것으로, 현대 산업사회에서 국가가 가족이나 가족구성원의 욕구를 충족시키고 사회를 유지·발전시켜 나가는 기능을 의미한다.

2) 티트머스의 3분법 이념모형

사회정책의 이념모형을 ① 보충적 모형, ② 산업 성취업적 모형, ③ 제도적 재분배 모형 등 3분법으로 분류한 최초의 학자는 티트머스(1974: 30-31)이다. 티트머스가 제시한 3분법 이념모형의 장점은 윌렌스키와 르보의 2분법 이념모형의 큰 단점인 이념의 단순화를 어느 정도는 해결할 수 있다는 것이다. 영국을 예로 들면 중도 우파인 자유당과 중도 좌파인 노동당은 사회정책에서 분명한 차이가 있었으나, 2분법의 사회정책 이념모형에서는 똑같이 제도적 모형으로 분류되었다. 그러나 3분법에서는 자유당은 산업 성취업적 모형으로, 노동당은 제도적 재분배 모형으로 분류할 수 있다.

첫째, 보충적 모형은 윌렌스키와 르보의 보충적 모형과 같은 것으로, 일차적으로 가족과 시장경제 등을 통해 욕구충족이 안 되는 빈곤자나 요보호자를 대상으로 국가가 그들에게 잠정적으로 최소한의 생활을 보장하는 것을 의미한다.

둘째, 산업 성취업적 모형은 다른 말로 시녀(侍女)적 모형이라고도 하는데, 사회복지의 급여를 경제적으로 이바지한 업적인 생산성에 따라 결정하는 것이다. 즉, 사회정책을 경제성장의 수단 또는 종속물로 보는 것을 의미한다.

셋째, 제도적 재분배 모형은 윌렌스키와 르보의 제도적 모형과 같은 것으로, 사회정책을 사회의 중요한 제도로 간주하며, 욕구의 원리에 따라 시장경제 체제(mechanism) 외부에서 사회의 구조적 불평등을 없애고자 보편적 급여를 제공하는 평등추구를 의미한다.

3) 조지와 윌딩의 4분법 이념모형

사회정책의 이념모형을 ① 반집합주의 모형, ② 소극적 집합주의 모형, ③ 페이비언 사회주의 모형, ④ 마르크스주의 모형 등 4분법으로 분류한 최초의 학자는 조지와 윌딩(1976)이다. 이들이 제시한 각각의 모형에 대해 간략하게 살펴보면 다음과 같다(남세진, 1992: 118, 남기민, 2004: 42-44).

첫째, 자유방임주의 이념을 바탕으로 한 반집합주의(anti-collectivism) 모형은 국가의 개입은 최소한으로 국한하고, 복지혜택은 주로 최저생계비 이하의 빈곤층에 한정하는 것을 의미한다. 즉, 국가 온정주의적 차원에서 정치적 안정유지를 위하여 최소한으로 주어져야 한다는 것이다. 1834년 영국의 신구빈법은 반집합주의에 입각한 대표적인 사회정책이라 하겠다. 그리고 복지를 위한 국가개입은 제도적 측면보다는 개인적 측면에 치중하게 되므로 이는 앞의 보충적 모형과 유사하다고 볼 수 있다.

둘째, 수정자유주의 이념을 바탕으로 한 소극적 집합주의(reluctant collectivism)

모형은 자본주의적 기본요소는 그대로 보존한 채 지나친 불평등은 없애자는 것이다. 따라서 적절한 국가 개입에 의하여 베버리지(Beveridge)보고서(1942)에 나타난 빈곤, 질병, 무지, 나태, 불결 등과 같은 5대 사회악을 해결·개선해 나가자는 것으로 최소한의 보장과 소극적인 평등을 주장하는 것을 의미한다.

셋째, 사회민주주의 이념을 바탕으로 한 페이비언 사회주의(Fabian socialism) 모형은 평등, 자유, 우애의 세 가지 가치와 그밖에 부수적 가치로서 민주주의와 인도주의에 기초를 두고 복지국가의 실현을 통해 빈곤퇴치와 불평등을 해결하고 자본주의를 개혁할 것을 강조한다. 여기서 자유란 다른 사람의 간섭 없이 자신의 의지대로 행하는 소극적 자유가 아니라 사회적 권리로서 복지를 누릴 수 있는 적극적 자유를 의미한다.

넷째, 사회주의 이념을 바탕으로 한 마르크스주의(Marxism) 모형은 페이비언 사회주의와는 달리 빈곤퇴치와 불평등의 해결은 결코 복지국가의 실현을 통해서는 이루어질 수 없다고 판단한다. 따라서 마르크스주의 모형은 복지국가의 대안으로 사회주의 혁명을 통해서 빈곤퇴치와 불평등을 없앨 수 있음을 의미한다.

〈표 4-2〉 이념의 연속선과 사회정책의 이념모형

<table>
<tr><th rowspan="2">학자(연도)</th><th colspan="4">이념의 연속선</th></tr>
<tr><th>극우</th><th>중도우</th><th>중도좌</th><th>극좌</th></tr>
<tr><td>윌렌스키와 르보
(Wilensky & Lebeaux, 1958)</td><td>보충적(補充的) 모형</td><td colspan="2">제도적(制度的) 모형</td><td></td></tr>
<tr><td>티트머스
(Titmuss, 1974)</td><td>보충적 모형</td><td>산업 성취업적 모형</td><td>제도적 재분배 모형</td><td></td></tr>
<tr><td rowspan="2">조지와 윌딩
(George & Wilding, 1976)</td><td>반집합주의
(anti-collectivism)
모형</td><td>소극적 집합주의
(reluctant collectivism)
모형</td><td>페이비언
사회주의
(Fabian socialism)
모형</td><td>마르크스주의
(Marxism) 모형</td></tr>
<tr><td>자유방임주의 이념</td><td>수정자유주의 이념</td><td>사회민주주의 이념</td><td>사회주의 이념</td></tr>
</table>

03 사회복지정책 패러다임의 변화

어떤 한 시대 사람들의 견해나 사고를 지배하는 이론적 틀이나 개념의 집합체와 한 학문분야의 지배적인 접근방법이나 관점을 패러다임이라고 한다. 이러한 패러다임은 연구자들로 하여금 그 분야의 현상을 바라보는 세계관을 형성해 줌으로써 문제선정, 해답의 방향과 일관성을 갖게 해준다. 다시 말하면, 패러다임이란 한 시대 특정분야의 학자들이나 사회 전체가 공유하는 이론, 법칙, 지식, 가치, 믿음, 관습 등을 통틀어 일컫는 개념을 뜻한다.

최근 사회복지정책의 이념이나 대상 주체, 방법 등에서의 변화를 이야기할 때에도 사회복지 패러다임의 변화라는 용어가 자주 사용된다. 따라서 사회복지정책은 이러한 패러다임의 변화를 바탕으로 수립되어야 한다. 박경일(2008: 64-65)은 사회복지정책의 패러다임 변화를 다음의 열 가지로 정리하였다.

① 보편화: 빈곤자, 저소득자에 한정되어온 사회복지의 이용자가 일반계층으로까지 포함되어 확대된다.

② 다원화: 국가, 지방자치단체, 사회복지법인을 중심으로 구성된 복지서비스의 공급조직에 복지공사(지자체가 공장이나 시설을 설립하고 기업체가 관리운영을 맡아서 하는 제3섹터 방식), 상호부조단체, 생활협동조합 등의 다양한 비영리 민간조직이 참여하는 것이다.

③ 분권화: 기관위임사무의 단체위임 사무화, 조치·권한의 시·군·구로의 이양에 의해 지자체 가운데서도 시·군·구의 권한과 책임이 확대되는 것이다.

④ 자유(선택)화: 이용자들이 사회복지서비스를 자유롭게 선택하는 것이다.

⑤ 계획화: 사후대처적인 성격이 강한 사회복지행정 가운데 노인보건복지는 계획의 법제화로 강화되는 것이다.

⑥ 통합화: 종래 독자적으로 전개된 사회복지에 보건, 의료, 고용, 주택, 교육, 인권 옹호 등의 제휴와 조정이 이루어졌다.

⑦ 전문직화: 휴먼서비스(서비스 노동)의 전문직화가 이루어졌다.

⑧ 자조화: 자조노력의 촉진, 수익자 부담주의 도입, 친족에 의한 부양, 상호부조의 확대, 민간 활용 강화 등 총칭해서 사람들에게 자기책임이나 자조조직을 중시하는 경향이 있다.

⑨ 주체(참가)화: 이용자나 지역주민의 관점에서 포착, 복지서비스의 이용과정에 있어 이용자의 참가나 자기결정권, 선택권이 화제로 되고, 복지계획책정 등 행정에의 주민참여가 촉진되었다.

⑩ 지역화: 서비스 제공의 거점으로서 생활형 시설을 만들어 지역복지형의 사회복지로 전환되었다.

한편, 우리나라의 '비전 2030'에서는 미래를 위한 새로운 패러다임의 모색으로서 '선(先)성장 후(後)복지'의 기존 패러다임으로는 성장자체가 한계에 봉착하고 분배선도 곤란하다고 판단하였다. 그래서 성장과 복지가 함께 가는 '동반성장'으로 패러다임을 전화해야 한다고 하였다. 동반성장 패러다임 내용은 〈표 4-3〉과 같다.

〈표 4-3〉 비전 2030의 동반성장 패러다임

구분	기존 패러다임	동반성장 패러다임
추진 배경	탈빈곤 성장과 분배의 고리 작동	양극화 심화 성장과 분배의 고리 약화
정부 역할	성장에 집중	성장과 복지의 조화
성장 전략	양적 투입위주·불균형 성장 정부 주도	혁신주도형·균형 성장 시장 주도
복지 전략	가족·공동체에 의존 구호적 복지	정부의 역할 제고 미래를 위한 투자
투자 중점	물적 자본	인적·사회적 자본

주: 사회적 자본이란 구성원 간 신뢰와 협력, 개방성과 이를 촉진하는 제도·규범·네트워크 등을 의미한다.
출처: 박경일(2008: 65).

연/구/문/제

01 자유방임주의를 비판한 케인스의 경제 이론에 대해 자신의 생각을 정리해 봅시다.

02 복지국가의 위기와 비판이라는 주제로 A4용지 한 장으로 논해 봅시다.

03 제3의 길에서 내세우는 적극적 복지를 요약해서 설명해 봅시다.

04 사회복지정책 패러다임의 변화를 설명해 봅시다.

참/고/문/헌

고세훈(1999). 영국노동당사: 한 노동운동의 정치화 이야기. 나남출판.

김수행(1986). 경제변동론. 비봉출판사.

김영화·박태정·장경은(2008). 사회정의실현을 위한 사회복지정책론. 양서원.

남기민(2004). 사회복지정책론. 학지사.

남세진(1992). 인간과 복지. 한울아카데미.

박경일(2008). 사회복지정책론(제2판). 공동체.

박광준(1990). 페비안사회주의와 복지국가의 형성. 대학출판사.

원석조(2008). 사회복지정책론(제2판). 양서원.

이진숙·주은선·신지연·윤나리·노승택(2009). 사회복지정책론. 양서원.

이혜경·홍승아(2003). 성통합적 복지국가 개편 논의를 위한 여성주의적 비판. 사회보장연구, Vol. 19-1.

장지연(2004). 한국 젠더 레짐과 일-가족선택의 현실. 한국노동연구원.

George, V., & Wilding, P.(1987). *The Impact of Policy*. London: RKP.

Titmuss, R. M.(1974). *Social Policy: An Introduction*. London: George Allen & Unwin Ltd.

Wilensky, H.(1983). "Political Legitimacy and Consensus: Missing Variables in Assessment of Social Policy." in S. E. Spiro & E. Yuchtman-Yaar(Eds.). *Evaluating the Welfare State: Social and Political Perspectives*. NY: Academic Press.

Wilensky, H., & Lebeaux, C. N.(1958). *Industrial Society and Social Welfare*. NY: Fre Press.

사회복지정책과 복지국가

CHAPTER 05

학/습/목/표

- 복지국가의 개념과 특성을 설명할 수 있다.
- 복지국가의 생성과 발달을 설명할 수 있다.
- 복지국가의 유형을 설명할 수 있다.
- 복지국가의 위기 문제와 우리나라 복지의 미래를 설명할 수 있다.

01 복지국가의 개념과 특성

1) 복지국가의 개념

일반적으로 복지(welfare)라는 말의 사전적 의미는 '만족스런 상태, 건강, 번영, 안녕' 등이다. 그러므로 복지는 더할 나위 없이 좋고 만족스런 삶이 영위되며 건강과 행복의 조건들이 충족되는 상태를 말한다고 볼 수 있다(남세진, 1992: 114). 그러면 이러한 복지와 반대되는 비복지(diswelfare)의 상태는 무엇인가? 복지의 사전적 의미와 대비시키면 비복지란 '만족스럽지 못한 상태, 질병, 빈곤, 불안, 불행한 상태'를 뜻한다고 할 수 있다.

이렇게 복지-비복지를 대비시킬 때 가장 단순한 수준에서 복지국가는 '국민의 비복지를 제거하고 복지를 향상시키기 위해 노력하는 국가' 혹은 '국민의 복지향상을 가장 중요한 핵심과 의무로 삼는 국가'로 정의될 수 있다. 그러나 이 정의는 이 국가가 국민의 복지향상을 위해 개입된다고 할 때 어느 정도까지 또 무엇을 목표로 복지를 제공할 것인가에 대한 논의를 전혀 포함하고 있지 않다. 따라서 복지국가에 대한 보다 정교한 개념정의는 이러한 요소를 모두 포함할 수 있어야만 한다. 그런데 복지국가에 대한 개념을 더욱 정교화하고자 할 때 부딪치는 문제점은 논자의 가치관, 이데올로기적 입장 그리고 이론적 관념에 따라 복지국가의 개념 정의가 매우 다양하게 제시된다는 것이다. 우선 아래와 같이 다섯 가지의 정의를 검토해 보면 복지국가에 대한 통일적 개념정의를 수립하는 것이 얼마나 어려운 것인가를 잘 알 수 있다(김태성·성경륭, 2000: 43-54).

(1) 윌렌스키(Wilensky, 1975: 1)의 정의

"복지국가의 핵심은 국가가 모든 국민에게 최소한의 수입, 영양, 건강, 주택 그리고 교육을 보장한다는 것이다. 국가에 의한 이러한 복지제공은 자선이 아니라 모든 국민이 누리는 정치적 권리에 대응하여 주어지는 것이다. … 최소한의 수준을 보장하기 위해 국가가 시행하는 제반 프로그램은 비록 그 결과에서 재분배를 통해 평등을 증진시킬 수 있다고 하더라도 그 목적에서는 평등과 아무런 관계가 없다."

(2) 헥셔(Heckscher, 1984: 6)의 정의

"복지국가는 자국 내에 거주하는 국민의(그리고 아마 시민권을 갖고 있지 않은 거주자들을 포함하여) 삶에 대해 집합적 책임을 지는 국가이다. 따라서 복지국가는 빈곤을 제거하기 위해 노력하고 국민이 빈곤상태에 빠질 때, 그들을 위해 적절한 사회보장을 제공한다. 또한, 복지국가는 기회의 평등을 촉진하여 국민의 삶을 향상시키기 위해 노력한다."

(3) 미쉬라(Mishra, 1990: 34)의 정의

"복지국가란 국민의 삶과 관련된 '최소한의 전국적 기준(national minimum standards)'을 유지하기 위해 국가의 책임을 제도화하는 것이다. 특히 제2차 대전 이후의 복지국가는 이와 같은 최소한의 전국적 기준을 보장하기 위해 완전고용의 실현, 국민의 기본욕구를 충족시키기 위한 보편적 서비스의 제공 그리고 빈곤의 해소와 예방에 정책의 초점을 둔다."

(4) 코르피(Korpi, 1983: 185)의 정의

"복지국가의 발전 정도는 정치적 민주주의와 국민에 대한 최소한의 사회보장을 전제조건으로 하여 상대적 빈곤이 어느 정도 감소하는가 혹은(결과의) 평등이 어느 정도 실현되는가에 의해 결정된다."

(5) 에스핑-앤더슨(Esping-Andersen, 1990: 3)의 정의

"복지국가에는 다양한 형태의 복지체제(자유주의적, 조합주의적, 사회민주적 복지체제)가 존재한다. … 그러나 복지국가 발전의 정도는 국가에 의해 부여되는 사회권이 국민의 시장에 대한 의존성을 얼마나 줄이느냐, 즉 탈상품화의 정도가 어느 정도인가에 달렸다."

이상의 다섯 가지 개념 정의는 복지국가라는 하나의 대상을 두고 학자에 따라 그 개념 규정이 얼마나 다를 수 있는가를 잘 보여 준다. 그러나 이러한 상이성에도 이들 간에는 적어도 다음과 같은 세 가지 측면에서의 공통점도 존재한다.

첫째, 위 다섯 명의 학자는 복지국가에 대한 정의에서 명시적으로 지적하지는 않았지만, 복지국가가 자본주의 경제체제 속에서 발전하게 되었다는 점을 모두 인정하고 있다. 그들은 역사적으로 볼 때 자본주의 시장기구 작동에서 오는 제반 사회악(社會惡), 즉 광범위한 빈곤의 존속, 산업재해의 빈번한 발생과 약화, 불평등의 심화, 경기변동에 따른 비자발적 실업의 반복적 발생 등에 대한 해결책으로 복지국가가 등장했다고 보고 있다. 다시 말하면, 복지국가는 자본주의적 산업화의 진전에서 오는 사회악을 사회주의 혁명과 같은 급격한 방법이 아니라 국가의 개입에 의한 점진적이고 누적적인 복지개혁으로 해결하려 한다고 그들은 인식하고 있다.

둘째, 위의 학자들은 모두 복지국가가 탄생할 수 있는 필요조건 혹은 복지국가에 동반되어야 할 수반조건으로서 정치적 민주주의를 전제하고 있다. 그러면 민주주의가 복지국가의 성립에 왜 중요한가? 이 문제는 강력한 국민국가가 형성되고 자본주의적 산업화가 급속도로 진전된 근대(특히 19세기)의 상황에서

정치적 민주화가 이루어지지 않았으면, 국가와 자본가계급을 움직여 엄청난 비용이 소요되는 복지개혁을 추동할 수 있는 정치세력의 형성이 불가능했기 때문이다. 다시 말해, 선거권 확대를 통한 민주주의의 신장은 그동안 비민주적 국가에 의해 억압되었던 사회계급 간 갈등과 투쟁을 촉진하여 일련의 복지개혁을 통한 복지국가 수립에 결정적으로 이바지했다고 할 수 있다.

그뿐 아니라 정치적 민주주의는 그 자체로서 중요한 복지의 의미도 지니고 있다. 만약 억압적이고 권위적인 군주에 의해 거주와 이전의 자유, 사상과 표현의 자유, 결사의 자유를 비롯한 일련의 자유권과 선거권을 비롯한 정치권 등이 박탈된 채 국민에게 다소 향상된 물질적 보장이 이루어진다고 한다면 그러한 상태를 참된 '복지'의 상태라고 할 수 있을 것인가? 많은 복지이론가가 권위주의 국가와 공산주의 국가에서 제공되는 복지를 두고 그러한 국가를 복지국가로 부르지 않는 것은 바로 자유권과 정치권을 핵심으로 하는 민주주의가 그러한 국가에서 부정되고 있기 때문이다(Robson, 1976: 12-16; 김상균, 1987: 58). 따라서 민주주의는 복지국가 성립의 필요조건이거나 복지국가의 운영에 필수적으로 수반되어야 할 조건이거나 간에 복지국가와 불가분의 관계에 있다고 할 것이고, 바로 이점이 위에 제시된 복지국가의 정의에 그대로 전제되고 있다고 할 수 있다.

셋째, 위의 학자들은 복지국가의 개념정의에서 모두 '최소한의 전국적 수준'을 강조하고 있다. 1942년 「사회보험과 관련 서비스에 관한 리포트」에서 베버리지가 제시한 이 개념은 어떤 일을 하는 것이 복지국가인가?(혹은 복지국가의 책임범위는 무엇인가?)를 규정하는 매우 중요한 개념이다. 그러므로 학자들이 모든 국민의 삶의 안전과 기본욕구 충족을 위해 적어도 '최소한의 전국적 수준'을 보장하는 국가를 복지국가라고 파악한 것은 이들이 모두 베버리지의 기준을 복지국가 정의의 중요한 근거의 하나로 채택하고 있다는 것을 뜻한다. 이렇게 볼 때 복지국가가 모든 국민의 삶의 안전을 위해 최소한의 전국적 수준을 보장한다고 하는 것은 복지국가의 책임범위를 규정할 뿐만 아니라, 특정의 빈곤층만을 대상으로 '열등처우의 원칙'에 따라 빈민구제(혹은 빈민통제)를 했던 과거의 국가와 복지국가를 구별하는 기준이 된다는 점에서도 큰 의미를 지닌다고 할 수 있다.

그러나 이와 같은 세 가지 측면에서의 공통점 외에 위에 제시된 여러 개념정의는 다음과 같은 두 가지 측면에서 중요한 차이점을 가지고 있다는 점이 지적되어야 한다. 첫 번째의 차이점은 평등의 종류와 내용에 관한 것이다. 윌렌스키는 '최소한의 전국적 기준'만을 강조할 뿐 복지국가의 정의에서 평등문제를 전혀 고려하고 있지 않다. 심지어 그는 불평등의 감소와 평등의 증진은 국가가 복지정책을 시행할 때 그 부산물로 올 수 있지 평등이 복지국가의 기준이 될 수 없다고 분명히 밝혔을 정도이다. 반면, 헥셔는 '기회의 평등'과 '결과의 평등' 중 복지국가는 국민에게 적절한 사회보장을 하되 오직 '기회의 평등'을 촉진하는 데 그 초점을 둔다고 하고 있다. 미쉬라(1990: 123)는 완전고용과 보편적 복지서비스의 제공 외에 재분배적 재원조달과 이전지출(transfer payments)을 강조함으로써, 기회의 평등에서 한 걸음 나아가 결과의 평등도 상당한 정도로 증진되어야 하는 것으로 보고 있다.

한편, 코르피와 에스핑-앤더슨을 따르면, 복지국가는 단순히 기회의 평등을 보장하는 데 그치지 않고, 궁극적으로는 결과의 평등을 가져오는 중요한 수단이 될 수 있어야 한다고 주장하고 있다. 먼저, 코르피(1983: 9장)는 흔히 '최소한의 전국적 기준'에 따라 복지를 제공한다는 것은 '절대적 빈곤'의 개념에 따라 빈곤선(貧困線)을 설정하고, 이 빈곤선 이하의 생활을 하는 사람들을 대상으로 국가가 최소한의 보장을 하는 것에 불과하다고 비판한다. 그리하여 그는 만약 이러한 국가를 복지국가로 부른다면, 그것은 매우 낮은 단계의 복지국가일 뿐으로 그러한 국가가 복지국가의 이상은 될 수 없다고 주장한다. 이러한 관점에 따라 코르피는 높은 수준의 복지국가는 '상대적 빈곤'을 감소시키는 방향, 즉 적극적 재분배를 통해 결과의 평등을 증가시키는 방향으로 노력하는 국가라고 규정하고 있다.

에스핑-앤더슨은 코르피와 비슷한 입장에 서면서도 그보다 훨씬 더 적극적인 견해를 밝힌다. 에스핑-앤더슨(1990: 23)을 따르면, 복지국가의 발전 정도는 국가에 의해 제공되는 복지가 자본주의 시장 상황에 대한 국민의 의존성을 얼마나 줄일 수 있느냐, 즉 국민이 스스로 필요하다고 판단할 때(질병 때문이건 혹은 자아 발전을 위해서건) 소득중단과 빈곤에 대한 공포 없이 일정 기간 노동시장으로부터 얼마나 자유롭게 빠져나올 수 있는가에 따라 결정된다는 것이다. 시장상황에 대한 독립성의 정도를 탈상품화의 정도로 보면 복지국가에 대한 에스핑-앤더슨의 입장은 코르피처럼 상대적 빈곤의 감소에만 초점이 두어지는 것이 아니라 거기에서 한 걸음 더 나아가 국민의 삶을 어느 정도 탈상품화시킬 수 있느냐에 귀결된다. 이렇게 볼 때 탈상품화가 높은 수준으로 달성되기 위해서는 절대적 빈곤은 물론 상대적 빈곤까지 상당한 정도 해소되어야 하기 때문에 평등문제에 관한 한 다른 어떤 학자보다 에스핑-앤더슨이 훨씬 진보적인 위치에 서 있다고 하겠다.

두 번째 차이점은 복지국가가 자본주의를 어느 정도 변혁할 수 있는가 혹은 변혁해야 하는가에 관련되어 있다. 먼저 윌렌스키(1975: 119)는 복지국가가 성취할 수 있는 것은 자본주의적 산업화에서 초래된 사회문제들을 없애 자본주의적 산업사회를 '인간화(humanizing)'시키는 것이라고 보고, 복지국가가 자본주의 경계를 넘어서는 변혁을 이루어낼 수도 없고, 그것이 바람직한 것도 아니라는 견해를 밝혔다. 헥셔(1984:xi)는 복지국가란 자본주의 시장경제를 존속시키는 안의 범위에서 이루어진 '자본주의와 사회주의 간 타협의 산물'이라고 지적함으로써, 복지국가가 사회주의적 요소를 부분적으로 받아들이되 기본적으로는 자본주의 경계를 지키는 것으로 보고 있다. 이 문제에 대한 미쉬라의 견해는 베버리지적 복지제공과 케인스적 자본주의 관리의 결합이 복지국가이기 때문에 자본주의 경계를 넘어서는 변혁보다는 자본주의 내에서의 개혁에 초점이 모이고 있다.

따라서 윌렌스키, 헥셔, 미쉬라의 경우 복지국가는 혼합경제(mixed economy)나 관리경제(governed economy)를 통해 자본주의를 수정하거나 자본주의가 가져오는 문제를 완화하는 것이지, 자본주의 그 자체를 변혁시키는 것은 아니라는 뜻이 있다고 할 수 있다. 그러나 사회민주주의자인 코르피와 에스핑-앤더슨은 복지국가를 자본주의 경계를 넘어서기 위한 징검다리로 이해한다. 그들을 따르면, ① 복지국가는 노동계급과 사회민주당이 추구한 권력자원 동원의 극대화 전략에 의해 수립되었을 뿐만 아니라(Korpi, 1983: 14-18), ② 복지국가에 의해 제공되는 제반 복지혜택은 노동계급 전체의 삶을 안정시키고 연대성을 증진시킴으로써 노동계급의 계급형성을 촉진하기 때문에(Esping-Andersen, 1985: 26-36), ③ 결국, 복지국가는 경제민주주의(economic democracy)를 통한 자본주의 변혁 혹은 사회주의의 실현을 위한 수단이라는 것이다. 이런 점에서 복지국가에 대한 이들의 입장을 '복지 사회주의(welfare socialism)'라고도 부를 수 있다(Mishra, 1984: 22). 복지 사회주의라는 말은 국가에 의한 복지개혁을 통해 사회주의를 위한 정치사회적 기초를 강화하고(즉, 노동계급의 물질적·정치적 강화와 노동계급-사회민주당 간의 연대 강화), 이를 토대로 사회주의를 건설한다는 사회민주주의의 노선을 매우 적절하게 표현해 준다고 할 수 있다.

이상의 논의를 종합하면, 자본주의와 민주주의라는 거시구조적 맥락에서 태동한 복지국가는 모든 국민의 기본욕구를 최소한으로 보장하여 삶의 안전을 증진시키려는 국가로 규정할 수 있다. 그러나 이러한 복지국가가 어떤 종류의 평등을 어느 정도 실현할 수 있는가?(혹은 실현해야 하는가?) 그리고 자본주의 변혁을 어느 정도 추구할 수 있는가?(혹은 추구해야 하는가?) 하는 문제는 학자의 가치관, 이데올로기적 입장, 이론적 입지에 따라 커다란 편차가 존재하므로, 다양한 논자로부터 복지국가에 대한 하나의 통일적 정의를 도출하는 것은 불가능하다. 그런데 브리그스(Briggs, 1961)를 따르면, 복지국가는 시장에서 가치, 지위나 계급의 차이에 관계없이 모든 국민에게 최소한의 수입을 보장하고, 모든 사회적 위험으로부터 국민의 삶의 안전을 보장하는 국가로 규정된다. 그러나 브리그스는 복지국가를 모든 국민에게 "가능한 한 최고의 수준으로" 사회적 서비스를 제공하는 국가로 규정함으로써, 무엇이 가능한 한 최고수준인가를 둘러싸고 사회계급 간·세력 간에 이데올로기적·이론적 투쟁 그리고 현실정치적 투쟁이 전개될 가능성을 충분히 포착하고 있다고 할 수 있다.

2) 복지국가의 특성

복지국가의 특성에 대한 견해는 학자에 따라 약간의 차이를 보여 준다. 김상균(1987: 56-61)은 ① 국가안보, 즉 평화의 보장, ② 경제제도로서의 수정자본주의 또는 혼합경제체제의 운용, ③ 정치제도로서의 민주주의, ④ 국민 개인의 복지에 대한 국가의 막중한 책임을 들고 있고, 신섭중(1993: 57)은 ① 사회보장, ② 완전고용, ③ 혼합경제, ④ 민주주의를 들고 있다. 여기서는 복지국가의 특징을 다음과 같이 네 가지로 요약한다(남기민, 2004: 185-187).

첫째, 경제제도로서의 수정자본주의 또는 혼합경제체제의 운용이다. 흔히 야경국가라 불리는 19세기 서구 자본주의 경제는 개인주의와 시장경제체제의 기반 위에 전적으로 민간부문에 의존하는 체제였다. 그러한 체제하에서는 자본 및 부의 횡포와 빈부 격차 문제는 하등의 문제로 인식되지 않았기 때문에 문제 해결을 위한 국가의 개입은 생각할 수도 없었고, 정부의 복지예산이라는 것도 필요하지 않았다. 그러나 복지국가에서는 자본과 노동 사이의 균형을 모색하거나 빈부 격차를 감소시키며, 고용 확대를 촉진하고 저임금도 없애는 등 여러 가지 경제정책의 시행을 통해 국가는 민간부문과 시장경제에 개입한다(김상균, 1987: 57). 이와 같은 수정자본주의 경제는 국가의 통제를 받는 공산국가의 사회주의 경제와는 구별되나 자본주의 2대 요소인 사유재산제도와 이윤추구의 보장은 그대로 지속한다. 혹자는 자본주의 경제에 사회주의 경제를 혼합 가미 시켰다 하여 이를 혼합경제체제라 부르기도 한다.

둘째, 정치제도로서의 민주주의이다. 국민의 물질적 생활은 보장하지만, 개인 기본권을 인정하지 않는 전체주의 국가를 복지국가라고 할 수 없다. 만약 억압적이고 권위적인 군주에 의해 거주와 이전의 자유, 사상과 표현의 자유, 결사의 자유를 비롯한 일련의 자유권과 선거권을 비롯한 정치권 등이 박탈된 채 국민에게 다소 향상된 물질적 보장이 이루어진다고 하면, 그러한 상태를 참된 복지의 상태라고 할 수 없다(김태성·성경륭, 2000: 46). 권위주의 국가와 공산주의 국가에서 복지를 제공한다 하더라도 그러한 국가를 복지국가라고 부르지 않는다. 왜냐하면, 자유권과 정치권을 핵심으로 하는 민주주의가 그러한 국가에서 부정되고 있기 때문이다. 복지국가의 성립과정을 볼 때도 선거권 확대를 통한 민주주의 신장은 일련의 복지개혁을 통한 복지국가 수립에 결정적으로 이바지했다고 할 수 있다.

셋째, 최소한 국민 최저수준의 보장이다. 1942년 베버리지(Beveridge) 보고서에서 제시된 이 개념은 복지국가의 책임범위를 규정하는 매우 중요한 기준이다. 여러 학자가 모든 국민의 삶의 안전과 기본 욕구충족을 위해 적어도 '국민 최저수준'을 보장하는 국가를 복지국가라고 파악한 것은 이들이 모두 베버리지의 기준을 복지국가 성립의 중요한 근거로 채택하고 있다는 것을 뜻한다(김태성·성경륭, 2000: 47). 또한, 복지국가가 모든 국민의 삶의 안전을 위해 적어도 국민 최저수준을 보장한다고 하는 것은 복지국가의 책임범위뿐만 아니라 특정의 빈곤층만을 대상으로 열등처우의 원칙에 따라 빈민구제를 했던 과거의 국가와 복지국가를 구별하는 기준이 된다는 점에서도 큰 의의를 지닌다고 할 수 있다.

넷째, 국민 개개인의 복지에 대한 국가의 막중한 책임이다. 퍼니스(Furniss)와 틸톤(Tilton, 1977: 179-183)은 미국을 복지국가라고 부르기를 거부하였다. 그 이유는 국민 개개인들의 복지증진을 목적으로 하는 사회복지예산이 상대적으로 적게 책정되었기 때문이다. 한 국가의 경제력이 아무리 클지라도 국민총생산 중에서 사회복지에 대한 정부지출비가 상당수준 이상이 되지 않는다면 복지국가라고 부를 수 없게 된다(김상균, 1987: 60-61). 윌렌스키는 사회보장비가 국민총생산 중에 차지하는 비율을 복지국가의 기준으로 설정하고 그것이 15% 이상인 국가는 복지선진국, 10~14%는 복지중진국, 5~9%는 복지후진국이라고 정의하였다(Wilensky, 1975: 30-31; 김상균, 1987: 60, 재인용).

02 복지국가의 생성과 발달

복지국가(welfare state)는 제2차 세계대전 직후의 산물이며, 구체적으로 영국의 베버리지가 제출한 『사회보험에 대한 보고서(1942)』가 이 시기의 노동당정부에 의하여 시행된 시점 이후를 지칭한다(Pierson, 1991: 102). 윌렌스키(Wilensky, 1975: xii)를 따르면, 복지국가의 핵심은 모든 시민에게 자선이 아닌 권리로서, 정부가 소득, 영양, 건강, 교육, 주택 등에 있어서 최소한의 수준을 보장하는 것이라고 한다. 사실상 이 복지국가는 지난 수세기 동안의 공공복지의 발전이 누적되어 탄생한 것으로 그것은 오랫동안의 경제, 사회, 정치적 변화에 따라 성숙해 왔다(이태영, 2008: 47-52).

1) 복지국가의 기원(1880~1914년)

서방국가 대부분은 수세기 전부터 다양한 형태의 구빈법을 통하여 빈민들에게 공공부조를 하였다. 근대 민족국가와 중상주의 경제의 출현과 함께 구빈법은 사회의 안정을 유지하고 노동력을 확보함으로써 산업과 상업의 성장에 이바지하였다(Rimlinger, 1971). 당시의 공공부조는 주로 지방정부가 빈민구제를 위한 기금을 조성, 배분하는 책임을 지고 있었으며, 그것의 목적은 빈민의 복지보다는 공공질서의 유지, 부랑자의 처벌, 노동시장의 관리 등이었다.

그러나 19세기 말 국가의 공공복지는 새로운 전기를 맞게 되었다. 그것은 사회보험의 도입으로서 많은 학자는 이 사회보험을 복지국가의 기원으로 보고 있다. 사회보험은 산업화, 도시화 과정에서 주로 노동자 계층이 직면하는 생활상의 위험, 즉 사고, 질병, 장애, 실업 등으로부터 그들을 보호하기 위한 제도로서 통제적이고 시혜적인 성격의 전통적인 빈민구제 방식과는 달리 국가가 산업사회에서 발생할 수 있는 국민생활상의 위험으로 말미암은 소득의 상실문제를 집합적으로 해결하고자 하는 것이었다.

이 사회보험제도를 복지국가의 기원으로 볼 수 있는 중요한 근거로는 첫째, 비상사태에 처한 빈민들을 일시적, 응급적으로 지원하고자 한 구빈법적 구제와는 달리 사회보험은 제도화된 일상적 수단을 통해 빈곤을 예방하는 데 초점을 둔다. 둘째, 사회보험은 특정의 위기(예컨대 산업재해나 질병)가 발생했을 때 가입자의 소득을 보장하는 데 중점을 둔다. 셋째, 여성과 아동들이 과거 빈민구제의 주요 수혜자였던 것과는 달리 사회보험의 주요 수혜자는 취업한 남성 노동자들이다. 넷째, 일방적 혜택을 제공하던 구빈법적 빈민구제와는 달리 사회보험의 수혜자는 보험료를 내기 때문에 혜택의 수혜는 상호성을 띠게 된다. 또한, 수혜자는 혜택에 대한 법적 청구권을 가지게 된다. 그러므로 사회보험은 자선이 아니라 권리로서의 복지 개념에 더 잘 들어맞기 때문이다(Flora & Heiden-heimer, 1981: 27; 김태성·성경륭, 1993: 84, 재인용).

사회보험의 도입은 독일의 비스마르크(Bismark) 정권이 1883년 최초로 건강보험을 도입한 이후 1914년 제1차 세계대전까지 유럽의 거의 모든 국가가 노동자 보상제도를 도입하였으며, 같은 기간 사이에 건강보험은 전체 13개국 중의 11개국, 연금제도는 9개국에서 채택되었다(Pierson, 1991: 107). 그리하여 이 시기 동안 사회복지 지출도 꾸준한 성장세를 보여 1900년에 이르러 거의 모든 국가가 국내총생산(gross domestic product: GDP)의 3%에 이르게 되었다(Pierson, 1991: 110).

서방국가의 사회보험 도입은 당시 정치권, 즉 선거권의 확대로 말미암은 대중민주주의의 발전과 밀접한 관련이 있었다. 노동계층은 이 정치권을 이용하여 자유방임 자본주의의 위협으로부터 자신을 보호하고, 물질적 평등을 위해 민주주의적 투쟁에 적극적으로 개입하였으며, 그 결과 자기이익과 개인책임의 자유방임 개념이 사회보험과 같은 집합적인 보호의 개념으로 일부분 대체되었다.

2) 복지국가의 정착시기(1918~1940년)

이 시기는 서방국가들이 제1차 세계대전과 1930년대 경제공황을 겪으면서 사회복지제도를 공고히 정착시킨 단계이다. 이 두 사건으로 말미암아 사회복지가 국가의 책임이라는 인식이 확산하고, 민간 혹은 자선적 원조라는 자유주의적 수단이 전적으로 부적절하다는 것이 증명되었다. 특히 대량실업과 생산의 감소를 일으킨 경제공황은 자유시장경제에 대한 국가의 경제적 개입과 사회복지제도의 확충에 결정적인 영향을 미쳤다. 경제공황은 규제되지 않은 자본주의 경제체제의 문제점을 드러낸 것으로서 국가가 경제를 관리하고 완전고용을 달성하기 위하여 보다 적극적인 개입을 해야 한다는 필요성이 제기되었다. 여기서 국가의 개입을 전제로 한 새로운 체계는 국가, 자본, 노동의 이익들 사이의 타협 체계로서 사회복지정책의 증진을 통해 계급갈등을 개선하고 자본주의의 체계적인 문제를 피하고자 하였으며, 그 중심에는 케인스(Keynes)의 거시경제 이론이 있었다(Pierson, 1991: 118-120).

그 결과 이 시기에 사회보험의 적용범위가 크게 확대되었으며, 사회복지지출도 매우 증가하였다. 특히 미국은 1935년 사회보장법을 제정하여 실업보험과 노령보험 그리고 빈곤아동, 맹인, 노인에 대한 공공부조제도를 도입함으로써 복지국가로서의 면모를 갖추게 되었다. 이 시기를 더욱 압축하여 표현하면, 제2차 세계대전 후의 복지국가 발전의 기틀이 마련된 시기로서 무엇보다도 자유시장경제에 대한 국가의 경제적·사회적 개입이 수용되었다는 점이다.

3) 복지국가의 황금기(1945~1975년)

서방의 복지국가는 제2차 세계대전 이후 1970년대 중반까지 그 성장의 황금기를 구가하였다. 사회복지제도가 포괄적·보편적으로 크게 확대되었으며, 정부는 소득유지, 건강, 영양, 교육, 주택 등에 있어 시민의 최저수준을 보장하는 책임을 지기 시작하였다. 복지국가의 확대는 대공황과 제2차 세계대전의 영향이 컸다. 이 사건들은 사회의 모든 계층이 스스로 통제할 수 없는 생활상의 위험에 직면할 수 있다는 것을 보여 주었다. 따라서 단순히 빈민이나 취약계층의 보호 문제를 넘어서서, 모든 시민의 최저수준 보장이 필요하였던 것이다.

전후 복지국가는 지속적인 경제성장을 기초로 하였으며, 그 결과로서 사회복지정책은 정치적인 반대 없이 꾸준히 확대되었다. 이 시기의 복지국가 발전의 주요 특징은 ① 시민권에 기반을 둔 더욱 포괄적·보편적 복지국가를 만들기 위한 개혁, ② 확대된 사회복지체제의 급여와 적용범위의 확대를 위한 자원의 증대, ③ 혼합경제와 확대된 복지체계를 지지하는 광범위한 정치적 합의, ④ 경제성장과 완전고용에 대한 헌신 등이었다(Pierson, 1991: 125).

이러한 전후 복지국가의 발전에 이바지한 세 가지의 주요 이론과 사상이 있다. 첫째, 자유방임 자본주의의 문제에 대한 해결책을 제시한 케인스의 거시경제 이론이다. 케인스는 자본주의 시장이 자기 규제적이 아니며, 정부의 개입이 없이는 생산, 고용, 효율성이 낮아질 수밖에 없다고 주장한다. 그는 시장경제의 약점이 수요의 부족이며, 경기침체나 실업문제를 피하기 위해서는 정부 지출을 통해 충분한 수요를 확보하는 데 초점을 두어야 한다는 것이다. 즉, 국가는 높은 수준의 경제활동과 완전고용을 확보하기 위해 경제의 수요측면에 개입해야 한다는 것이다. 케인스주의는 자본주의 경제에 대한 국가의 개입뿐만 아니라 자본주의 경제에서 소득의 재분배에 대한 개입도 정당화시켰다. 토빈(Tobin, 1985: 16)을 따르면, 케인스주의는 복지국가의 부의 재분배를 위한 노력을 허용하였는데, 이는 유효수요의 창출을 위해서 소비성향이 높은 빈민들에 대한 소득의 재분배를 옹호했기 때문이라고 하였다. 미쉬라(Mishra, 1984: 6-7)도 케인스 경제학은 복지국가의 경제적 요소라고 한다. 왜냐하면, 그것은 완전고용을 위한 정부의 공공지출을 정당화했기 때문이라는 것이다. 이런 점에서 복지국가를 케인스 복지국가라고 부르기도 한다.

둘째, 영국 사회보장제도의 기틀을 마련한 베버리지의 국민 최저수준의 보장 개념이다. 그는 사회보장제도의 목표를 결핍으로부터 인간을 자유롭게 하는 사회권을 설정하는 것으로 보았으며, 그는 사회권을 생활에 필요한 최저한의 소득을 보장받는 것으로 간주하였다. 최저수준의 소득을 보장하기 위한 제도는 보편적, 강제적, 기여적인 사회보험제도와 공공부조, 완전고용을 유지하는 것이었다. 결국, 케인스와 베버리지는 국가의 개입과 사회서비스가 시장경제를 보완할 것으로 가정하였으며, 그들의 의도는 자유시장경제가 더욱 생산적·안정적인 조화를 이룰 수 있도록 하는 것이었다(Mishra, 1984: 7).

셋째, 19세기 말 영국에서 시작된 페이비언 사회주의(fabian socialism)로서 점진적인 사회주의를 표방하는 이념이다. 그것은 자유방임적 개인주의를 배척하고 국가의 행위나 집합주의를 기초로 하여 세 가지의 중심가치, 즉 평등, 자유, 연대감과 그로부터 파생되는 민주적 참여와 인간주의 등을 강조하였다(원석조·강남기 역, 1993: 115). 이러한 가치들을 실현하기 위해 페이비언 사회주의는 시장자본주의의 부정의한(unjust) 특성을 제거하기 위한 생산수단의 국유화, 경제관리, 사회복지와 같은 의도적인 국가의 행위를 주장하였다.

그리하여 서방국가들은 시장경제체제를 수정하는 다음과 같은 정부의 책임을 수용하였다. ① 거시경제정책을 통하여 시장에 개입함으로써 완전고용을 유지, ② 시장체제나 민간자선을 벗어난 복지제도, ③ 국유화나 재분배적 조세를 통한 사회적·경제적 평등의 증진이다(Barry, 1990: 3). 이러한 변화된 자유방임 자본주의 성격을 현대 자본주의의 제도적 특성으로 보고 이를 혼합경제라고 한다(Shonfield, 1965). 이와 관련하여 벨(Bell, 1960: 402-403)은 자본주의 사회의 '이념의 종말'을 논의하는데, 그것은 복지국가의 수용, 분권화된 권력, 혼합경제체제, 정치적 다원주의 등에 대한 합의를 의미한다.

03 복지국가의 유형

1) 윌렌스키의 모형

윌렌스키(Wilensky, 1982)는 사회복지 지출에 영향을 주는 요인 중 조합주의(corporatism)의 정도, 가톨릭 정당 세력의 정도, 좌익정당 세력의 정도에 따라 복지국가 유형을 시도하였다. 윌렌스키를 따르면, 조합주의 성격이 강하고 가톨릭 정당의 세력이 강한 국가들－벨기에, 네덜란드, 이탈리아, 오스트리아 등－이 사회복지 지출이 높고, 조합주의 성격도 약하고 가톨릭 정당의 세력이 약한 국가들－미국, 스위스, 영국, 오스트레일리아, 뉴질랜드 등－은 사회복지 지출이 낮다고 분류하였다. 반면에 조합주의는 강한데 가톨릭 정당의 성격이 약하거나, 반대로 조합주의는 약하나 가톨릭 정당의 세력이 강하면 중간 정도의 사회복지 지출을 한다. 전자의 예는 핀란드, 프랑스, 노르웨이 등이고, 후자의 예는 독일이다. 흥미로운 것은 조합주의가 강하고 가톨릭 정당의 세력이 강하면 좌익정당의 세력이 약해도 사회복지 지출이 높다는 것이다. 이러한 국가들에는 이탈리아, 오스트리아, 네덜란드가 속한다.

또한, 윌렌스키(1987)는 사회복지정책이 이루어지는 사회경제상 구조상의 차이에 따라 복지국가 유형을 세 가지로 구분한다. 민주적 조합주의 유형(democratic corporatist), 노동자 계급의 입장 반영이 안 되는 조합주의 유형(corporatist without labour), 비조합주의 유형(least corporatist)이다. 그는 첫 번째의 유형, 즉 민주적 조합주의 유형에 속하는 국가로 오스트리아, 스웨덴, 노르웨이, 프랑스, 벨기에, 네덜란드 등을 들었다. 이러한 국가의 사회복지정책이 이루어지는 특성은 다음과 같다. 첫째, 중앙집권적인 이익집단들 사이에서(예: 노동자 대 자본가) 타협이 이루어지는 것, 둘째, 이러한 상황에서 공공부문과 민간부문 사이의 역할 구분이 뚜렷하지 않다. 즉, 이 두 부문 사이의 사회복지 역할이 통합적으로 추구된다. 셋째, 이익집단 사이의 협상영역이 광범위하다는 것이다. 즉, 이러한 협상은 국가발전이라는 거시적인 측면에서 이루어진다. 넷째, 사회복지정책이 경제정책과 밀접한 관계를 이룬다. 즉, 사회복지정책은 경제정책과 대비되는 것으로 간주하는 것이 아니라, 경제정책의 성공은 사회복지정책의 성공과 직접적인 관계가 있다고 본다. 이러한 유형에서는 전통적으로 불이익집단인 노동자 계급이 국가 정책에 깊숙이 참여하는 것이 특성이다.

두 번째 유형은 첫 번째 유형처럼 조합주의적 성격은 있으나, 조합주의 정책 결정 과정에서 노동자 계급의 입장이 배제되는 형태이다. 이러한 유형에서는 국가와 기업 간의 주요 사회정책과 경제정책의 통합이 이루어지나 노동의 입장은 약하게 반영된다. 즉, 대중의 사회적 욕구에 대한 반응의 반영이 잘 안 된다. 기업들의 입장이 주로 반영되는 현상을 볼 수 있다. 이러한 유형의 국가들로 일본, 프랑스, 스위스 등을 들었다. 세 번째 유형은 복지정책이 협동적인 체제로 이루어지는 정도가 가장 약한 국가들이다. 이러한 국가들에서의 복지정책은 다원화되어 있어 지방분권적 정치세력에 의하여 크게 좌우된다. 이러한 상황에서 복지정책은 다양한 이익집단의 요구에 의하여 좌우된다. 이러한 유형의 국가들로 미국, 영국, 캐나다 등을 들었다.

2) 티트머스의 모형

티트머스(Titmuss, 1974)는 복지국가의 유형을 첫째, 잔여적 유형, 둘째, 산업상 업적과 수행 능력 유형, 셋째, 제도적 재분배 유형으로 구분하였다. 잔여적 유형은 사회복지에서 시장과 가족의 역할을 강조하고, 업적과 능력 유형은 사회복지의 제공이 시장에서의 성취와 밀접한 관계가 있다. 제도적 재분배 유형은 보편적 복지제공을 강조한다.

잔여적 유형은 개인의 욕구가 적절히 해결될 수 있는 자연적 경로－사적 시장과 가족－가 존재한다는 전제하에 이들이 붕괴할 때 사회복지제도가 일시적으로 시행된다고 본다. 산업상 업적과 수행능력 유형은 독일과 소련 같은 국가에 적용하기 위해 추가된 유형으로서, 일을 얼마나 많이 했느냐 하는 근로실적(work record)을 사회복지급여 제공의 기준으로 보았다. 즉, 근로자가 일을 많이 하면 할수록 건강보호, 주택, 소득보조 등과 같은 사회복지급여를 더 많이 받게 된다. 제도적 재분배 유형은 사회복지를 사회에 있어서 중요한 통합된 제도로 간주하고, 욕구의 원리에 따라 시장 외부의 보편적인 서비스를 제공하는 것이다. 따라서 국가에서의 근로실적은 사회복지급여 제공 기준에 고려되지 않으며, 욕구에 따른 권리로서 급여를 받을 수 있다(이진숙 외, 2009: 125-126).

3) 미쉬라의 모형

미쉬라(Mishra, 1984)는 복지국가의 위기를 타개할 수 있는 진정한 대안을 모색하면서 복지국가 유형을 두 가지로 구분하였는데, 하나는 다원적 혹은 분화적 복지국가이고, 다른 하나는 조합주의적 혹은 통합적 복지국가이다. 그의 주장을 따르면, 조합주의에 입각한 통합적 복지국가만이 복지국가의 위기를 극복할 수 있는 진정한 대안이 될 수 있다고 한다. 이 내용을 간략히 설명하면 다음과 같다(김태성·성경륭, 2000: 177).

(1) 분화적 복지국가

분화적 복지국가에서는 사회복지는 경제와 구분되고 대립한다. 따라서 경제에 나쁜 영향을 주는 사회복지는 제한하고, 따라서 잔여적인 역할을 한다. 또한, 분화된 복지국가들에서의 복지정책은 이익집단들의 다양한 이익추구 과정에서 이루어지기 때문에 복지정책들은 통합적이지 않고, 포괄적이지 못하고 단편화되는 경향이 있다고 본다. 미쉬라는 미국, 영국 등 주로 영어권 국가들을 분화적 복지국가로 보았다.

(2) 통합적 복지국가

통합적 복지국가에서는 사회복지와 경제는 구분되지 않고, 상호 의존적이고 상호 관련된 관계로 본다. 즉, 사회복지정책과 경제정책의 밀접한 관계를 인정한다. 이러한 모형에서의 복지정책은 경제집단들 혹은 계급 간 상호 협력하에 추진된다. 즉, 집합적 책임을 강조한다. 이러한 상황에서 완전고용정책과 포괄적 사회복지정책은 시장체계의 골격을 유지하면서도 가능해진다. 즉, 사회구성원들의 이익이 통합되는 복지정책의 형태를 추구한다. 미쉬라는 오스트리아, 스웨덴과 같은 국가들을 통합적 복지국가로 보았다.

4) 퍼니스와 틸톤의 모형

퍼니스(Furniss)와 틸톤(Tilton, 1977)은 복지국가를 적극적 국가, 사회보장국가, 사회복지국가의 세 가지 유형으로 구분하였으며, 이 중 사회보장국가와 사회복지국가가 복지국가의 범주에 해당한다고 보았다(이진숙 외, 2009: 126-127).

(1) 적극적 국가

적극적 국가는 복지국가 유형 중 가장 초보 단계로서, 정부의 일차적인 역할은 경제적 안정, 재산 소유와 이익을 보장하는 것이다. 정책 방향으로는 지속적인 경제성장을 위한 정부와 기업의 협조를 지향한다. 따라서 적극적 국가에서는 사회복지의 잔여적 개념을 수용한다. 빈곤층에 대한 정부 지원은 대체로 경제성장에 대한 장애요소로 인식되며, 사회복지제도 중에서 사회보험제도가 선호된다.

사회보험제도가 선호되는 이유는 첫째, 수급자가 보험료를 부담하는 보험원칙에 따라 정부지출이 최대한 억제될 수 있으며, 둘째, 사회보험제도에 따른 재분배는 부자와 빈자 간의 수직적 재분배가 아닌 노년층과 청년층, 건강한 사람과 병약한 사람 간의 수평적 재분배여서 정책시행에 정치적인 부담이 없다는 것이다. 셋째, 사회보험 가입조건인 보험료 지급은 근로계층에게 근로유인을 높일 수 있다. 또한, 정부는 사회복지정책에 대한 재정지출을 최소화하면서도 사회보험제도를 시행함으로써 근로자의 복지에 많은 관심을 기울이고 있음을 과

시할 수도 있다. 퍼니스와 틸톤은 적극적 국가는 진정한 복지국가가 아니라고 하면서, 미국을 이 범주에 속하는 대표적인 국가로 보았다.

(2) 사회보장국가

사회보장국가는 사회복지정책을 통해 국민생활에 대한 최저수준의 복지를 보장하는 국가를 말하며, 대표적인 국가로는 영국을 꼽을 수 있다. 사회보장국가는 앞서 기술한 적극적 복지국가처럼 모든 사람의 사유재산을 보장하고 국가와 기업 간의 협동을 유지하되, 사회보험제도만으로는 국민에게 최저수준의 복지를 보장해 줄 수 없어서 부족분을 공공부조나 사회복지서비스를 통해 보충하게 된다. 따라서 누구에게나 생존권을 보장해준다는 점에서는 적극적 복지국가모형보다 진보된 형태로 평가받는다. 그러나 여기서 말하는 최저수준 보장은 평등주의와는 다르다. 즉, 기회균등과 일정수준까지의 평등만을 보장하며, 그 이상에 대해서는 개별화 원칙에 따라 개인 간의 자유로운 경쟁을 인정한다는 것이다.

(3) 사회복지국가

최저수준의 생활만을 보장하고 그 이상은 경쟁원리에 맡기는 사회보장국가를 비판하는 대표적인 사회복지국가로는 스웨덴을 꼽는다. 사회복지국가는 모든 국민의 삶의 질을 추구한다. 이를 위해 광범위한 사회복지서비스를 제공할 뿐만 아니라 평등과 정치활동 참여를 촉진한다. 또한, 단순히 최저수준의 보장을 넘어 소득, 재산, 권력, 불평 등을 제거하고 국민화합을 강조한다. 이의 실현을 위해 정부는 노동조합과 긴밀히 협조하여 고용정책이나 임금정책을 시행하고, 사회복지제도는 최하계층의 요구를 우선으로 수용하도록 고안되어 있다. 경제정책은 사회정책의 구속을 당하게 되고, 사회복지서비스는 취약계층에 대한 지원을 넘어서서 시민의 권리이자 국가 정책결정 과정에 참여하는 수단으로 인식된다.

5) 에스핑-앤더슨의 모형

에스핑-앤더슨(Esping-Anderson, 1990)은 개인의 복지가 시장에 의존하지 않고도 충족될 수 있는 이른바 탈상품화의 정도, 국가와 사회계층제의 형태, 시장 및 가족과의 관계 등 세 가지 기준을 가지고 복지국가를 자유주의적 복지국가, 보수조합주의적 복지국가, 사회민주주의적 복지국가라는 세 가지 유형으로 구분하였다. 이들을 요약하여 설명하면 다음과 같다(김태성·성경륭, 2000: 180-182; 감정기 외, 2002: 252-255).

(1) 자유주의적 복지국가

자유주의적 복지국가는 시장 메커니즘의 기본적 역할을 인정하며, 그 보호 대상이 가장 취약한 계층에 한정되는 엄격한 선별주의 원칙이 적용된다. 따라서 자산조사에 의한 공공부조 프로그램이 상대적으로 중시된다. 이러한 상황에서 사회복지의 확대는 전통적인 자유주의적 노동윤리 규범에 의해 크게 제약받으며 사회권은 제한된다. 그래서 사회복지 대상의 자격기준은 까다롭고 엄격하고 결과적으로 낙인(stigma)이 수반된다. 국가의 사회복지는 시장 또는 민간 자원 단체들의 복지활동에 대한 보조역할 수준 이상으로 확대되기 어렵다. 자유주의적 복지국가에서는 기본 지향이 시장 의존적이기 때문에 노동력의 탈상품화의 효과는 최소화되고 사회계층은 다원화되면서 불평등이 심하게 나타나고 계층 간에 대립적 관계가 형성된다. 이러한 유형에 적합한 대표적인 국가로 미국, 영국, 캐나다, 호주, 뉴질랜드 등을 들고 있다.

(2) 보수조합주의적 복지국가

보수조합주의적 복지국가는 자유주의적 복지국가의 관심인 시장의 효율성과 노동력의 상품화 문제는 중요하지 않다. 국가가 주된 사회복지 제공자의 역할을 함으로써 시장의 역할이 상대적으로 덜 강조된다. 그러나 교회의 역할이 크며 전통적 가족의 기능을 유지하는 데 중점을 둔다는 점에서 보수적이다. 사회복지급여는 사회권으로 보고 있으나 사회계층과 지위에 밀접하게 관련되어 있다. 사회복지 대상자가 공직자, 사무직, 노동자와 같은 직업 범주에 따라 구분되며, 국가는 이들을 교육과 직업훈련을 통해 직업 경력을 쌓도록 지원한다. 이들의 소득보장은 주로 사회보험에 크게 의존하며 사회보험에 의한 혜택은 시장에서의 계층과 지위에 따라 크게 차이가 난다. 따라서 탈상품화의 효과에는 한계가 있다. 이러한 유형에 속하는 국가로 오스트리아, 프랑스, 독일, 이탈리아 등을 들고 있다.

(3) 사회민주주의적 복지국가

사회민주주의적 복지국가는 보편주의 원칙과 사회권을 통한 탈상품화 효과가 가장 크다. 사회민주주의라는 명칭을 사용한 것은 사회민주주의적 복지국가에서는 사회민주주의 세력이 복지국가 확대에 중추적인 역할을 하였기 때문이다. 이러한 국가에서는 국가 대 시장, 노동계층 대 중산계층 사이의 갈등을 최소화하면서 최저수준의 생활보장을 넘어서 최고수준(중산층 수준)의 평등을 추구한다. 사회민주주의적 복지국가에서의 시장기능은 공공부문의 기능에 의해 최소화되며 사회통합이 중요한 목표가 되고 있다. 따라서 사회의 모든 계층이 하나의 보편적이고 포괄적인 국가에 의존하고 모두가 의무감을 느끼는 평등 지향적 체제라고 할 수 있다.

사회민주주의적 복지국가들은 노동조합이 잘 조직화하여 있을 뿐만 아니라 노조의 의견이 정책결정 과정에 적극적으로 반영될 수 있는 정치시스템을 구축하고 있다. 또한, 복지 대상자에 대한 가족과 시장의 보호나 보장 능력이 소진될 때까지 기다리기보다는 적극적으로 개입하고 미리 사(私)부분의 보호 비용을 사회화시킴으로써, 미리 개인들의 독립 능력을 강화시킨다. 결과적으로 국가가 아동, 노인 등에 대한 직접적인 책임을 지며 이는 여성의 노동시장 참여와 같은 노동정책과 적극적으로 연계되어 있다.

사회민주주의적 복지국가 틀에서는 노동과 복지가 긴밀하게 연계되어 있다. 이들 국가는 경제정책과 사회복지정책이 통합되어 있는데, 가장 대표적인 것이

완전 고용정책이다. 완전 고용정책은 일할 권리와 소득보장의 권리를 밀접히 연결하고 있고, 이는 연대와 보편성 그리고 탈상품화를 지향하는 복지국가의 많은 비용문제를 해결하고 사회문제를 최소화하기 위하여, 수입원을 극대화하기 위해 필요하다. 사회민주주의적 복지국가는 스웨덴을 비롯한 스칸디나비아 국가들에 의해 추구되고 있다.

04 복지국가의 위기 문제와 미래

1) 복지국가의 위기 문제

(1) 정부의 위기

복지국가의 황금기에 대규모로 팽창한 정부부문은 그 자체가 거대한 관료기구가 됨으로써 유연성과 효율성을 상실하고 말았다. 또한, 복지서비스에 대한 정부의 독점성은 경쟁원리의 부재로 말미암아 합리성과 효율성을 추구할 수 있는 내·외부의 자극이 부재한 상태에서 계속 관료조직을 비대하게 만들었다. 이러한 비효율성과 경직성은 적재적소에 적당량의 재원을 투입하는 것을 어렵게 만들었고, 서비스 영역에 따라 과잉과 과소 문제를 일으켰으며, 정부의 지출과 비교하여 효과는 상대적으로 미흡한 문제점을 노출했다. 또한, 복지국가의 팽창은 경제와 정부의 과부담으로 나타났다. 경제가 호황일 때는 이것이 은폐될 수 있는 문제였지만, 경제가 침체하고 스태그플레이션(stagflation)이 나타나자 복지국가를 위한 재정의 팽창과 정부의 다양한 개입활동은 경제와 국가 시스템 전반에 큰 부담으로 작용했다고 볼 수 있다(감정기 외, 2002: 267).

(2) 재정의 위기

프랑스를 제외한 복지국가 대부분은 심각한 부채를 안고 있었고, 대표적인 복지국가로 불리던 영국은 정부 재무잔고가 특히 심각한 상황에 있었다. 주목할 점은 복지국가 대부분에서 이러한 재정 적자 누적의 원인으로 국방비와 함께 과잉 팽창한 사회복지비를 제시하였다는 점이다. 하지만, 복지국가의 정치구조는 정부의 복지지출 삭감을 통한 재정의 적자해소를 어렵게 했다. 정치적으로 복지혜택 감소에 대한 국민의 저항이 있었으며, 선거 민주주의는 이러한 상황에서 취약성을 드러내곤 했다. 또한, 경제적으로 침체 국면에 들었기 때문에 세수입 증대를 통한 균형재정도 어려운 처지였다. 결국, 여러 국가는 사회복지 예산마련을 위해 적자재정을 편성했으며, 이는 재정위기의 악순환 고리를 만들었다(김태성·성경륭, 1993: 252-253).

(3) 정당성의 위기

정당성의 위기는 재정의 위기와 함께 지적되는 복지국가의 대표적 위기이다. 이 정당성 위기는 복지국가가 의회주의와 복지정책을 통해 자본주의 폐해를 없애고, 사회적 정의를 달성할 수 있다는 믿음의 상실을 의미한다(감정기 외, 2002: 265). 이러한 정당성 위기는 복지국가에 대한 여론의 악화, 사민당과 노동당 등 좌파 정당에 대한 지지 감소, 조세에 대한 저항으로 나타났다. 물론 여론의 악화는 경기침체, 복지프로그램의 오용과 남용, 경제적 풍요과정에서의 사회적 결속력의 약화 등 다양한 요인에서 비롯된 것으로 볼 수 있다. 하지만, 여론의 상당부분은 정부의 사회복지 지출확대에 대한 비판에 모였다고 할 수 있다. 또한, 여론의 악화는 좌파 정당에 대한 지지의 하락으로 나타났다. 1975년에서 1982년 사이 영국, 미국, 서독에서 우파 정당이 집권하게 되고, 사회민주주의 정당이 오랫동안 강력한 영향력을 행사해 왔던 덴마크, 노르웨이, 스웨덴에서도 좌파 정당이 선거에서 패배하였다. 그리고 여론의 악화는 세금 증가에 대한 저항으로 나타났다. 경기침체기에 조세부담에 대한 저항으로 나타난 것이다(남기민, 2004: 198-199).

(4) 사회·문화적인 위기

사회·문화적 위기로서 사회통합의 이완현상이 시작되었다. 이는 복지국가의 중요한 전제인 사회적 연대가 파괴되는 것을 의미한다. 사회통합의 이완현상은 크게 아노미(anomie: 가치관이 붕괴되고 목적의식이나 이상이 상실됨에 따라 사회나 개인에게 나타나는 불안정 상태)와 에고이즘(egoism, 이기주의)이 확대되는 것, 즉 규범적 불안정과 사회적 유대의 약화가 증가하는 것으로 설명된다. 대표적 예로서 이혼율과 자살률의 증가를 들 수 있다(현외성, 1992: 29- 30). 물론 이혼율과 자살률 증가 등의 현상이 반드시 위기인 것은 아니며, 하나의 사회·문화적 변화로서 이해할 수도 있으나 여기서는 복지국가의 여러 프로그램이 이러한 현상을 조장한다는 측면에서, 새로운 변화에 적절히 대응하지 못한다는 측면에서 문제가 제기되었다(남기민, 2004: 200).

2) 대한민국 복지국가의 미래

우리나라가 선진국 수준의 복지국가로 발전하기 위해서는 복지개혁이 요구된다. 그러면 복지개혁이 실현될 수 있는 조건은 무엇인가? 구미 각국의 100여 년에 걸친 복지국가 발전을 비교역사적 관점에서 되돌아 볼 때, 복지국가의 성장을 촉진한 가장 중요한 두 가지 거시적 요인은 자본주의 발전과 정치 민주화라는 것을 확인할 수 있다. 우리나라도 지난 60년 동안 자본주의 발전이 급속히 이루어졌다. 특히 1987년 이후에는 정치 민주화도 상당한 정도로 추진됐다고 할 수 있다. 따라서 우리나라는 복지국가 성장을 위한 두 가지 거시적 요인은 어느 정도 충족되었다. 그러나 복지란 비용의 분담과 혜택의 배분을 둘러싸고 사회세력 간에 치열한 투쟁이 벌어지는 '갈등의 장(contested terrain)'이라고 할 수 있다. 그러므로 경제성장 과정에서 더 많은 혜택을 누린 집단으로부터 정당한 몫을 받지 못하거나 소외된 계층으로 성장의 과실이 이전되어야 한다. 이를 위해서는 재분배를 주도하고 복지를 증진할 수 있는 사회세력이 조직되고 정치적으로 진출할 필요가 있다. 바로 이것이 복지개혁의 가장 중요한 정치적 조건이라고 할 수 있다(김태성·성경륭, 2000: 475-476).

그렇다면 누가 복지를 증진하고 재분배를 주도할 수 있는 세력이 될 것인가? 이 문제에 대해 코르피(1983, 1989)가 제시한 권력자원 이론(power resource theory)은 많은 시사점을 주는 것으로 보인다. 코르피를 따르면, 서구 역사에서는 노동계급의 조직력과 진보정당의 정치력이 모두 높은 수준으로 성장하여 자본가 계급과 자산소유 계급에 복지개혁을 강제할 수 있었을 때, 복지국가가 발전하고 소득과 부의 재분배가 본격적으로 추진될 수 있었다. 이 이론을 우리나라에 적용하면, 우리나라 복지가 지지부진했던 것은 그간의 복지제공이 국가나 가진 자의 시혜에만 의존했지 그것을 강제할 수 있는 사회세력(노동계급과 진보정당)이 성숙하지 못했기 때문이라는 결론을 얻을 수 있다.

따라서 앞으로 우리나라가 복지빈곤국(혹은 복지지체국)에서 복지중진국, 더 나아가 복지선진국으로 발전하기 위해서는, 그리하여 모든 국민과 노동계급이 더욱 안락하고 안전한 삶을 영위하기 위해서는 복지와 재분배를 합법적으로 강제할 수 있는 노동계급(혹은 모든 임금취득 계층)과 진보정당의 조직적·정치적 성장이 선행되어야 한다. 그러나 오늘날의 현실을 보면, 우리나라는 여전히 적대적 남북관계와 심각한 경제적 불안정 문제에 직면하고 있다. 또한, 노동계급은 1987년 이후 짧은 기간의 뒤늦은 성장에 이어, 1989년 이후 지금까지 지속적 침체의 국면에 접어들었다. 그간 집요하게 정치적 진출을 시도한 진보정당들도 1987년 이후 몇 차례 선거에서 1.5% 이상의 득표 목표에 실패했다. 이런 점에서 볼 때, 우리나라에서 단기간 안에 노동계급의 조직력이 신장하고, 진보정당의 정치력이 강화되어 복지개혁이 대대적으로 이루어질 가능성은 희박하다고 하겠다.

그러나 우리나라의 민주주의가 더욱 안정적으로 공고화되면, 비록 노동계급과 진보정당의 성장이 더디게 진행된다고 하더라도 정당 간의 선거경쟁에 의해, 노동조직과 시민단체와의 연대활동에 의해 복지국가는 상당히 높은 수준으로 발전할 수도 있을 것이다. 이 점은 경제적으로 극심한 위기를 겪었던 국민의 정부에서 실제로 이러한 요인에 의해 복지개혁이 대대적으로 이루어졌던 것을 생각하면 불가능한 것도 아니라고 판단된다. 이런 점을 참작하여 앞으로 스칸디나비아 국가들의 경험을 설명하기 위해 개발된 권력자원 이론을 우리나라의 경험을 설명하기 위해 행위 주체를 다원화하고, 이들 사이의 연합과 전략적 상호작용 등을 고려하는 방향으로 이론의 변형을 위한 노력을 기울여나갈 필요가 있다.

마지막으로 복지국가의 발전과 관련하여 한 가지 더 지적할 것은 자본주의와 복지국가의 관계에 관한 문제이다. 복지국가는 자본주의 경제과정, 즉 소유-경영-분배-소비과정에서 소유-생산-경영영역에서의 자본가(경영자) 독점을 인정하는 대신, 국가의 개입에 따라 소비영역을 사회화(혹은 국유화)함으로써 계급 간 혹은 계층 간 갈등을 없애고자 하는 국가형태이다. 다시 말하면, 복지국가는 계급 간·계층 간 갈등의 비용을 '외재화(externalization)'하는 기제를 채택하고 있다고 할 수 있다. 그런데 만약 소유-생산-경영영역에서의 사회화가 이루어지지 않는다면, 갈등의 비용을 어느 수준까지 외재화할 수 있을 것인가? 다시 말해, 이 세 영역의 사회화를 통해 갈등의 비용을 '내재화(internalization)'하지 않으면 어떤 문제가 발생할 것인가? 이 문제는 이른바 복지국가의 '한계점으로서의 성장' 문제에 직결된다고 할 수 있다.

결론적으로 빈민, 노동계급, 전 국민의 삶의 안전과 평등을 증진시키기 위해 19세기 후반부터 출현한 복지국가는 이들의 삶을 안정시키고 상당한 정도의 재분배 효과를 거두기는 하였다. 하지만, 소유-생산-경영영역으로 노동계급을 참여시켜 갈등의 비용을 내재화하지 못함으로써 100여 년의 역사를 거치면서 구조적 위기에 직면해 있다고 볼 수 있다. 1987년 후반부터 태동하기 시작한 우리나라 복지국가는 아직 이와 같은 구조적 위기에 직면한 단계는 결코 아니다. 하지만, 계급 간·계층 간 갈등의 비용을 외재화시키는 기제에만 의존하면, 앞으로 서구 복지국가가 겪은 같은 문제를 반복적으로 겪게 될 가능성이 많다고 할 수 있다.

따라서 우리나라에서의 복지개혁과 복지국가 발전은 복지제도의 확충과 복지비 지출의 증대에만 국한될 문제가 아니다. 크게 보아 자본주의 자체의 개혁과 병행되어야 할 문제로 보아야 할 것이다. 더구나 세계 모든 자본주의가 물리적 자본보다 지식과 정보를 더 중시하는 탈자본주의, 지식기반경제, 디지털 경제 등으로 급속히 질적 전환을 하는 상황이다. 이러한 상황에서는 물리적 자본과 육체적 노동이라는 산업시대의 도식을 뛰어넘어 지식과 정보를 중심으로 자본과 노동이 유기적으로 융합되는 새로운 경제체제를 창출해야만 개별 기업과 국가의 경쟁력이 극대화될 수 있다.

이런 역사적 대전환기에 복지는 사회구성원의 인적 자본을 확충하고, 지식기반경제 또는 디지털 경제로의 발전과정에서 심화되는 불평등을 완화한다. 그래서 복지는 사회적 연대의 기반을 더욱 튼튼히 하는 중요한 구실을 하게 될 것이다. 모두가 효율성과 시장 신화에 사로잡혀 지식과 정보만을 좇다가는 사회적 연대의 기반이 와해하고, 그렇게 되면 이 사회는 살 만한 사회, 지속할 수 있는 사회가 아니라, 빈곤과 범죄가 만연하여 살기 어렵고, 지속할 수 없는 사회로 전락하게 될 것이다. 바로 이 점이 지식정보화와 세계화가 급속히 진행되는 21세기에도 여전히 복지가 중요하고, 복지국가가 지속적으로 발전해야 하는 이유이다(김태성·성경륭, 2000: 476-480).

연/구/문/제

01 윌렌스키의 복지국가 모형과 티트머스의 복지국가 모형을 비교 설명해 봅시다.

02 미쉬라의 복지국가 모형을 설명해 봅시다.

03 퍼니스와 틸톤의 복지국가 모형을 설명해 봅시다.

04 에스핑-앤더슨의 복지국가 모형을 설명해 봅시다.

참/고/문/헌

감정기·최원규·진재문(2002). *사회복지의 역사*. 나남출판.

김상균(1987). *현대사회와 사회정책*. 서울대학교출판부.

김태성·성경륭(1993). *복지국가론*. 나남출판.

김태성·성경륭(2000). *복지국가론(제2판)*. 나남출판.

남세진(1992). *인간과 복지*. 한울아카데미.

원석조·강남기 역(1993). *이데올로기와 사회복지*. 홍익재.

이진숙·주은선·신지연·윤나리·노승택(2009). *사회복지정책론*. 양서원.

이태영(2008). *정책실천을 위한 사회복지정책론*. 학현사.

현외성(1992). *복지국가의 위기와 신보수주의적 재편*. 대학출판사.

Esping-Andersen, G.(1990). *The Three World of Welfare Capitalism*. Cambridge, UK: Polity Press.

Esping-Andersen, G.(1999). *Social Foundations of Postindustrial Economies*. Oxford University Press.

Furiss, N., & Tilton, T.(1977). *The Case for the Welfare State: From Social Security to Social Equality*. Bloomington: Indiana University Press.

Mishra, R.(1984). *The Welfare State in Crisis: Social Thought and Social change*. Sussex, UK: Wheatsheaf Books Ltd.

Titmuss, R. M.(1974). *Social Policy: An Introduction*. London: George Allen & Unwin Ltd.

사회복지정책의 분석

CHAPTER 06

학/습/목/표

- 보편주의와 선별주의를 설명할 수 있다.
- 현금급여와 현물급여를 설명할 수 있다.
- 전달체계의 문제점을 설명할 수 있다.
- 공공부문과 민간부문의 재원을 설명할 수 있다.

01 사회복지정책 분석의 개념

많은 학자는 정책분석에 대한 개념이나 정의를 설명하고 있다. 정책분석에 대한 그들의 정의는 크게 두 가지 범주로 이루어져 있다. 첫 번째로는 기술적인 측면에서 정책분석을 설명하는 것이며, 두 번째로는 규범적으로 정책분석을 정의하는 것이다. 정책분석이라는 의미는 한정적으로는 정책을 의미하며, 좀 더 포괄적으로는 정책에 관한 분석까지도 포함하는 것으로 사용하고 있다.

정책분석을 기술적인 정책분석이란 의미로 사용하고 있는 연구자들은 정책문제의 제기, 정책형성, 정책집행 및 정책평가 등 정책과정의 모든 절차와 이러한 과정을 통하여 산출된 정책의 내용에 대한 분석을 바로 정책분석이라 보고, 그 연구방법과 절차는 사회과학연구의 방법 및 절차와 다를 것이 없다고 본다. 또한, 정책분석의 목적은 절차와 내용에 관하여 설명하고, 지식을 축적하며, 결과의 예측 가능성을 높이고자 하는 데 있다고 본다.

다이(Dye, 1981)에 의하면, 정부가 수행하는 활동의 원인과 그 결과를 기술하고 설명하는 것이라고 하는데, 이러한 의미에서 기술적인 정책분석은 공공정책의 원인과 결과를 체계적으로 식별하고 과학적인 추론의 방법을 사용하여 신뢰성이 높고 보편성을 가진 지식을 탐색하는 활동이라 할 수 있다.

규범적인 정책분석이란 의미로 정책분석이란 용어를 사용하고 있는 사람들은 이와는 달리, 정책분석을 정책분석가에 의한 정책 선호의 창조활동으로 보고 있다. 쿠아데(Quade, 1982: 3-5)는 정책분석이란 정책결정자들이 그들의 판단력을 행사하는 데 있어서 판단의 기초를 높여 줄 방법으로 정보를 산출하고, 제공하는 모든 유형의 분석이라고 본다. 그리고 정책분석을 위해서는 과학적인 방법뿐만 아니라 여러 가지 경험에 의한 직관과 판단력도 사용하게 된다고 주장한다.

요약하면, 정책분석이란 정책 및 정책이 형성되는 과정에 대하여 체계적인 평가를 하는 것을 의미한다. 정책을 분석하는 사람들은 장·단기적인 측면에서 정책형성 과정과 그 결과가 합리적이었는가, 명확했는가, 형평에는 어긋나지 않았는가, 합법적이었는가, 정치적으로 실현 가능한 것이었는가, 사회적인 가치규범에 부합되는가, 투입된 비용이 효과적으로 쓰였는가, 더 좋은 대안은 없는가? 등에 관해 검토한다.

02 사회복지정책의 분석방법

사회복지정책의 분석방법 혹은 분석유형으로는 여러 가지가 있지만, 주된 접근방법은 3P, 즉 사회복지정책의 산출 혹은 산물(product), 과정(process), 성과(performance)의 세 측면에서 보아 산출(산물)분석, 과정분석, 성과분석으로 크게 나눈다(Gilbert & Terrell, 2002: 14-17). 각 접근은 기획, 행정 및 조사연구와 같은 전문가 역할에 일차적으로 관련된 사회복지정책의 문제를 검토한다. 이러한 활동에 관여하는 전문가는 사회복지정책의 산출(산물), 과정 및 성과의 문제에 자신의 자원과 에너지 대부분을 쏟아붇는다.

사회복지시설의 실무현장에서는 세 가지 역할 모두가 한 사람의 사회복지사에 의해 수행되기도 한다. 하지만, 규모가 큰 시설이나 프로그램 대부분에서는 기획, 행정 및 조사연구의 업무가 전문화되고, 실천가들은 어느 하나의 분석방법이 주는 통찰에 다른 방법의 경우보다 더 많은 관심을 가지는 경향이 있다. 그렇지만 기획가, 행정가, 조사연구자의 역할이 명확하게 구분되어 있을 때조차 업무수행의 과정에서는 직접적인 업무 이외의 것도 처리할 필요가 있게 된다.

또한, 현장실무자가 유념해야 할 것은 이 세 가지 접근법이 서로 중복되고 연관되어 있다는 것이다. 개념적 구분은 현상의 핵심적 속성을 파악하겠지만, 바로 그러한 성격으로 말미암아 미묘하고 상대적인 특성을 잘 설명하지 못하는 경향이 있다. 흔히 정책분석가들은 자신의 연구에서 여러 접근법을 다양하게 결합하여 사용하기도 한다.

하지만 실제가 어떠하든 이러한 분석방법을 구분하는 것은 이론적으로 유익하다. 왜냐하면, 각각의 방법이 그 핵심에서 서로 다른 종류의 질문을 다루고, 또 거기서 나온 지식과 통찰이 사회복지정책과 관련된 중요한 실천적 역할에 차별적으로 적용될 수 있기 때문이다(Gilbert & Terrell, 2002: 14-17; 한국복지행정학회, 2014: 113-138).

1) 산출(산물)분석

기획과정의 산물은 정책선택이다. 이러한 선택은 결국 프로그램으로 전환될 프로그램 제안, 법령 혹은 미해결의 계획으로 된다. 산출연구에 대한 분석의 초점은 다음의 질문과 같다. 정책설계를 구성하는 구체적 선택의 형태와 내용이 무엇인가? 이 선택은 다른 어떤 가능한 선택을 포기하도록 하고 있는가? 어떤 가치와 이론 및 가정이 이러한 선택을 지지해 주고 있는가?

2) 과정분석

사회복지정책의 과정에 대한 분석은 사회정치적·기술방법론적 변수와 관련하여 정책형성의 동태적 측면에 초점을 둔다. 정치학과 정치사는 과정연구가 근거하는 두 가지의 주된 학문 분야이다. 과정 연구는 한 사회 내에서 정치집단, 정부집단, 이익집단 간의 관계와 상호작용이 정책형성에 어떻게 영향을 미치는가 하는 것을 이해하는 데 가장 관심을 둔다.

3) 성과분석

성과분석은 사회복지 프로그램의 효과성과 능률성을 측정하려고 한다. 그러한 연구에서는 정책과 프로그램의 목적과 목표가 출발점이 된다. 성과분석은 정책선택이 가져오는 프로그램 측면에서의 결과를 기술하고 평가하는 것과 관련되어 있다. 프로그램의 경계가 더욱 분명하게 표현되어 있으므로, 프로그램 결과에 대한 연구는 산출과 과정에 대한 연구보다 객관적이고 체계적인 관찰에 더 적합하다.

성과는 질적·양적 데이터의 수집을 통하여, 다양한 학문 분야에서 취한 광범위한 방법론적 도구의 적용을 통하여 측정될 수 있다. 그래서 사회과학의 여러 학문 분야와 사회복지전문대학원에서 교육되고 있는 조사연구방법론은 이러한 연구를 위해 중요한 기술적·이론적 지식을 제공한다.

03 사회복지정책의 분석틀

사회복지정책의 분석틀이란 복잡하게 얽혀 있는 사회복지정책 현상을 체계적으로 정리하고 분해하여 요소 상호 간의 논리적 연계성이나 인과관계 및 규칙성을 밝혀냄으로써 그 현상을 올바로 이해하기 위한 개념적 도구이다.

1) 산출분석틀

산출(산물)분석은 정책 내용을 분석하는 것으로, 정책 자체를 대상으로 사회복지정책의 대표적 가치인 평등, 자유, 효율, 욕구, 사회적 적절성, 인간의 존엄성 등을 어느 정도 달성하고 있는지 연구한다. 길버트와 스펙트(Gilbret & Specht, 1974)는 사회복지정책의 산출분석틀로 다음과 같이 네 가지 선택의 차원을 제시했다. 이에 대한 구체적 내용은 다음 절에서 상세하게 다루고 있다.

- 누구에게 급여하는가?
- 어떤 형태로 급여하는가?
- 어떤 방법으로 급여를 전달하는가?
- 어떻게 재원을 조달하는가?

2) 과정분석틀

과정분석틀은 주로 사회복지정책의 환경을 분석한다. 사회복지정책은 정치, 경제, 시민사회 등 사회의 전체적 체계 속에서 형성되기 때문에 정책 환경의 분석은 체계이론적 관점을 가지게 된다. 예컨대 정책문제 발생의 근원은 어디인가, 이 정책문제의 발생과 문제 제기에 주도적 역할을 한 주체는 누구인가, 정책결정자가 특정한 쟁점에 대한 해결책을 마련하도록 하는 데 누가 영향을 미치는가? 등을 알아본다.

3) 성과분석틀

성과분석틀은 성과분석 혹은 성과연구를 위한 이론적 분석 도구이다. 이것은 산출분석틀과 다소 중첩되는 부분도 있지만, 정책요소를 좀 더 세분화하여 사회복지정책의 성과를 분석하고, 최종 평가를 할 수 있게 한다. 따라서 더욱 세밀한 산출분석을 위해서 이 평가틀을 사용할 수 있다.

시민과 사회 프로그램의 클라이언트 혹은 수혜자에게 매일 제공되는 모든 정책과 프로그램의 기초를 구성하고 있는 정책요소는 다음과 같이 여섯 가지로 요약할 수 있다.

- 목적과 목표
- 전달되는 급여나 서비스 형태
- 자격규정
- 서비스 전달을 위한 행정적·조직적 구조
- 재원 충당방법
- 앞서 언급한 요소 간의 상호작용

04 길버트와 스펙트의 분석틀

1) 할당체계

사회복지정책의 할당체계는 '누구에게 사회복지 급여를 줄 것인가? 누가 사회복지 급여를 받을 자격이 있는가?'에 관한 문제이다. 정책의 유형에 따라 대상자를 달리한다는 개념은 사회복지정책에 있어서 기본이다. 따라서 어떤 사회복지정책에 대해 수급자 선정기준을 파악하는 것은 중요하다. 예를 들어, 국민기초생활보장 정책의 대상자가 되기 위해서는 가난하다는 것이 증명되어야 하며, 영유아보육정책 프로그램의 대상자가 되기 위해서는 일정한 나이 이하가 되어야 한다. 또한, 어떤 지역사회 정신건강 프로그램의 대상자가 되기 위해서는 일정한 지역에 살아야 한다.

이처럼 수급자 선정기준의 결정은 사회복지정책 프로그램의 성격에 영향을 미친다. 즉, 어떤 사회복지정책의 수급자 선정기준을 알게 되면, 그 정책의 성격을 이해하는 데 도움이 될 수 있다. 사회복지정책에 있어서 수급자 선정기준을 정하는 데 기초가 되는 일반적인 기준 원칙에는 보편주의와 선별주의가 있다. 수급자 선정기준에 대한 논의는 이 원칙에서 시작한다.

(1) 보편주의와 선별주의

오늘날까지 사회복지정책의 급여할당과 관련하여 보편주의와 선별주의 간에 격렬한 논쟁이 계속되고 있다. 보편주의는 사회복지의 제도적 관점과 맥락을 같이하고, 기본권으로서 모든 사람이 사회복지 급여를 받아야 한다고 주장한다. 반면, 선별주의는 사회복지의 보충적 관점과 맥락을 같이하고, 자산조사를 통해 개인의 욕구에 기초하여 사회복지 급여를 주어야 한다는 입장이다.

① 보편주의

첫째, 보편주의자는 빈민이나 장애인 혹은 특별한 어려움을 가진 사람뿐만 아니라, 지역사회의 모든 구성원이 사회복지 급여의 대상이 될 수 있다고 주장한다. 그들이 보기에 모든 사람은 언제든지 다양한 사회적 욕구에 직면할 수 있는 이른바 '위기에 처한' 사람들이다. 그리고 사회복지정책은 사회의 모든 사람이 직면하는 일상적인 생활문제에 대한 적절한 대응이라고 파악한다.

둘째, 보편주의자는 사회구성원을 주는 자와 받는 자로 나누지 않음으로써 인간 존엄성의 고수와 사회 통합을 통해 사회효과성을 기할 수 있다고 강조한다. 자산조사와 같이 빈곤상태를 확인하고 제공되는 프로그램은 차별적이며, 경제적 측면과 아울러 도덕적인 면에서도 클라이언트를 차별한다. 그 결과로 클라이언트는 당연히 급여를 받을 권리가 있어도 많은 경우 수치심을 느낀다. 클라이언트가 무료 급식이나 무료 의료서비스를 받을 때 실패감을 맛보고 당혹해하며 치욕적인 경험을 겪는 일이 허다하다.

셋째, 보편주의는 광범위한 인구집단에 급여를 줌으로써 얻을 수 있는 정치적 이점을 강조한다. 보편적 프로그램은 확실히 비용이 더 많이 들지만, 빈민을 포함한 소외 집단에 초점을 둔 공공부조 프로그램보다 대중적 인기가 높다는 것이다. 미국은 아동, 청소년, 성인을 대상으로 선별주의에 입각한 프로그램이 많지만, 노인을 대상으로 할 때에는 보편주의에 입각한 프로그램이 많았다. 그런데 사회복지예산이 억제될 때 선별주의에 기초한 사회복지 급여는 정치적 비판에 상대적으로 노출되기 쉽고, 그 결과로 대상의 범위나 급여수준이 축소되는 경향이 있다는 것이다(박정호, 2003: 100-102).

② 선별주의

첫째, 선별주의자는 대상 집단을 상세하게 정해야 한다고 주장한다. 욕구가 확인된 개인이나 집단이 급여를 받는 데에 우선권을 가져야 한다는 것이다. 선별주의자는 사회복지 급여를 받을 수 있는 대상자의 자격 범위를 넓게 정하는 것보다는 자격 범위를 좁게 한정하기를 선호한다. 이러한 주장의 밑바탕에는 정부 재정의 형편상 대상을 한정하여 사회복지 급여를 제공해야 한다는 생각이 깔렸다. 그래서 자신의 욕구를 충족시킬 수 있는 사람은 정부의 도움을 받아서는 안 되며, 자활할 수 없는 한계집단에 집중적으로 급여가 제공되어야 한다는 것이다.

둘째, 선별주의자는 사회복지 급여를 효율적으로 제공하는 방안으로 자산조사를 선호한다. 욕구에 따라서 대상을 정하는 것이 불필요한 경비를 줄이고, 사회복지 급여가 정치적으로 힘 있는 중산층에 제공될 수 있는 여지를 없앨 수 있다는 것이다. 결국, 이들은 한정된 자원을 가장 궁핍한 자들에게 집중적으로 제공할 수 있다고 주장하면서 비용효과성을 기할 수 있다고 말한다. 선별된 자격기준에 기초한 자산조사를 통하여 급여가 제공되므로, 우리나라 「국민기초생활 보장법」의 수급자나 의료보호대상자에 대한 급여가 이러한 예에 해당된다(박정호, 2003: 102-103).

(2) 수급자 선정의 구체적 기준

이처럼 보편주의와 선별주의가 사회복지 수급자격을 범주화하는 데 도움이 되었음에도, 실제 현실에서 일어나는 선정기준은 더 복잡하다. 그래서 보편주의와 선별주의를 구체화하여 범주별로 선정기준을 묶는다면 현실적으로 더 유용하게 활용할 수 있을 것이다. 이들에 대해 살펴보면 다음과 같다(Gilbert & Shecht, 1974: 66-68; 김해동·정홍익, 1985: 235-238).

① 개인적 속성

특정 나이집단이나 직업집단 또는 특정 거주지에 속해 있는 것이 수급자 선정기준이 된다. 이는 특정집단에 소속되어 있는 사람의 공통적인 욕구에 따라서 수급자를 결정하는 방법이기 때문에 속성주의라고 한다. 특정집단에 공통된 문제 혹은 욕구가 일상적인 방법으로 충족되지 않을 때에 사회복지정책으로 이를 충족시키려고 속성주의에 따른 수급자 선정을 하게 된다. 65세 이상의 노인에게 버스표를 준다든지 또는 공원 등을 무료로 이용하도록 하는 현행 경로우대제도가 바로 이에 속한다.

속성주의에 따라 선정되는 수급자의 범위는 전체 국민과 같이 광범위할 수도 있고, 임신을 한 근로 여성과 같이 비교적 좁은 범위일 수도 있다. 범위가 넓은가 좁은가에 따라서 차이가 있기는 하지만, 속성주의는 자산조사와 비교할 때 덜 번거롭고 수급자가 제약을 적게 느끼는 수급자 선정방법이다. 이러한 점에서 속성주의는 보편주의에 더 가까운 수급자 선정방법이라 할 수 있다. 왜냐하면, 일정한 인구 사회학적인 특성이 있기만 하면 수급자격을 갖기 때문이다.

② 보상

보상을 기초로 한 수급자 선정기준에는 사회적 보상과 개인의 경제적 기여에 대한 보상이 있다. 사회적 보상이란 사회나 국가에 대한 공로 또는 희생을 기준으로 수급자가 선정되는 경우이다. 상이군경이나 독립유공자처럼 사회나 국가를 위하여 개인적인 희생을 하였거나 공로를 남긴 사람에게 보상해줌으로써 사회 형평을 유지하는 한편 사회를 위하여 필요한 개인적인 헌신이 장래에도 계속될 수 있도록 장려하는 것이다.

개인의 경제적 기여에 대한 보상의 예가 사회보험이다. 이는 사회복지정책의 개인적인 프로그램 중에서 경제적 교환 원리에 가장 가깝기는 하지만, 피보험자의 개인적인 능력에 따라 기여금은 다르게 내고, 같은 급여를 받게 된다는 점에서 시장원리와는 근본적으로 다르다. 국민건강보험제도가 이것을 잘 나타내고 있는데, 여기에서 소득이 높을수록 기여금을 더 내지만 건강보험 혜택은 보험가입자면 누구나 똑같이 주어진다.

③ 전문가의 진단적 판단

기능별로 전문가의 진단적 판단에 따라 수급자를 선정하는 기준이다. 장애인으로 판별되어 사회복지정책 프로그램의 혜택을 받기 위해서는 먼저 해당 분야의 전문의로부터 장애인이라는 진단이 있어야 한다. 수급자를 선정하는 데에 필요한 객관적인 기준을 정하기가 곤란한 때에 전문가의 판단에 의존하게 된다.

④ 자산조사

자산조사는 사회복지정책 프로그램의 수급자를 선정하는 데 가장 많이 사용하는 방법이다. 따라서 선별주의 방식이라고 하면, 곧 자산조사 방식을 생각할 정도이다. 오늘날 대부분의 나라에서 공공부조 프로그램의 자격을 결정하는 가장 중요한 기준은 소득이나 재산과 같은 자산조사이다. 즉, 일정한 자산 이하의 사람들에게만 급여를 준다. 소득이나 재산을 조사하는 구체적 방법은 여러 가지가 있고 실제로 시대, 국가, 프로그램 등에 따라 다양한 방법이 적용된다.

수급자격의 소득과 재산수준은 크게 보면 두 가지 형태로 결정되는데, 그 하나는 수급자격 수준을 최소한의 기본적 욕구를 충족시킬 수 있는 수준으로 절대적으로 결정하는 것이다. 또 다른 하나는 대다수 사회구성원이 누리는 생활수준을 고려하여 상대적으로 결정하는 방법이다. 절대적 수준의 형태는 전통적으로 대부분의 국가에서 선호하였고, 오늘날에도 사회복지가 발전하지 않은 대부분의 국가에서 사회복지정책의 수급자격 요건으로 사용된다(송근원·김태성, 1995: 294).

지금까지 살펴본 네 가지 수급자 선정기준을 실제로 적용할 때는 이 중에서 한 가지 기준에만 의존하지 않고, 여러 가지 기준을 혼합·병행하는 것이 보통이다. 예를 들면, 의료보호를 받기 위해서는 먼저 자산조사를 통해 유자격자 인정을 받아야 하고, 의사의 전문적 진단을 받아야 하는 등의 기준을 동시에 충족시켜야 한다. 또한, 산재보험도 근로자로서의 특정 업무집단에 속하는 개인적 속성이 있어야 하고, 동시에 업무와 관련한 상해로 일정 기간 이상 요양이 필요하다는 의사의 전문적 진단이 있어야 한다(남기민, 2004: 164-165).

2) 급여체계

사회복지정책의 급여체계는 '어떤 형태의 사회복지 급여로 줄 것인가?'에 관한 문제이다. 급여형태에 대한 문제는 대단히 복잡하며, 현물급여를 지지하는 사람과 현금급여를 지지하는 사람의 주장이 서로 대립적이다. 현물과 현금이란 이분법적 분류를 더욱 세분화한 급여의 형태로 기회, 서비스, 상품, 증서, 현금, 권력의 여섯 가지가 있다. 한편, 사회복지 급여는 정책목표에 깔린 이론적 전제와 깊은 관련을 지닌다.

(1) 급여의 기본적 형태

① 현물급여

첫째, 현물급여는 규모의 경제를 이룰 수 있어 급여를 대량으로 값싸게 제공할 수 있다는 것이다. 예를 들어, 신발이나 옷 같은 물품을 표준화시켜 대량으로 생산하여 중앙 집중적으로 배분한다면, 시장경제의 경쟁에서 나타날 수 있는 낭비와 이중지출을 줄일 수 있다는 것이다.

둘째, 현물급여는 급여 대상자에게 본래의 목적대로 정확하게 전달될 수 있어 현금급여보다 더 효과적이라는 것이다. 예를 들어, 아동의 복지를 강화시키기 위해 급여를 제공할 때, 현금급여는 돈이 쓰이는 곳을 통제할 수 없어서 본래의 의도를 관철하기가 어렵다. 현금급여가 직접적으로 아동을 위한 물품만을 사도록 보장할 수는 없다.

② 현금급여

첫째, 현금급여를 지지하는 주장은 규모의 경제원리를 전문적인 사회복지서비스에 적용시키기는 어렵다는 것이다. 사회복지서비스는 고도의 기술에 의존하는 경향이 있고, 클라이언트와 상호작용을 통해서 도움을 주고 변화시키는 과정을 거치므로 표준화되고 규격화된 공정을 적용하기란 사실상 불가능하다는 것이다(Thomson, 1976).

둘째, 현금급여는 사용하기에 편리하고 현물급여보다 관리나 행정적으로 처리하기가 수월하고 비용도 적게 든다는 것이다. 현물급여는 이를 보관하는 인력, 기구가 필요하고 배분하는 데에도 많은 노력과 비용이 들기 때문이다.

셋째, 현금급여는 무엇보다도 수급대상자의 자유의지를 존중하고 수치심을 줄여주며, 자신의 삶을 관리할 수 있는 존엄성을 인정한다. 다시 말하면, 현금급여는 수급자의 자기결정 원리와 소비자 주권을 증진시킨다는 것이다(Gilbert & Terrell, 1998).

이처럼 현물급여를 지지하는 주장과 현금급여를 지지하는 주장은 소비자 주권과 사회적 통제를 보는 관점에 따라 서로 다른 태도를 보인다. 이는 바로 말해서 '시장에서 소비자가 어느 정도로 자신의 주권을 실질적으로 행사할 수 있는가?'라는 문제와 직결된 것 같다. 현금급여를 주장하는 사람은 소비자 주권을 절대적으로 신뢰한다. 즉, 소비자 주권은 자기결정의 권리이고 정신적·물질적으로 자신의 자원을 자신이 사용할 수 있는 권리이다. 또한, 미래를 위해 자신의 자원을 쓸 수 있는 권리이다. 그것은 자기 금욕뿐만 아니라 자기 방종의 권리이다(박정호, 2003: 144-146).

(2) 급여의 다양한 형태

앞에서 급여형태로 현물급여와 현금급여를 알아보았다. 이처럼 둘로 나누어 살펴보는 관점은 논의의 흐름을 뚜렷하게 한다는 이점이 있다. 그러나 정책입안자가 실제로 직면하는 현실을 너무 단순화시키는 폐단이 있다. 더 세밀한 급여형태의 분류는 더욱 면밀한 분석을 위해 필요한 것이고 바람직하다. 따라서 사회복지급여는 형태와 교환가치의 관점에서 크게 여섯 개의 범주로 분류될 수 있다. 즉, 기회, 서비스, 상품, 증서, 현금, 권력이 그것이다(Gilbert & Specht, 1974: 88-89; 박정호, 2003: 144-146; 남기민, 2004: 166-168; 김영화 외, 2008: 194-196). 그런데 실제 제공되는 급여는 한 가지 정책 프로그램 내에서도 여러 가지가 복합적으로 제공되는 때가 많다. 중요한 점은 '정책의 목표가 무엇인가?'하는 것을 충분히 검토하고 나서, 이 목표에 맞고 급여가 제공되는 상황에 적절한 급여형태를 선택한다.

① 기회

기회(opportunity)는 대단히 포괄적이고 애매한 개념이지만 대단히 중요한 개념이다. 사회복지정책 대부분은 기회의 창조와 배분에 관한 것이다. 기회는 궁극적으로 다른 급여를 얻는 데 도움이 될 수 있다. 예를 들면, 저소득층 주민에게 영구 임대아파트 입주 기회를 제공한다든지 소수인종출신 학생들에게 입학정원을 따로 배정하는 것 등을 들 수 있다.

② 서비스

서비스란 클라이언트의 이익을 위해서 교육, 카운슬링, 계획, 치료, 훈련 등과 같은 어떤 기능을 수행하는 것을 말한다. 이러한 서비스는 그 자체가 수급자에게 즉각적인 시장가치(현물 또는 현금)를 부여하지는 않는다.

③ 상품

상품(재화, goods)은 식품, 의복, 주택 등과 같은 구체적인 물품을 말한다. 상품은 제한된 교환가치를 지니며, 일반적으로 교환의 경로도 한정되어 있다.

④ 증서

증서(voucher)는 세금공제증서 또는 물품이나 서비스를 받을 수 있는 쿠폰(coupon)과 같은 형태의 급여를 말한다. 이 급여는 교환가치를 가지고 있고, 한정된 안의 범위에서 자원선택을 할 수 있는 급여형태이다. 증서는 상품이나 서비스보다 선택의 자유를 더 많이 제공한다. 또한, 증서는 부분적으로 선택의 자유를 보장하면서 아울러 소비행위에 대한 사회적 통제도 가능하다는 이점을 지니고 있다.

⑤ 현금

현금은 아동수당, 공공부조, 사회보험과 같은 사회복지정책 프로그램에서 주로 사용되고 있다. 이러한 형태의 급여는 보편적 교환가치를 지니며 소비자 선택의 자유를 적극적으로 보장한다.

⑥ 권력

권력(power)은 상품이나 자원을 통제하는 영향력의 재분배에 관한 것이다. 이러한 영향력의 재분배는 사회복지 급여를 제공하는 기관의 이사회에 빈민이나 저소득계층 대표자를 참석하게 함으로써 이루어질 수 있다. 권력은 상품, 서비스, 기회와 같은 급여형태보다는 사회, 경제적 자원을 더욱 폭넓게 통제할 수 있는 여지를 제공해 준다.

(3) 급여의 이론과 가치

급여형태는 가치에 영향을 받는다. 예를 들면, 소비자 주권을 중요하게 생각하고 시장경제의 우월성을 신봉하는 개인주의 지지자는 현금급여를 지지한다. 반대로 정부가 경제에 개입하는 것이 필요하다고 보고 개인 이익보다 사회 이익이 우선으로 고려되어야 한다고 생각하는 집합주의 지지자는 현물급여를 지지하는 편이다. 가치가 급여형태를 결정하는 데 영향을 미치는 것은 사실이다. 하지만, 현물이나 현금 이외의 여러 가지 급여형태 중에서 어떤 것을 선택하는가 하는 것은 정책목표에 따라서 달라진다.

사회문제를 해결하기 위한 사회복지정책의 목표는 이론적 관점을 기초로 설정된다. 따라서 사회복지정책 목표에는 사회문제 이론이 반영되어 있고, 그 반영된 이론은 급여를 결정하는 데 그대로 영향을 미치게 된다. 사회복지정책의 급여형태가 정책의 기초가 되는 이론에 따라서 어떻게 달라지는지 빈곤문제의 예를 들어 보자. 빈곤 원인에 대해 다음과 같은 세 가지 관점에서 분석할 수 있을 것이다(Rein, 1970). 첫째, 자원론이다. 자원론은 소득을 얻는 데 필요한 자원의 부족 또는 결핍이 빈곤의 원인이라는 이론이다. 자원론적 관점에 입각한 정책에서는 부족한 자원을 공급함으로써 빈곤해결이 가능하다고 보기 때문에 건강상태를 회복시키는 것, 적절한 의식주를 제공하는 것 등의 급여형태가 선택될 것이다. 둘째, 문화론이다. 문화론은 빈곤계층의 가치나 행동양식을 빈곤의 원인으로 보고 있으며, 따라서 문화론적 관점에 입각한 정책에서는 그 급여형태가 교육, 상담, 훈련 등이 될 것이다. 셋째, 제도론이다. 제도론은 잘못된 사회제도와 사회구조의 모순을 빈곤의 원인으로 보고 있으며, 따라서 제도론적 관점에 입각한 정책에서는 그 급여형태가 제도의 개혁과 자원의 재분배가 될 것이다. 이처럼 사회복지정책의 급여형태는 정책이 해결하고자 하는 사회문제의 원인이 무엇인가에 관한 사회문제 이론에 따라 결정되는 것임을 알 수 있다. 따라서 어떤 급여형태가 바람직한 가는 정책을 뒷받침하는 이론의 타당성에 대한 분석으로 평가될 수 있다.

한편, 가치의 영향도 무시하거나 배제할 수 없을 것이다. 이론 못지않게 가치나 신념도 정책대안의 산출이나 결정에 영향을 크게 미치기 때문이다. 현실에서 일어나는 정책결정이 경험적인 근거로만 의존하는 것이 아니라 주관적인 신념이나 가치에도 기초하는 경우가 많은 것이다. 현실적으로 경험적 통찰에서 도출되는 이론으로부터 신념이나 이데올로기에 기반을 두는 가치를 분리하는 것은 어렵겠지만, 구분할 필요는 있을 것이다. 아무튼, 이론과 가치는 인과관계와 믿음이라는 두 가지 측면에서 급여를 포함한 사회복지정책의 선택 이유를 종합적으로 이해하는 데에 이바지한다(박정호, 2003: 160-164; 남기민, 2004: 168-169).

3) 전달체계

사회복지정책의 전달체계는 '사회복지 급여를 어떠한 방법으로 전달할 것인가?'에 관한 문제이다. 전달체계란 사회복지 급여대상자에게 선택된 급여를 전달하는 조직적 장치이다. 즉, 수급자의 처지에서 볼 때 수급자를 둘러싼 일체의 사회복지조직과 이들 조직의 서비스 전달망을 말한다. 최근 민영화와 상업화는 급여의 전달에서 새로운 흐름을 형성하고 있다. 그러나 이러한 민영화가 효율성을 자동으로 보장하는 것은 아니며, 위탁과정이 투명하고 공정해야 하고 기관운영에 대한 엄정한 평가가 병행되어야 할 것이다.

(1) 전달체계의 문제

사회복지 급여의 전달체계는 사회복지 급여를 대상자에게 효과적으로 전달하는 것을 목적으로 한다. 따라서 이러한 목적을 달성하려면 전달체계의 문제를 개선하여야 한다. 전달체계의 문제는 ① 단편성(fragmentation), ② 비연속성(discontinuity), ③ 비접근성(inaccessibility), ④ 비책임성(unaccountability)으로 구분될 수 있다. 이러한 문제의 이해를 돕기 위해 다음과 같은 가정을 한다. 알코올 중독이 심한 홀어머니가 실업상태에 있다. 그리고 그녀는 딸을 어린이집에 맡겨 놓고 알코올남용 재활치료와 직업훈련을 받고 있다(박정호, 2003: 185-187). 이러한 가정을 바탕으로 전달체계의 문제를 살펴보면 다음과 같다.

① 단편성

어린이집, 재활치료센터, 직업훈련원 프로그램이 도시의 다른 지역에 있으면서 서로 다른 일정(schedule)에 따라 운영되고 중복된 서비스를 제공한다고 하면, 이때에 제기되는 전달체계의 문제는 단편성이다. 이러한 단편성은 서비스 중복과 조정, 위치, 전문화와 같은 조직적 특성과 관계에 관심을 둔다. 즉, 한 장소에서 서비스를 이용할 수 있는가? 기관들은 활동을 조화시키려고 노력하는가? 등의 내용과 관련이 있다.

② 비연속성

위의 세 기관 사이에 편리한 교통수단이 없고 재활치료와 직업훈련 프로그램 사이에 의뢰(referral)가 없으며, 직업훈련 프로그램과 어린이집 프로그램 간 연계가 없다면 비연속성이라는 문제가 대두한다. 비연속성은 서비스의 관계망 속에서 일어나는 흐름을 막는 장애물이나 한정된 자원으로 클라이언트의 욕구를 충족시키는 과정에서 생겨나는 차이에 관심을 둔다. 그리하여 비연속성은 의사소통과 의뢰의 경로가 적절한가? 라는 질문과 관련이 있다.

③ 비접근성

클라이언트가 병원의 부족이나 훈련 프로그램의 미비로 말미암아 제대로 서비스를 받지 못한다고 한다면, 이는 비접근성의 문제이다. 비접근성은 소득, 나이, 성공 가능성 등의 기준에 따라 특정한 사람을 제외하는 것과 같이 클라이언트가 서비스망에 근접을 하지 못하는 현상과 관련이 있다.

④ 비책임성

클라이언트가 여러 가지 전달체계상의 어려움을 겪고 있음에도 클라이언트의 불편을 바로잡을 수 있는 수단이 없다면, 비책임성이 존재함을 의미한다. 이는 클라이언트와 사회복지기관의 정책결정자 사이의 관계에 관심을 둔다. 예를 들어, 클라이언트가 중요한 내용을 지닌 결정에 영향을 미칠 수 있는가? 또는, 정책결정자가 클라이언트의 욕구와 이익에 대해 무감각하고 무관심하지는 않는가? 등의 문제이다.

(2) 전달체계의 개선전략

전달체계의 효과성과 효율성을 높이기 위한 전략으로 ① 의사결정의 권한과 통제를 재구조화하는 전략, ② 전달체계의 구성전략, ③ 서비스 배분방법에 관한 전략, ④ 업무분담을 재조직하는 전략, ⑤ 전달체계의 운영주체에 관한 전략이 있다(Gilbert & Terrell, 2002: 166-177; 최성재·남기민, 2000: 93-97; 박정호, 2003: 189-202).

① 의사결정의 권한과 통제를 재구조화하는 전략

의사결정의 권한과 통제의 소재를 어디에 둘 것인가? 이에는 조정과 협조체제의 구축, 시민참여제의 도입이 있다. 조정과 협조체제의 구축은 급여가 단편적으로 주어지는 것을 개선하고, 통합성과 포괄성을 가져오기 위한 것으로 행정적으로 중앙집권화 방법과 연합화 방법이 있다. 연합화는 서비스 조직 간 그들의 기술, 자원, 인력 등을 협조체제로 활용하는 것이다. 한편, 시민참여제의 도입은 급여전달에 관한 의사결정에 시민을 참여시킴으로써 급여의 책임성, 적절성, 접근용이성이 보장되도록 하려는 것이다.

② 전달체계의 구성전략

전달체계 조직의 단위와 수를 어떻게 할 것인가? 이는 수급자로 하여금 서비스에 쉽게 접근할 수 있도록 하는 접근가능성을 높이기 위한 전략이다. 이에는 서비스 접근을 촉진하는 서비스를 마련하는 방법과 의도적으로 같은 전달체계를 중복시키는 방법이 있다. 전자는 전달체계 안에 서비스를 안내, 의뢰하거나 기타 별도의 서비스 접근을 촉진하는 것이다. 후자는 지리적 장애나 교통상의 장애가 있을 때 서비스 조직을 지리적 또는 교통상 접근하기 쉬운 곳에 새로 설치하는 방법을 말한다.

③ 서비스 배분방법에 관한 전략

제한된 서비스를 요구하는 사람에게 어떻게 배분할 것인가? 이는 제한된 자원을 가지고 어떻게 많은 사람의 사회적 욕구를 충족시킬 수 있도록 배분하느냐 하는 것이다. 서비스 배분방법은 공급억제 전략과 수요억제 전략이 있다. 공급억제는 클라이언트에 대한 제한강화와 서비스 희석화를 통하여 이루어질 수 있다. 제한강화는 클라이언트의 수급자격 요건을 강화하여 클라이언트의 서비스 이용률을 저하하는 것이다. 서비스 희석화는 서비스 양과 질을 감소시키는 것인데, 예를 들면 클라이언트 접촉시간의 단축, 전문가를 자원봉사자로의 대치 등과 같은 것이다.

④ 업무분담을 재조직하는 전략

업무를 누가 담당할 것인가? 이에는 비전문가에게 전문가 역할의 일부를 부여하는 것과 전문가 역할의 자율성을 확보하기 위하여 조직의 통제를 벗어나거나 떠나는 전문가의 조직적 상황에서의 분리가 있다. 전문가 역할부여는 수급자와 급여를 전달하는 전문가 사이에 상호 이해나 접근이 쉽지 않고 급여전달이 어려운 때 접근용이성을 높이기 위해 수급자를 쉽게 받아들일 수 있는 토착적인 사람을 찾아 중개자 역할을 하게 하며, 그에게 전문가 역할의 일부를 부여하는 것을 말한다. 전문가를 조직적 상황에서 분리하는 것은 공공조직에서 흔하게 발생한다. 서비스 전달조직이 관료제적인 특성이 강하여 전문가로서의 전문성이나 자율성 발휘를 저해할 때 쉬운 조건을 만드는 것을 말한다.

⑤ 전달체계의 운영주체에 관한 전략

전달체계를 누가 운영할 것인가? 전달체계의 운영주체는 서비스의 성격에 따라 공공조직이 제공해야 할 것과 공공조직이나 민간조직 중 어느 쪽이 제공하여도 되는 것이 있다. 사회보험이나 공공부조는 서비스 성격상 공공조직이 제공해야 한다. 하지만, 사회복지서비스는 공공조직이 제공할 수도 있고, 민간조직이 제공할 수도 있다.

전달체계를 민간조직이 운영할 때 영리조직과 비영리조직 중 어느 쪽이 운영하는 것이 바람직한가 하는 것은 서비스의 종류에 따라 달라질 수 있다. 무료서비스는 비영리조직이 운영하는 것이 좋고, 유료서비스는 비영리조직과 영리조직 중 어느 쪽이 더 효과적이고 효율적인지 확실한 결론을 내리기는 어렵다. 따라서 서비스의 표준화 정도, 클라이언트 집단의 능력, 서비스의 강제성, 관리 규정 준수에 대한 감독의 강력성 정도에 따라 선택하는 것이 바람직하다.

4) 재원체계

사회복지정책의 재원체계는 '재원조달을 어떻게 할 것인가?'에 관한 문제이다. 사회복지 재원은 크게 공공부문과 민간부문 재원으로 나눈다. 공공부문 재원은 조세가 주요한 부분을 차지하는데, 여기에는 일반세, 목적세, 조세비용 등이 있다. 민간부문 재원은 자발적 기여, 이용자 부담, 직업복지, 가족 간 이전 등이 있다. 오늘날 공공부문의 재원은 민간부문의 재원보다 사회복지의 재원에서 더 큰 비중을 차지한다. 스웨덴, 덴마크, 노르웨이, 뉴질랜드 등과 같이 국가복지가 발달한 나라는 더 말할 것도 없고, 민간 사회복지가 상대적으로 발달했다는 미국도 공공부문의 재원이 차지하는 비중이 더 큰 실정이다.

(1) 공공부문 재원

① 일반세

가. 소득세

납세의무자의 소득에 대해 부과하는 것으로, 개인소득에 부과하는 개인소득세와 법인의 수익에 부과하는 법인소득세가 있다. 일반세 중에서 소득재분배 효과가 가장 높은 조세는 소득세이다. 이중에서도 개인소득세의 소득재분배 효과가 가장 높다.

나. 소비세

납세의무자의 소득규모를 고려하지 않고 상품을 소비할 때 일정하게 부과하는 것으로, 부가가치세와 특별소비세가 있다. 소비세의 조세부담은 고소득층보다 저소득층이 상대적으로 더 크다고 할 수 있다. 소비세는 기본적으로 역진적인 성격을 지니고 있다. 그러나 소비세는 다양한 형태를 취하고 있기 때문에 소비세의 소득재분배 효과는 조금씩 다르게 나타날 수 있다. 특별소비세는 고소득층이 소비하는 사치품에 부과하여 부가가치세의 역진성을 극복하기 위해 고안되었다.

다. 재산세

재산세는 일반세 중에서 가장 적은 비중을 차지하는 조세로서, 지방정부의 주요 세원이 되고 있다. 재산에 대해 종합부동산세가 시행되고 있지만, 일반적으로 재산이 많은 사람이 없는 사람보다 재산세의 실질부담률이 적다고 볼 수 있다. 상속세와 증여세는 누진세율이 적용되지만, 이로 말미암은 납세액이 전체 일반세에서 차지하는 비중이 매우 작아 무시할 정도이다.

② 목적세

목적세는 일반세와는 달리 특별한 지출용도를 지니고 있다. 미국의 사회보장세나 우리나라의 교육세 등은 목적세의 대표적인 예이다. 선진국은 목적세 중에서 사회보장세가 차지하는 비중이 매우 크다. 그런데 사회보장세는 일반세만

큼 소득재분배의 효과가 크지 않다. 사회보장세의 역진성은 소비세보다는 작지만, 개인소득세와 비교하면 상대적으로 큰 편이다. 그리고 중산층의 사회보장세 부담이 상대적으로 큰 것으로 나타나고 있다.

오늘날 목적세는 보편화되어 있는데, 조세 수입과 지출을 연계함으로써 첫째, 특정한 세출 항목의 액수를 제한할 필요가 없고, 둘째, 적자 예산을 편성하지 않아도 되고, 셋째, 조세 수입과 지출을 명확하게 대비시킬 수 있는 이점이 있기 때문이다. 다시 말하면, 정부는 불황기에도 사회보장세의 재원으로 사회보장에 대한 지출을 늘릴 수 있고, 목적세의 납세자들은 자신이 낸 세금이 어디에 쓰이는지를 상세히 알 수 있다.

그러나 목적세의 지출용도가 분명함에 따라 다음과 같은 단점도 있다. 첫째, 납세자가 프로그램 혜택을 직접적으로 받지 못할 때 비록 프로그램을 잘 운영하여 납세자의 반발을 다소 무마할 수는 있겠지만, 기본적으로 납세자의 지지를 확보하기가 어렵다. 둘째, 목적세가 프로그램의 예산과 연계됨으로써 클라이언트 욕구에 맞추어 융통성 있게 프로그램을 운영하기가 어려울 수 있다. 셋째, 평판이 좋지 않은 집단이나 명분이 약한 사업에 대해 목적세의 납세자들이 꺼림으로써 이에 대한 지원이 어려울 수 있다. 넷째, 프로그램의 특성이나 내용이 클라이언트의 욕구에 의해 결정되기보다는 징수되는 조세의 금액에 따라 결정되고 추진될 수 있다(박정호, 2003: 226-228).

③ 조세비용

조세비용은 정부가 납세자에게 받아야 할 조세를 감면, 공제, 면제해줌으로써 결과적으로 감소한 조세금액을 말한다. 그만큼 조세수입이 감소하였으므로 정부의 처지에서 보면 조세와 관련하여 정부의 지출이 늘어난 셈이 되는데, 이를 조세비용이라고 말한다. 조세비용은 직업복지를 확장하는 데에 크게 이바지하였다. 그러나 조세비용의 소득재분배 효과는 역진적인 것으로 평가된다. 그 이유는 다음과 같다. 첫째, 조세비용의 혜택이 저소득층에게로 잘 가지 않는다는 것이다. 둘째, 조세비용은 과세대상과 조세의 재원을 침식한다는 것이다. 셋째, 조세비용은 정부의 예산에도 영향을 줄 뿐 아니라 민간의 기부에도 영향을 미친다. 넷째, 조세비용의 절차상 허점이다.

(2) 민간부문 재원

① 자발적 기여

자발적 기여는 강제에 의하지 않은 민간의 자발적인 기부를 말한다. 자발적 기여는 자선, 박애의 동기만을 기초로 하는 것이 아니라 정부의 조세감면정책과도 관련이 있다. 자발적 기여는 세금공제나 면제를 통해 강화되고, 조세감면의 혜택이 없으면 줄어드는 경향을 보인다. 따라서 중산층 이상일수록 자발적 기여의 조세감면 혜택이 높아 역진적인 소득재분배가 이루어진다. 또한, 자발적 기여는 개인이나 기업의 재정여건에 따라 유동적이어서 안정적인 사회복지 재원확보에 어려운 점이 있다.

② 이용자 부담

이용자 부담은 사회복지서비스를 이용하는 사람이 그 사용의 대가를 내는 것을 말한다. 예를 들어, 국민건강보험료의 본인부담이나 사회복지서비스의 이용자 부담 등을 들 수 있다. 사회복지서비스에 대한 이용자 부담은 서비스 남용을 억제하여 자원 활용의 효율성을 높여 불필요한 서비스 낭비를 막고 국가 복지재정의 부담을 줄이는 데 도움이 된다. 그러나 이용자 부담금이 없어서 서비스를 받지 못하는 사회계층은 서비스 접근의 제한을 받는다.

③ 직업복지

자본주의와 더불어 성장한 직업복지는 기업에 종사하는 노동자와 그 가족을 대상으로 이루어지는 복지를 말한다. 직업복지는 주택자금 대부, 학자금 지원, 휴양시설, 영유아어린이집 등과 같은 기업체 복지후생제도가 있다. 기업은 직업복지를 통해 우수인력의 확보와 유지, 노사관계의 안정, 기업에 대한 자긍심 향상 등을 도모할 수 있다. 또한, 국가복지의 역할을 기업이 대신해 줌으로써 국가의 사회보장 수요를 감소시킬 수 있다(원석조, 2006: 80). 그러나 직업복지는 정규직 대부분을 대상으로 복지급여가 제공되고, 비정규직은 복지급여에서 배제되거나 임의적·선별적으로 제공되어 기업 내 노동자 간 차별이 조성된다. 또한, 직업복지는 소득을 기준으로 하여 비례적으로 제공되기 때문에 계층 간의 소득역진성을 증대시킨다(김영화 외, 2008: 205).

④ 가족 간 이전

가족 간 이전은 민간 사회복지 영역에서 주요한 부분을 차지한다. 가족 간 이전은 소득이전과 비경제적인 측면에서의 서비스 제공으로 나눌 수 있다. 가족은 비공식적으로 소득을 이전함으로써 사회복지의 기능을 수행한다. 또한, 가족은 구성원이 위급한 문제에 직면했을 때 지지서비스를 제공할 수 있다. 이처럼 가족 간 이전은 시간적·공간적으로 복지욕구를 빨리 해결해준다는 이점을 가지고 있다. 하지만, 가난한 가족은 가족구성원의 욕구가 크다고 하더라도 이를 해결해 줄 수 없다는 한계가 있다.

연/구/문/제

01 근로의욕, 낙인과 사회통합, 출산 등과 관련지어 사회효과성과 비용효과성을 설명해 봅시다.

02 민영화와 상업화의 개념을 설명해 봅시다.

03 전달체계의 구성 전략을 구체적으로 설명해 봅시다.

04 전달체계의 역할부과와 전문가 분리의 개념을 설명해 봅시다.

참/고/문/헌

김영화·박태정·장경은(2008). 사회정의실현을 위한 사회복지정책론. 공동체.

김해동·정홍익(1985). 사회행정론. 한국방송통신대학출판부.

남기민(2004). 사회복지정책론. 학지사.

박정호(2003). 사회복지정책론(개정판). 학지사.

송근원·김태성(1995). 사회복지정책론. 나남출판.

한국복지행정학회(2014). 사회복지정책론. 양서원.

Dye, Thomas R.(1984). *Understanding Public Policy(5th ed)*. Englewood Cliffs, NJ: Prentice-Hall, Inc.

Gilbert, N., & Specht, H.(1974). *Dimensions of Social Welfare Policy*. Englewood Cliffs, New Jersey: Prentice-Hall.

Gilbert, N., & Terrell, P.(1998). *Dimensions of Social Welfare Policy*(3th ed.). Englewood Cliffs, New Jersey: Prentice Hall.

Gilbert, N., & Terrell, P.(2002). *Dimensions of Social Welfare Policy*(5th ed.). Boston: Allyn & Bacon.

Quade, E. S.(1982). *Analysis for Public Decisions(3rd ed.)*. NY: North Holland.

CHAPTER 07

사회복지정책의 과정

학/습/목/표

- 여러 학자가 제시한 사회복지정책 과정의 단계를 이해한다.
- 정책의제 형성과 정책입안을 설명할 수 있다.
- 정책결정과 정책집행을 설명할 수 있다.
- 정책평가를 설명할 수 있다.

01 정책과정의 이론적 접근

정책은 복잡하고 동태적인 과정을 거쳐 이루어지며, 몇 단계의 연속적인 과정으로 이루어진다. 즉, 현재의 정책을 수정하거나 새로운 정책을 형성하려면 여러 단계의 과정을 거치게 된다. 이처럼 정책은 사회문제나 욕구가 이슈화되어 공적으로 논의됨으로써 정책의제로 형성되고, 여러 대안 중에서 하나가 선택되어 정책집행, 평가되는 과정을 거치게 된다(남기민, 2004: 131; 양정하 외, 2004: 171). 그러나 모든 사회복지정책이 이러한 일정한 순서로 전개되는 것은 아니다. 사회문제와 관련된 문제가 공적인 정책의제로 채택되지 못할 수도 있으며, 정책과정에서 방향이 변경되거나 보류·중단되는 일도 있다. 따라서 정책과정이란 형성단계에서부터 종결되기까지의 연속적 과정을 유형화한 일종의 추상적 과정이다(곽효문, 1995: 335).

이러한 일련의 과정은 학자에 따라 다양하게 제시된다. 〈표 7-1〉에서와 같이 칸(Kahn)은 계획의 시작, 탐색, 구체적인 과업의 정의, 정책의 형성, 프로그래밍, 평가와 환류의 여섯 단계로, 디니토(DiNitto)와 다이(Dye)는 문제규명, 정책

대안의 형성, 정책의 합법화, 정책집행, 정책평가의 다섯 단계로 설명한다. 또 앤더슨(Anderson)은 문제의 인식과 의제형성, 정책형성, 정책채택, 정책집행, 정책평가의 다섯 단계로, 길버트 등(Gilbert et al.)은 문제확인, 문제분석, 공중홍보, 정책목표의 개발, 공중지지형성과 정당화, 프로그램 설계, 집행, 평가와 사정의 여덟 단계로 설명한다.

〈표 7-1〉 학자별 사회복지정책 과정의 단계

학자	칸 (Kahn)	디니토와 다이 (DiNitto & Dye)	앤더슨 (Anderson)	길버트 등 (Gilbert et al.)
단계	1. 계획의 시작 2. 탐색 3. 구체적인 과업의 정의 4. 정책의 형성 5. 프로그래밍 6. 평가와 환류	1. 문제규명 2. 정책대안의 형성 3. 정책의 합법화 4. 정책집행 5. 정책평가	1. 문제의 인식과 의제형성 2. 정책형성 3. 정책채택 4. 정책집행 5. 정책평가	1. 문제확인 2. 문제분석 3. 공중홍보 4. 정책목표의 개발 5. 공중지지형성과 정당화 6. 프로그램 설계 7. 집행 8. 평가와 사정

이처럼 사회복지정책 과정의 단계에 대한 의견이 다양하지만, 어느 정도의 공통적인 내용을 담고 있다. 사회복지정책 과정이 문제의 인식에서 출발하여, 이를 기초로 구체적인 정책대안이 만들어지고, 만들어진 정책대안을 집행하고, 이를 평가하는 단계를 거치는 것으로 볼 수 있다. 따라서 여기에서는 사회복지정책의 형성단계를 ① 정책의제 형성, ② 정책입안, ③ 정책결정, ④ 정책집행, ⑤ 정책평가로 나누고, 과정 각각에 대해 구체적으로 알아본다.

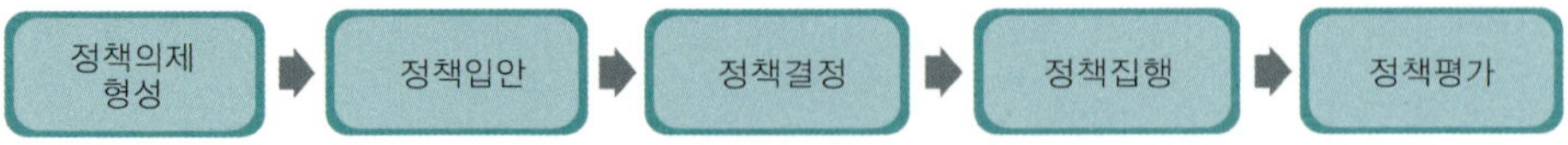

[그림 7-1] 사회복지정책의 형성과정

02 사회복지정책의 형성과정

1) 정책의제 형성

의제(agenda)는 일련의 정치적 논쟁거리로서 특정한 시기에 대중의 관심을 끌 만하다고 인식되는 문제 또는 기존 정부기구의 합법적 관할권에 속하는 문제이며, 정치체계의 구성원에 의해 간주되는 문제이다(Cobb & Elder, 1983: 14). 정책의제 형성은 정책의제 형성과정을 거치는데, 여기서 정책의제 형성은 사회문제로부터 시작된다. 그리고 정책의제 형성과정이란 국가에 의해 해결되어야 한다고 여겨져서 공식적으로 정책의제로 채택되는 일련의 모든 과정이나 행위를 말한다.

(1) 사회문제와 이슈(issue)화

사회문제는 산업화, 도시화와 깊은 연관이 있다. 다시 말하면, 산업혁명 이후로 급격하게 전개된 사회 변화의 결과로 인식될 수 있다. 그런데 사회문제가 되려면 다음과 같은 요건을 갖추어야 한다(박정호, 2003: 265-266).

첫째, 특정한 문제가 사회의 통념적 가치를 벗어나고 있어야 한다. 즉, 한 개인의 특별한 가치관에 어긋난다고 사회문제로 볼 수 있는 것은 아니고, 통상적으로 적용되거나 인정되는 사회적 가치나 규범을 벗어나는 것을 의미한다. 그러나 이러한 가치나 규범에 대해 모든 사람의 의견이 일치하는 것은 아니다. 예를 들면, 범죄행위에 대해서는 의견이 일치하지만, 음주문제에 대해 모든 사람이 부정적으로 생각하는 것은 아니다.

둘째, 상당수의 사람이 어떤 문제로 말미암아 부정적인 영향을 입어야 한다. 사람 다수가 특정한 문제로 말미암아 좋지 못한 영향을 받는 때인데, 이는 주관적이 아니라 객관적인 상황을 말한다. 즉, 현실적으로 그러한 피해를 보는 때를 의미한다.

셋째, 그 원인이 지진, 홍수, 태풍과 같은 자연적으로 만들어진 현상이 아니라, 인간관계와 인간이 만든 사회의 조직, 구조 등과 같이 인간이 만든 현상이어야 한다. 이는 어떤 문제가 사회문제인지, 자연재해 문제인지 가늠하는 기준이 될 수 있다. 그러나 현실적으로 이 구분이 명확하지 않은 때도 있다. 예를 들면, 빈곤 현상은 산업화 이전에는 일종의 천재지변의 하나였으나, 오늘날은 자원의 배분이 잘못된 결과로 빈곤 현상을 이해함으로써 이를 사회문제로 파악한다.

넷째, 사람 다수가 혹은 소수 영향력 있는 사람이 특정한 사회현상이 문제가 있는 것으로 생각해야 한다. 다시 말하면, 많은 사람이 좋지 못하다고 생각하거나 혹은 소수이더라도 대통령 등 고위 정책담당자, 매스컴, 전문가가 문제가 있다고 주관적으로 판단할 때에 특정 문제는 사회문제로 드러난다. 그런데 이는 어디까지나 주관적인 판단으로 위의 객관적인 피해 상황과 반드시 일치하지는 않는다.

지금까지의 서술을 요약하면, 사회문제란 '그 원인이 사회적이고, 사회적 가치에서 벗어났거나, 사람 다수가 사회현상에 대해 부정적인 영향을 받게 되는 것'이다. 그리고 '영향력 있는 사람이나 집단에 의해 사회에서 문제로 인식돼서 집단적 또는 사회적 행동을 통해 그에 대한 개선을 요구하게 되는 것'이라 하겠다. 그러나 사회문제는 다분히 주관적인 성격을 지니고 있다.

사회문제는 대부분 복합적인 원인에 의해 발생하는 것이므로 문제의 핵심을 분명하게 파악할 필요가 있다. 또한, 문제의 심각성 정도와 피해 집단 그리고 이해관계자와의 갈등을 고려하여 문제를 명확하게 규정할 필요가 있다. 왜냐하면, 국가가 사회문제를 해결대상의 정책문제로 받아들이는 것은 문제해결을 위해 필요한 자원과 비용이 손해를 입은 특정 개인이나 집단의 능력을 초과할 때로, 문제해결의 결과가 공공성이라고 판단될 때 정책적 해결을 의도하여 공식적으로 정책문제로 채택하는 것이기 때문이다. 따라서 국가에 의해 해결해야 할 것으로 명확히 규정된 사회문제를 정책의제로 논의되도록 하려면 정치적 논점을 부각시킬 필요가 있다. 이를 이슈화 전략이라고 하며, 구체적인 내용은 다음과 같다(박정호, 2003: 261-264; 강영실, 2006: 74).

첫째, 사회문제를 정치적으로 이슈화하려면 사회복지사와 문제를 가진 대상자가 직접 나서야 한다. 사회복지사와 그 피해 집단은 제기되는 문제의 내용과 해결의 필요성에 대해서 잘 알고 있기 때문에 해결하고자 하는 의지도 매우 강하게 표현할 수 있다. 특히 피해 당사자는 직접 문제를 가진 사람으로서 자신의 문제를 보다 구체적으로 이슈화할 수 있다. 그러나 때로는 무계획적인 방법으로 자신의 문제를 이슈화할 수가 있기 때문에 당사자보다 사회복지사의 역할이 더 중요하다고 할 수 있다. 그들의 문제를 잘 파악하는 사회복지사는 계획적인 관심집중 등이 가능하기 때문에 사회문제를 이슈화시킬 최적의 사람이라 할 수 있다. 사회복지사는 사회문제를 이슈화시키는 과정에서 클라이언트를 대신하여 언론과 정치인을 동원하는 역할, 클라이언트와 국가 간의 관계 속에서 조정하는 역할 등을 담당할 수 있다. 즉, 사회문제를 이슈화시켜 일반 국민의 관심과 정책결정자의 관심을 함께 끌어 사회·정치적으로 논의하게 하여 정책의제로 형성되도록 한다.

둘째, 문제의 이슈화 과정에서 언론과 정치인의 역할을 활용해야 한다. 언론은 국민의 관심을 집중시키는 데 큰 영향력을 발휘하는 집단이고, 정치인은 정치적인 이유에서 사회문제에 관심을 보이거나 이슈를 제기할 수도 있다. 다만, 다른 문제가 발생하면 관심을 그쪽으로 바꿀 수 있다는 한계가 있고, 정치인은 사회문제를 의제화하는 데 있어서 정치적으로는 자신의 이익을 위해 대안을 제시하는 예도 있다. 이러한 것은 앞으로 정책의 방향이나 성격 혹은 그 내용이 문제를 가진 개인이나 집단의 기대에 미치지 못할 수도 있다. 그러나 대체로 언론에서 제기하는 사회문제에 대해 국가는 적극적이고, 진지하게 해결의 필요성을 인식하여 대책을 세우게 된다.

(2) 정책의제 형성과정

여기서 말하는 정책의제(policy agenda)란 무엇일까? 코브(Cobb)와 엘더(Elder, 1983)는 정책의제란 "일련의 정치적 논쟁거리로서 특정한 시기에 대중의 관심을 끌 만하다고 인식하는 문제 또는 기존 국가기관의 합법적 관할권에 속하는 문제이며, 정치체계의 구성원에 의해 간주하는 문제"라고 하였다.

정책의제 형성과정을 존스(Jones, 1977)는 인식과 정의→결합과 조직→대표→의제설정의 네 가지 기능적인 활동으로 설명한다. 또 앤더슨(Anderson, 1984)은 사적문제→공적문제→이슈→체계적 의제→제도적 의제의 네 단계로 설명한다. 즉, 사적·개인적 문제가 공공의 문제가 되고, 공공의 문제는 다시 사회적인 이슈가 되며, 사회적인 이슈가 체제 의제로 되고, 체제 의제가 제도적 의제가 됨으로써 의제형성 과정이 종결된다고 보았다.

그리고 코브와 엘더(1971, 1983)를 따르면, [그림 7-2]에서와 같이 정책의제 형성과정은 문제제기에서 시작하여 정책의제화로 종결되는 여섯 단계로 설명한다. 이때 문제제기 집단은 불만족스러운 상태에 있는 개인이나 집단이 이슈를 문제화하고, 이슈화된 문제는 대중매체를 통해 대중에게 확산한다. 그리고 이는 국가의 관심을 받으면서 정책담당자의 논의가 이루어지면서 정책의제가 형성된다.

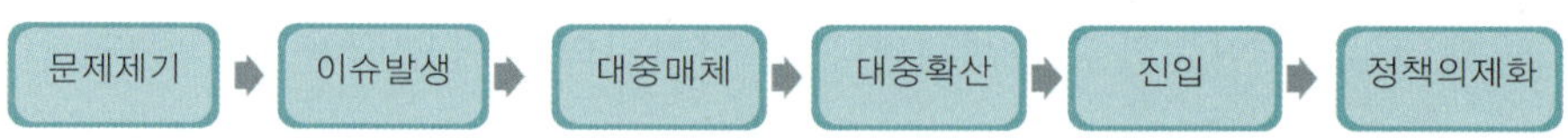

[그림 7-2] 코브(Cobb)와 엘더(Elder)의 정책의제화 모형

코브와 엘더의 정책의제화 모형에 대해 좀 더 살펴보자. 이들의 모형을 따르면, 사회문제를 이슈화하고 국가의 정책의제로 선택되게 하려면 절대적으로 대중의 참여와 정당화 과정을 거쳐야 한다. 사회문제를 사회적으로 이슈화하는 과정에는 대중의 관심을 유도하기 위한 사회·경제·정치적 사건인 이슈촉발장치가 있어야 한다. 또한, 특정 문제에 관심과 여론을 환기시키는 행위를 하는 시민운동가, 정치가, 특정 집단 등의 이슈주도자도 있어야 한다.

그런데 이슈촉발장치와 이슈주도자가 없어 대중의 관심이 부족하거나 문제에 대한 지식이 부족할 때는 정책의제 형성이 이루어지지 않을 수도 있다. 다만, 국가가 스스로 문제를 이슈화하여 국가에 의해 대중에게 확산시키면서 자동으로 정책의제화가 되도록 하거나, 대중에게 문제를 인식시키지 않은 상태에서 국가가 주도하여 정책안이 제기되고, 구체적인 정책으로 논의될 수도 있다. 그러나 이는 정치적인 이유에서 관심을 기울이게 될 때만 가능하기 때문에 문제를 정의하고 이슈화시키는 과정에서 이슈촉발장치와 이슈주도자는 반드시 필요하다(Cobb & Elder, 1983).

그리고 사회적으로 이슈화된 문제가 국가기관으로 진입하면 국가는 공식적으로 그 해결을 위해 노력할 것임을 대중에게 알리게 된다. 이때 정책의제 형성과정에서 의제로 채택되는 문제가 많을 때는 국가기관이 국가의 자원 및 예산 등으로 말미암아 정책의제가 된 모든 문제를 한 번에 해결할 수 없어 우선순위를 정하게 된다. 이때 사회·경제·정치적 이해관계 등을 고려하여 우선순위를 정하지만, 이해관계자 간에 갈등관계가 생길 수도 있다. 또한, 정책의제의 우선순위를 설정하는 데 주요한 요인은 누가 정책의제를 설정하는가이다. 따라서 정책의제 형성과정에 참여하는 사람은 서로 자기에게 유리한 의제가 형성되고 정책으로 결정되도록 하려고, 여론을 형성하고 단체를 결성하는 등 적극적으로 참여하게 된다. 그리고 대중의 지지와 정치적 지지가 형성될 수 있도록 문제의 심각성을 홍보, 규명, 고발 등의 노력을 한다. 여론형성의 수단으로 언론을 이용하여 대중과 정책결정자를 상대하기도 한다.

(3) 정책의제 형성과정에 영향을 미치는 요인

어떠한 문제나 요구가 사회적인 문제로 대두하고, 이러한 사회문제가 정책의제로 설정되어 논의되기까지의 의제 형성과정은 다양한 요인에 의해서 영향을 받는다. 그러한 영향으로 말미암아 상당수의 사회문제는 국가의 정책의제 대상에서 제외될 수 있다는 것은 앞에서도 기술한 바 있다. 반면, 종종 어떤 사회문제는 갑작스런 요인에 의해 바로 정책의제로 설정되고 집행되는 일도 있다. 이러한 과정에는 수많은 요인이 작용하게 되는데, 그 결과 이러한 다양한 요인은 정책의제 형성과정에 직·간접적으로 많은 영향을 미쳐 정책의제 형성을 촉진 또는 억제하는 역할을 한다. 어떤 사회문제가 심각한 상황에 있고, 그 영향력에 대해서 심각하다고 느끼는 경우라 하더라도 그 문제에 대한 해결책이 없을 때는 정책의제로 채택되기 어렵다. 따라서 정책의제로 채택되기를 원하는 문제가 있을 때 그 문제의 성격유형과 해결방법까지 함께 제기하면 정책의제로 채택될 가능성이 클 것이라고 짐작할 수 있다.

따라서 정책의제로 설정되기를 원하는 문제가 ① 매우 구체적이고 이해가 쉬울수록, ② 사회적으로 관심이 높고 사회에 미치는 영향력 정도가 클수록, ③ 오랫동안 누적되어온 것이거나 앞으로 장기적인 고통을 주는 것일수록, ④ 유사한 선례가 많았던 것일수록, ⑤ 관련되는 이해관계자가 많아 문제가 포괄적일수록, ⑥ 해결방법까지 제시한다면 정책의제화가 될 가능성이 아주 크다(Cobb & Elder, 1972: 96-124). 한편, 앤더슨(1984)은 이슈가 정책의제로 설정되는 데 결정적인 영향을 미치는 요인으로 ① 집단의 균형에 대한 위협, ② 정치적 지도력, ③ 위기 또는 큰 사건, ④ 시위활동, ⑤ 매스컴의 보도 등을 제시하였다(양정하 외, 2004: 176).

2) 정책입안

정책입안 과정은 이슈화된 사회문제와 상황을 파악하고, 해결책으로 제시되는 정책이 가져올 결과에 대해 미리 예측하면서 목표를 설정하게 된다. 그리고 주어진 목표달성을 위한 다양한 방법의 수단을 취한다. 또한, 각각의 것을 비교분석하여 가장 바람직하며, 최선의 것을 선택하여 입안하게 되는 것이다(강영실, 2006: 78-79). 정책입안 과정에는 주로 ① 점진적 방법, ② 브레인스토밍 방법, ③ 델파이 방법, ④ 미래예측 방법 등을 사용한다.

첫째, 점진적 방법은 기존의 정책을 수정하는 방법이다.

둘째, 다양한 아이디어(idea)를 제안하는 브레인스토밍(brainstorming) 방법은 새로운 아이디어와 목표 등을 개발하게 된다.

셋째, 문제 또는 해결방법에 대한 선례가 없어서 예측할 수 없는 상황에 부딪쳐 있을 때 주로 사용하는 델파이(delphi) 방법이다. 이 방법은 전문가의 토론과정을 통해 의견을 서로 교환하고 발전시킴으로써 광범위한 지식을 얻게 되고 그에 따라 공동의 의견을 따르게 된다.

넷째, 미래예측 방법은 과거의 유사한 상황을 통해 가능한 문제와 상황을 추정하면서 가능한 일을 추측해가는 방법이다.

이처럼 정책입안 과정에서는 위에서 제시한 방법을 비교분석하면서 최선의 것을 선택하게 된다. 이때 ① 비용편익분석과 ② 비용효과분석을 가장 많이 고려한다.

첫째, 비용편익분석이란 사회정책, 서비스 그리고 프로그램의 직·간접적인 비용과 편익을 화폐 가치로 환산하고, 하나의 방법에 투입될 비용과 편익을 추정하여 비교하는 것을 의미한다.

둘째, 비용효과분석이란 정책목표를 달성하려는 해결방법을 선택하는 과정에서 비용과 편익을 고려하기는 하지만, 이들을 화폐 가치로 측정하지는 않는다. 다만, 서비스를 실행할 때 총 비용과 총 효과를 비교하여 여러 해결방법 중에서 하나를 선택할 수 있게 하는 것을 의미한다. 따라서 화폐 가치와는 무관하게 정책이나 프로그램이 적은 비용을 소유하게 되는 것을 선택하게 된다.

3) 정책결정

정책결정은 정책과 결정의 합성어로서 여러 가지 제약조건 속에서 실현하고자 하는 행정목표를 보다 구체화하는 과정이며, 문제해결을 위한 대안의 작성과 가장 바람직하게 실현할 대안을 선택하는 것이라 할 수 있다. 오늘날 사회문제에 대한 국가의 책무성이 증가함에 따라 사회복지정책의 결정은 국가의 복지환경에 지대한 영향을 미칠 수 있는 가장 중요한 요인으로 작용하고 있다. 따라서 만일 사회복지정책의 결정이 잘못되었을 때 그 정책의 직접적인 관련자 피해는 물론이고, 사회·경제적인 손실은 실로 막대할 것이다. 이것이 바로 정책결정의 중요성이 존재하는 이유이다.

정책결정의 개념에 대해 케이든(Caiden, 1982: 51)은 "사회적 문제를 공적으로 해결하기 위한 기본 방향을 설정하는 것"으로 정의하며, 드로어(Dror, 1968: 12)는

"다양한 인자가 다른 작용을 하는 복잡한 동태적인 과정으로서 주로 국가기관에 의하여 장래의 활동지침을 결정하는 것을 목적으로 하는 것"으로, 이러한 지침은 "최선의 가능한 방법을 통해 공익 달성할 것을 목적으로 한다."라고 정의한다. 이러한 정의를 참조하여 정책결정을 정의하면, 정책결정이란 정책결정자가 정당성과 권위를 갖고 문제해결이나 정책목표의 달성을 위해 여러 대안 중에서 하나를 선택하는 행위이다. 이제부터 정책결정 모형과 정책결정 과정을 살펴본다.

(1) 정책결정 모형

정책결정에 관한 모형은 정책결정이 어떻게 이루어지는가를 설명하기 위해서 고안된 것이다. 지금까지 여러 가지 모형이 제시되었으나 여기에서는 ① 합리모형, ② 만족모형, ③ 점증모형, ④ 혼합모형, ⑤ 최적모형, ⑥ 쓰레기통모형, ⑦ 공공선택모형 등에 대해 살펴본다(최성재·남기민, 2000: 213-217; 남기민, 2004: 138-143; 박주현·임상록, 2009: 63-69).

① 합리모형

합리모형은 20세기 경제학자들이 많이 선호하였던 모형으로 인간은 합리성에 근거하여 결정하고 행동한다는 전제를 가진다. 즉, 정책결정자는 합리적 인간으로서 문제를 해결하기 위한 모든 대안을 작성하고, 예상되는 각 대안의 결과를 모든 가능한 정보를 수집·분석하여 각 대안을 비교·평가함으로써 최선의 대안을 선택한다. 그러므로 정책결정자는 조직의 이익을 극대화하고, 비용을 최소화하려는 경제적 목적에 따라 완전히 합리적인 결정을 한다. 이렇게 하려면 정책결정자는 합리적 사고, 합리적 행동만을 할 것이 요구되는 규범적·이상적 성격을 가지고 있어야 한다. 그러나 현실적으로 완전히 합리적인 인간상을 기대하기 어려워서 완전성에 가까운 정책결정을 추구하는 것도 합리모형으로 본다. 따라서 최적의 정책결정을 목표로 완전한 자료와 정보수집, 체계적이고 완벽한 평가를 추구하는 과학적 관리도 합리모형의 일종이다.

이처럼 합리모형은 합리적 최적 대안이 선택될 가능성 여부에 관계하지 않고,

이러한 선택이 이루어지도록 최대의 노력을 기울이는 데 중점을 둔다. 따라서 더 나은 정책결정에 이바지할 수 있고, 합리성에 대한 저해요인을 규명하는 데 도움을 준다. 그러나 합리모형은 다음과 같은 비판을 받는다. 첫째, 모든 정보를 동원하여 대안을 비교·평가할 수 있다고 하지만, 그렇게 하기에는 인간의 능력은 한계가 있고, 너무 긴 시간이 필요하며, 대안의 결과는 장래에 나타나므로 완전하게 예측하는 게 거의 불가능하다. 둘째, 이성적이고 합리성이 있는 정책결정자도 현실적인 여러 제약 요건으로 말미암아 환경과 타협을 통해 어느 정도 만족할 만한 수준에서 노력을 그칠 수밖에 없다. 셋째, 현실적으로 어떤 대안이 합리모형에서 말하는 합리적 절차에 의해 최선의 것으로 판명되더라도 다른 대안이 과거에 채택·실시되어 이미 많은 자원이 투입되었다면, 합리적인 새 대안으로 채택하기보다는 과거의 그 대안을 계속 채택하는 예도 있다.

② 만족모형

만족모형은 합리모형의 현실적 제약점을 극복하기 위해 제시된 모형으로 합리모형과 같은 완전무결한 합리성이 아닌 제한된 합리성에 기초한다. 즉, 현실적으로 만족할 만한 대안의 선택에 강조점을 두는 현실적·실증적 접근방법에 기초한다. 만족모형은 인간의 합리성보다는 조직 내 인간의 심리적 측면을 중요시하는 개인적·행태론적(行態論的) 정책모형이라 할 수 있다. 만족모형에 의하면 정책결정자가 어떤 결정을 할 때 반드시 최적의 안을 추구한다고 볼 수 없으며, 현실적·주관적 관점에서 만족할 만한 최적의 안을 선택하는 데 그치게 된다.

그러나 만족모형은 다음과 같은 비판을 받는다. 첫째, 개인의 의사결정 문제를 설명하려는 의도에서 나온 모형이기 때문에 이 모형을 그대로 국가의 정책결정에 적용하기에는 무리가 있다. 둘째, 지나치게 주관적이라는 비판을 모면하기 어렵다. 즉, 어느 정도 현실적으로 만족할 만한 수준에서 선택된 대안이 어느 정도 심리적 만족을 주면 된다고 하지만, 그 만족의 정도라는 게 결국 주관적인 판단으로 객관성이 없다. 셋째, 만족모형에 의해 어떤 대안이 선택된다고 하더라도 그러한 대안은 다분히 현실만족적인 것이며, 습관적으로 이루어지기 때문에 보수적인 성격을 띠게 되고, 급격히 변화하는 상황 속에서 더욱 혁신적인 문제해결을 요구할 때 적용에 무리가 있다.

③ 점증모형

점증모형은 목표달성을 위해 여러 대안을 평가하여 최적의 안을 선택하는 방법과는 달리 기존의 정책이나 결정을 일단 긍정적으로 받아들이고, 이것보다 약간 향상된 대안에 대해서만 부분적·순차적으로 탐색하여 정책결정을 하는 현실적·실증적 접근방법에 기초한 모형이다. 이 모형은 인간의 지적 능력의 한계와 정책결정 수단의 기술적 제약을 인정한다. 또 정책결정 과정에서 대안의 선택이 종래의 정책이나 결정의 점진적·세부적·순차적 수정이나 약간 향상된 수준에서 이루어지는 것이 일반적인 현상이다. 그리고 이 모형은 현재 상황에 가장 저항을 적게 받고 문제를 효율적으로 해결할 수 있다는 장점을 가지고 있어 실제로 이러한 모형이 이용되는 때도 있다.

그러나 점증모형은 다음과 같은 비판을 받는다. 첫째, 정책결정의 정치성을 지나치게 강조한 만큼 정책의 과학성은 떨어진다. 둘째, 미래에 변화할 인간의 능력에 대해 회의적인 입장을 갖지만, 오늘날 급속히 발전하는 정보처리기술은 인간의 지적 능력에 대한 한계를 지속적으로 확장시켜 그 끝을 가늠할 수 없다. 셋째, 현실을 긍정하고 혁신을 배제한다는 면에서 보수주의로 빠지기 쉬우며, 안정과 균형이 상대적으로 유지되고 있는 사회라면 몰라도 혁신이 요구되는 발전 지향의 사회에 적용하기에는 무리가 있다.

④ 혼합모형

혼합모형은 앞서 설명한 합리모형과 점증모형의 한계를 최대한 극복한 모형이다. 합리모형은 환경에 대한 정책결정자의 지배능력을 과신하는 이상주의적 성격이 농후하며, 반대로 점증모형은 그러한 인간의 능력을 과소평가하여 보수주의적 성격이 강하다. 혼합모형은 합리모형이 요구하는 이상적인 합리성을 현실화시키는 동시에 점증모형이 가지는 보수성을 극복함으로써 단기적인 변화에 대처하고, 장기적인 안목을 동시에 가질 수 있는 장점이 있다. 즉, 인간의 정보수집과 처리능력의 한계와 현실적 제약을 인정하면서 기본적으로 문제를 전체적이고 체계적으로 검토한다. 그러고 나서 이상이 있다고 판단되는 것에 초점을 맞추어 현실적인 제약의 한계 내에서 가능한 모든 대안을 개발하여 효과성과 효율성이 경험적으로 가장 높을 것으로 생각되는 대안을 선택한다.

이처럼 혼합모형은 모든 가능한 대안을 체계적으로 검토하지 않고, 현실적인 제약 속에서 가능한 대안만 검토한다는 점에서 합리모형의 한계를 극복하였다. 또한, 현재 문젯거리가 되지 않는 사항도 전반적으로 검토한다는 점에서 점증모형의 한계도 극복하였다. 따라서 이 모형은 잠재적 사회문제나 욕구에 대처하는 것을 중요시하는 사회복지조직의 기획과 의사결정에 활용할 가치가 있다. 그러나 혼합모형도 다음과 같은 비판을 받는다. 첫째, 새로운 모형이 아니라 극단적으로 대립하는 두 모형, 즉 합리모형과 점증모형을 적당히 혼합하여 절충한 모형에 불과하다. 둘째, 언제나 이러한 순서와 절차에 따르기에는 현실적으로 무리가 있다.

⑤ 최적모형

최적모형이 나온 배경은 점증모형이나 만족모형이 띠는 보수적 성향에 대한 거부감이 가장 큰 요인이다. 이 모형이 합리모형과 점증모형의 혼합이라는 점에서는 앞의 혼합모형과 비슷한 모형이라 하겠다. 그러나 혼합모형이 합리모형과 점증모형을 단순하게 산술적으로 합친 반면에, 최적모형은 경제성과 합리성을 포함하여 직관, 판단, 창의와 같은 '초합리적인 요인'을 동시에 고려하는 최적 수준의 규범적 모형이다. 이 모형에서 정책결정의 질적인 적정화의 달성은 정책결정자의 지적인 합리성의 고려만으로는 어렵고, 불가피하게 잠재의식인 초합리적인 요인을 개입해야 한다.

드로어(1968)가 제시한 최적모형의 특징을 요약하면 다음과 같다. 첫째는 합리적 요인을 고려함과 동시에 비합리적 요인도 중요시한다. 둘째는 계량적이라기보다는 질 위주의 모형이다. 그 이유는 최적 수준의 개념을 경제적·계량적인 측면과 더불어 정치적으로 동원 가능한 투입물과 약정된 산출물 간의 관계에서 찾으려고 한다. 셋째는 경제적 이익이나 산출의 극대화를 대안선택의 척도로 삼는다. 즉, 의사결정의 각 단계에 투입하는 자원은 가장 경제적으로 하고, 산출을 증가할 수 있다면 이를 개선해야 한다. 넷째는 의사결정 과정에 큰 의미를 부여하는 방법론을 중시하고 환류를 강조한다.

최적모형은 '초합리성'이라는 개념을 도입하여 합리모형을 체계적으로 발전시키는 데 크게 이바지하였다. 또한, 사회적 변동 상황에서 혁신적 정책결정이 거시적(macroscopic)으로 정당화될 수 있는 이론적 근거의 발판을 만들었다는 점은 높은 평가를 받는다. 그러나 정책결정에서 사회적 과정에 대한 고찰(study)이 충분하지 않고, '초합리성'의 개념 정의가 명확하지 않아 유토피아적 이상주의(utopianism) 모형이라는 비판을 받는다.

⑥ 쓰레기통모형

쓰레기통모형은 정책결정이 합리성, 협상, 타협 등을 통해서 이루어지는 것이 아니라, 조직화한 혼란 상태에서 나타나는 몇 가지 흐름에 의해 우연히 이루어진다고 본다. 즉, 정책결정 과정은 네 가지 흐름으로 구성되어 있으며, 이러한 네 가지 흐름이(마치 온갖 종류의 쓰레기가 우연히 하나의 쓰레기통 속에 모여지듯이) 서로 다른 시간에 각각 통속에 들어와 우연히 동시에 합쳐질 때 정책결정이 이루어진다. 여기서 네 가지 흐름이란 첫째는 정책결정권자가 정책결정을 선택할 기회를 뜻하는 선택기회의 흐름, 둘째는 사회적 이슈로 드러나 해결을 요하는 정책문제의 흐름, 셋째는 문제를 해결하는 방안으로서의 정책대안의 흐름, 넷째는 정책결정 과정에 참여하는 참여자의 흐름을 뜻한다.

주입물의 특수한 혼합에 의한 정책결정은 조직구조, 조직의 문화적·규범적 맥락, 조직구성원의 개인적 속성과 그들의 신조·희망·사용할 수 있는 시간·관심의 범위 등에 의해 영향을 받는다. 즉, 조직구조는 주입물의 출발과 도착시각, 각 참가자가 정책결정에 미치는 힘 그리고 여러 주입물 간의 연결에 영향을 미친다. 조직의 문화적·규범적 맥락은 특정한 문제·해결·참여의 양과 선택기회에 대한 편견을 조성한다. 조직구성원의 각종 속성은 쓰레기통의 내용물과 형상에 영향을 미친다.

이 모형에서 가정하는 조직화한 혼란 상태는 오늘날 공공조직, 교육기관 등에서 쉽게 발견할 수 있는 것인 만큼 그 실용성이 인정된다. 그러나 그러한 상태가 특정 조직의 모든 정책결정 행태에서 나타나는 것이 아니라, 일부의 조직이나 일시적으로 나타나는 정책결정 행태라는 비판을 받는다.

⑦ 공공선택모형

공공선택모형은 주로 국가의 재정부문 정책결정에 활용 가능한 모형이다. 따라서 이 모형은 바람직한 민주적 의사결정이 어떻게 이루어져야 하는지에 대한 내용을 중요하게 다룬다. 그리고 공공선택모형을 이해하려면 모형의 기본전제와 특징을 알아보면 된다.

이 모형의 기본전제는 다음과 같다. 첫째, 각 개인은 민간부문에서처럼 공공부문에서도 자기이익을 극대화하려고 한다. 이러한 이기적인 개인이 공동 참여하여 정책을 결정하는 것이 정치과정이며, 이때에도 개인은 각자의 이익을 극대화하고자 노력한다. 따라서 집합적 정책결정이 가장 바람직하다. 여기서 집합적 정책결정이란 정보의 제공, 설득과 합의, 정치적 타협 등을 위한 정치적 비용을 극소화하는 일이다. 둘째, 특히 정치인은 공익(公益, public interest)보다는 사익(私益, interest)을 증대코자 하는 바 국가재정은 적자가 된다. 따라서 공공정책의 결정은 이에 참여하는 국민의 수가 많을수록 효율적이고 민주적이다.

그리고 이 모형의 특징은 다음과 같다. 첫째, 의사결정의 파급효과를 강조한다. 즉, 하나의 의사결정이 이루어지면 이것의 영향은 단순히 정치·행정체제 내부에만 머무는 것이 아니라, 사회의 모든 부문에 영향을 미친다. 둘째, 전통적인 경제적 인간이 아닌 '의사결정자로서의 개인'을 분석 단위로 가정한다. 즉, 개인은 각자 다른 취향을 가지고 있기 때문에 여러 정책대안에 대해 우선순위를 정할 수 있는 능력을 갖춘다. 또한, 각자의 취향에 따라 가장 많은 이익을 줄 수 있는 전략을 선택할 수 있다. 셋째, 국가기관이 제공하는 각종 공공재화와 용역(service)을 중요시하는 것으로, 사적 부문의 재화와 용역과는 그 성격이 완전히 다르다. 즉, 사적 부문에서 어떤 사람이 재화와 용역이 필요하여 돈을 냈다고 가

정해 보자. 이때는 돈을 낸 사람만이 사용할 수 있는 독점적 권리가 보장된다. 그러나 공적 부문에서는 어떤 사람이 공공재화와 용역이 필요하여 돈을 냈다고 하더라도 독점적으로 사용할 수 없다. 예를 들어, 국민이 낸 세금으로 고속도로를 건설했다고 가정해 보자. 이때 세금을 낸 사람에게는 고속도로를 사용할 수 있게 하고, 세금을 내지 않은 사람에게는 고속도로를 사용하지 못하게 할 수 있겠는가? 이처럼 공공선택모형에서는 재화와 용역에 대해 사적 부문에서의 경제 논리를 그대로 적용해서는 안 되며, 재화와 용역의 공공성을 강조한다.

(2) 정책결정 과정

정책의 내용은 주로 정책목표와 정책수단으로 구성되어 있으므로 합리적으로 정책을 결정한다는 것을 다르게 표현하면, 정책목표와 정책수단을 합리적으로 결정한다는 것을 의미한다. 정책결정 과정은 앞으로의 활동지침으로 공익을 기준으로 삼고 결정하는 것으로 의사결정과는 그 개념이 다르다.

한편, 정책결정은 문제해결을 위해 제시된 여러 정책대안 중에서 정책결정자가 집단 간의 이해관계와 이해득실을 따져서 결정하는 때도 있고, 해당 문제뿐만 아니라 전반적인 시각에서 그와 관련한 다른 문제와 정책과의 관계 등을 함께 살펴서 결정하는 때도 있다. 이럴 때는 이해관계에 있는 사람이나 집단의 기대에 미치지 못할 수도 있다. 이처럼 정책결정 과정은 여러 이해집단 간의 갈등이 수반되는 매우 복잡한 과정이지만, 일반적으로 ① 문제의 인지와 목표설정, ② 정보의 수집과 분석, ③ 대안의 탐색과 평가, ④ 최선의 정책대안 선택 등의 네 과정을 거친다.

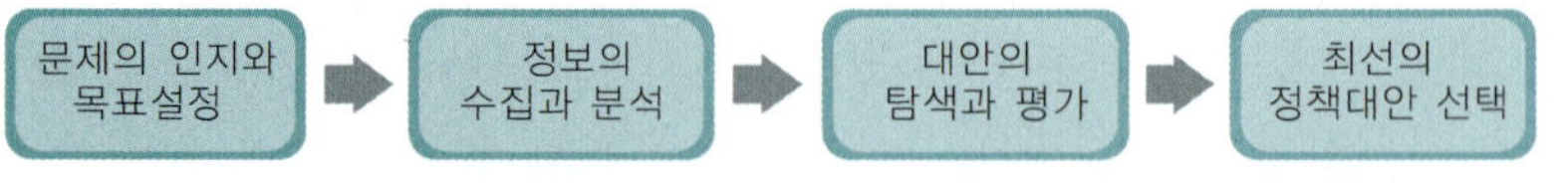

[그림 7-3] 사회복지정책의 결정과정

① 문제의 인지와 목표설정

정책결정자가 어떤 문제나 요구를 문제로 받아들이고, 정책을 통해 해결하려는 의욕과 태도를 보일 때 정책결정은 이루어진다. 물론 해결해야 할 문제를 파악하기가 결코 쉬운 일은 아니다. 이 시점에서 정책문제를 분명하게 분석하고 파악하는 것은 정책의 바람직한 결정을 위해서 필수적이다. 즉, 문제를 명확하게 파악함으로써 그 문제를 해결하기 위한 바람직한 정책목표가 설정되고, 이러한 방향제시를 통해 문제의 해결을 더욱 효과적 또는 효율적으로 할 수 있기 때문이다(양정하 외, 2004: 178).

정책목표란 정책을 달성하고자 하는 바람직한 미래의 상태이다. 따라서 목표설정은 대안을 선택하는 기준점이 된다. 아울러 정책목표는 정책을 통하여 실현하고자 하는 이상적인 상태로서 정책의 궁극적인 방향을 의미한다. 이렇게 정책목표를 설정하는 과정은 바람직한 방향을 제시하는 과정이기 때문에 매우 중요한 기준설정의 과정이다. 이때 목표를 상위목표와 하위목표 등 계층적으로 분류하면 대안을 선택하는 과정과 실행하는 과정이 더 쉬울 수 있다(박주현·임상록, 2009: 70).

② 정보의 수집과 분석

정책문제를 명확하게 분석하여 정책목표가 설정된 다음에는 정책과 관련된 정보의 수집과 분석과정을 거친다. 정책정보란 정책과정 전반에 걸쳐 각 정책활동에 유용하도록 구성된 자료이며, 모든 목표 지향적인 조직의 생존을 위해 필수적이다. 즉, 정보는 정보 사용자에게 유의한 형태로 처리된 자료이며, 동시에 현재 또는 미래의 결정에서의 실제적 또는 인지되는 가치에 관한 것이다. 정책정보는 정책결정자로 하여금 구체화한 정책문제를 해결하기 위한 각종의 정책대안을 작성, 선택, 평가, 예측하는 데 필요하다. 또한, 정책정보는 정책결정자에게 유용한 지식을 제공함으로써 궁극적으로는 합리적이고 효과적인 정책을 결정할 수 있도록 하는 기능을 한다(안해균, 1984: 275).

③ 대안의 탐색과 평가

수집한 정보의 분석에 의한 자료와 정보를 활용하여 문제의 해결이나 목표달성을 위한 대안의 탐색과 평가과정을 거친다. 대안의 탐색은 문제의 해결이나 목표달성 가능성이 있는 모든 대안을 포함한다. 이렇게 하여 여러 대안을 작성하고 각 대안의 장·단점, 실행 가능성, 비용편익·비용효과분석 등의 계량적 방법으로 평가하고, 다음 단계인 대안의 선택과정으로 넘어간다.

④ 최선의 정책대안 선택

정책결정의 마지막 단계로 탐색과 평가한 여러 대안을 비교·분석하여 정책결정자가 이 가운데 가장 바람직한 대안을 선택한다. 정책대안의 결정에 가장 중요한 개념 중 하나는 정책가치의 최고기준이라 할 수 있는 공익이다. 그러므로 정책결정자의 자의(自意)나 사익이 아닌 공익에 충실한 결정이 바람직한 정책결정으로 나타난다.

(3) 정책결정자에게 영향을 미치는 요인

하나의 대안을 정책으로 결정할 때 중요한 것은 정책결정자의 분명한 가치와 기준선이라 하겠다. 왜냐하면, 정책결정자가 정책결정을 할 때는 내·외부에서 여러 요인에 의거 영향을 받게 된다. 즉, 사회·경제·정치적 상황, 여론, 압력 등이 정책결정에 큰 영향을 미친다. 따라서 정책결정자가 어떠한 생각을 하고 있으며, 어떠한 입장을 취하는가에 따라 그 결과는 다르게 나타날 수 있다. 정책결정자에게 영향을 미치는 요인을 앤더슨(1984)은 다음과 같이 제시한다(강영실, 2006: 81-82).

첫째, 정책결정자의 가치기준이 정책결정의 기준이 된다. 자신이 소속한 정당에서 중요하다고 여기는 가치나 정당의 정치적 목적달성, 정책결정자 개인의 사회적 지위보호 등에 가치를 두고 정책대안을 선택할 수가 있다. 또한, 정책결정자의 정치적·개인적 이익뿐만 아니라 공공의 이익이 중요한 정책결정 기준이 되기도 한다. 그리고 개인적 신념이나 이념을 정책결정의 지침으로 삼아 정책결정을 하기도 한다.

둘째, 여론이 정책결정의 기준이 된다. 그러나 때로는 정책결정자가 여론에 영향을 미쳐 여론을 조작하기도 한다. 즉, 마치 정책결정자 개인의 의견이 전체 여론으로 인식되도록 하는 것으로, 이것은 정책결정자와 여론 간에 상호작용관계가 존재함을 뜻한다.

셋째, 지역 이익이 정책결정의 기준이 된다. 행정관료는 자신의 정치력 유지를 목적으로 지역 내 이익집단과 좋은 관계를 형성하기 위해 노력하는 경우가 많다. 따라서 정책결정 과정에 이익집단의 이익을 대변함과 동시에 자신의 이익을 보호하려는 경향이 있다.

4) 정책집행

정책의제가 형성되고 대안이 선택되어 정책이 결정되면, 문제의 해결이나 정책목표의 달성은 저절로 이루어지는가? 이에 대한 대답은 '그렇지 않다.'이다. 아직 실행이 안 된 정책 그 자체는 정책으로서의 아무런 가치가 없다. 이처럼 정책은 집행과정을 통해야만 결과를 얻을 수 있기 때문에 정책집행을 정책형성 과정의 핵심이라 하겠다.

그렇다면, 정책집행의 개념은 무엇일까? 정책집행이란 '결정된 정책을 구체화해 나가는 과정으로서 의도하였던 정책문제를 해결하는 실현과정'이다. 즉, 의도된 정책목표를 달성하기 위해 결정된 사항을 구체화하는 모든 활동을 의미한다. 그러나 이러한 일반적인 개념 이외에도 정책집행의 ① 관리 기술적 측면만을 강조하는가, 혹은 ② 정치적 성격을 인정하는가에 따라 그 의미는 다음과 같이 다르다.

① 관리 기술적 측면에서의 정책집행의 의미: 정책결정은 가치가 개입하는 정치적 과정이지만, 정책집행은 가치가 배제되는 기술적 과정으로서 결정된 집행을 기계적으로 수행하는 것이다.

② 정치적 성격을 인정하는 측면에서의 정책집행의 의미: 정책집행 과정은 여러 참여자 간의 상호작용 과정이며, 참여자 간의 협상과 타협을 통해서 원래의 정책목표를 왜곡시키기도 하고, 정책집행을 지연시키기도 한다. 또한, 때에 따라서는 정책목표를 실현하지 않기도 한다. 이러한 점에서 볼 때 정책집행은 여러 사회세력의 세력관계를 반영해 주는 과정이다.

(1) 정책집행 과정

일반적으로 정책집행 과정은 ① 정책지침개발, ② 자원 확보, ③ 적용, ④ 감시와 감독 등 네 단계를 거쳐 이루어진다.

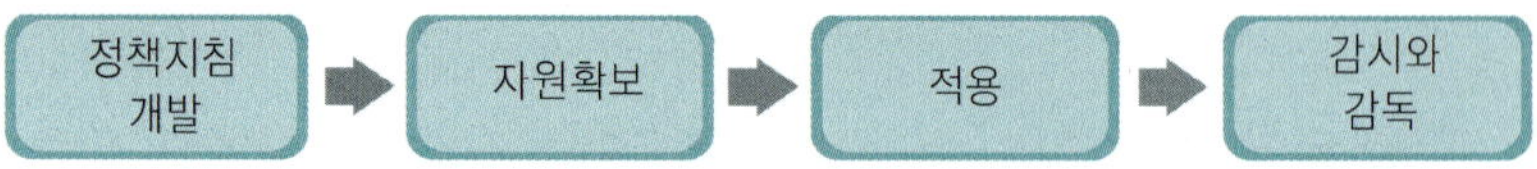

[그림 7-4] 사회복지정책의 집행과정

① 정책지침개발

정책지침개발단계는 정책집행기관이 개괄적인 기본정책을 구체적인 집행 상황과 정책대상 집단의 제반 특성에 맞추어 실천적으로 재해석 또는 구체화하는 작업을 하게 된다. 즉, 기본정책을 구체적인 집행 상황과 특정한 정책대상 집단의 제반 욕구·기대 등에 적합하도록 재해석하고 구체화하며, 특정화하는 단계이다.

② 자원확보

자원확보단계를 자원배분단계라고도 하는데, 필요한 예산, 인력, 장비 등과 같은 자원을 공식적으로 확보하는 단계이다. 예산의 확보에서 정책의 적용시점에 적합한 규모의 금액이 확보되지 못할 때는 정책집행에 문제를 가져오게 된다.

③ 적용

적용단계는 정책의 집행기관이 구체적인 행동을 통해 실천하는 단계로서 정책의 행동화 단계라고도 한다.

④ 감시와 감독

감시와 감독단계는 집행과정 중이나 집행과정 후에 과연 정책이 일정한 지침에 따라 시행되었는지를 조사하여 시정조치 및 통제를 가하게 되는 단계이다.

(2) 정책집행에서 고려할 사항

정책을 집행하기 위해서는 다음과 같은 사항을 고려해야 한다.

첫째, 정책집행 과정에서 무엇을 어떻게 집행할 것인가? 하는 것에 관한 명확한 목표를 수립하여야 한다.

둘째, 정책집행자가 전문적인 지식과 기술을 가지고 있어야 정책목표를 달성할 수 있다.

셋째, 정책집행 과정에서는 사회환경의 변화를 고려한 탄력성 있는 접근 요령이 필요하다.

넷째, 정책목표가 바람직한 것이라고 하더라도 정책집행 과정에 너무 큰 비용이 들어가서는 안 된다. 또한, 정책집행 과정에 비용이 적게 들어간다 하더라도 그 정책이 소수 특권층을 위한 것이어도 안 된다.

(3) 정책집행에 영향을 미치는 요인

정책을 집행하기만 하면 정책목표는 자동으로 달성하는가? 대답은 '그렇지 않다.'이다. 성공적인 정책목표 달성을 위해서는 다양한 노력이 필요하다. 정책의 명확한 측정기준, 집행할 때 요구되는 자원, 관련 기관과의 의사소통, 정책집행 기관과 집행자의 성격 등은 정책집행에 영향을 미치는 중요한 요인이다. 이들에 대해 구체적으로 살펴보면 다음과 같다.

첫째, 정책은 기관 간의 이해관계에 따라서 또는 미래를 예측한 상황에서 결정되기는 하지만, 실제 집행과정에서는 예상치 못한 문제점이 나타날 수 있다. 따라서 정책집행은 내용을 구체화하여 실현 가능성에 대해 다각적으로 검토하여 불확실성을 주려야 한다. 특히 정책집행 구조의 특성상 중간매개자가 많은 경우에는 완전한 의사전달과 협조에 어려움이 있을 수 있다. 따라서 정책결정자의 의도가 분명하게 이해되어야 기관 간의 협조체계가 구축될 수 있다.

둘째, 정책집행 과정은 공공의 서비스를 제공하는 단계이므로 실질적 영향력을 행사하는 정책집행자의 행태와 의식구조가 집행과정에서 그대로 나타날 수 있다. 정책집행자의 능력, 지식, 가치관 등에 따라 정책에 대한 인지도와 정책목표의 실현을 위해 노력하는 정도가 다를 수 있다. 따라서 정책집행자의 성향은 매우 중요하다. 또한, 정책기관도 구성원의 자질, 의사소통 구조, 조직의 규모 등에 따라 정책집행이 효율적이고 효과적일 수도 있고, 그렇지 못할 수도 있다. 그리고 집행기관은 정책의 내용과 유형에 따라 적극적일 수도 있고, 소극적 일 수도 있다.

셋째, 구체적인 정책수단이 마련되어 있을 때, 정책을 통해 실현하고자 하는 정책결정자의 의도가 내재한 정책목표가 성공적으로 달성될 수 있다. 즉, 정책결정자에 의해 제시된 정책의 기준과 목표를 확실하게 하여 그 구체성이 정책집행 과정에 정확하게 전달되어야 한다. 정책목표가 분명하지 못하면 정책결정자와 정책집행자의 목표가 합의되지 못한 채, 결국 원래 의도한 목표를 달성하지 못할 가능성이 크다.

넷째, 사회·경제·정치적 환경도 정책집행에 영향을 미친다. 즉, 사회·경제·정치적 환경변화는 정책의 중요성을 인식하는 데 영향을 줄 수 있다. 또한, 지역 간의 격차도 정책집행에 영향을 미칠 수 있다.

5) 정책평가

국가는 정기적으로 국민에게 예산을 얼마나 지출하여 얼마나 많은 사람에게 다양한 프로그램이나 서비스를 제공했는지, 프로그램 운영에 어느 정도의 비용이 들었는지 등에 대해 보고한다. 또한, 국가가 제공한 다양한 프로그램이나 서비스를 받은 사람이나 집단은 정책의 효과에 대한 정보를 국회에 제공한다. 그러나 정책이나 프로그램이 잘 짜였고, 자원도 풍부하며, 효율적으로 운영되어 효용가치가 높다 하더라도, 국가는 항상 스스로 다음과 같은 질문을 하고 대답도 할 수 있어야 한다(DiNitto, 2000; 박주현·임상록, 2009: 75-85).

① 과연 정책이 사회 전반에 긍정적인 영향을 미치는가?
② 정책혜택을 받지 못한 사람은 누구인가?
③ 정책을 실행하는 데 드는 비용과 사회적 편익과는 어떤 관계가 있는가?
④ 정책을 실행하는 데 투입하는 인적·물적 자원으로 사회에 더 큰 편익을 주는 다른 대안이 있는 것은 아닌가?

(1) 정책평가의 목적

정책평가 결과는 정책결정자나 관리자에게 피드백 정보로 활용될 때 그 진가를 발휘한다. 만약 정책평가가 이루어지지 않으면 정책이 목표달성을 했는가와 새로운 정책대안을 만들려고 할 때 정책집행 과정을 수정하는 데 필요한 정보를 획득할 수 없게 된다. 따라서 정책평가는 정책의 시행 및 관리의 효율성을 높이고, 정책활동의 책임성을 확보하며, 정책의 정당성을 파악하는 데 필요한 작업이다. 그러므로 정책과 프로그램 평가는 현실 세계에 영향을 미치는 모든 것을 포함해야 한다. 일반적으로 평가자는 정책평가를 할 때 다음과 같은 작업을 하게 된다(DiNitto, 2000: 275-278; 전재일 외, 2000: 152-154).

① 정책과 프로그램의 모든 목표를 규명하고 우선순위를 매긴다.
② 목표가 추진되는 과정을 기술하고 측정하는 방법을 고안한다.
③ 정책이나 프로그램이 적용되는 상황이나 집단을 파악한다.
④ 정책적용 대상이 아닌 집단에게 미칠 수 있는 간접적인 영향을 분석한다.
⑤ 정책적용 대상집단과 비적용 대상집단에 미치는 효과를 장기간에 걸쳐 조사한다.
⑥ 정책과 프로그램의 실행에 투입되는 모든 비용을 측정하고 규명한다.
⑦ 한 정책을 실행함으로 말미암아 발생하는 기회비용(opportunity cost)과 같은 모든 간접적인 비용을 측정하고 규명한다. 정책을 평가하는 데 있어 기

회비용의 개념을 명확히 한다는 것은 매우 중요하다. 여기서 기회비용이란 그 정책을 선택함으로 말미암아 포기해야 하는 다른 대안의 가치를 말한다.

로시(Rossi)와 프리먼(Freeman, 1989: 45-52)은 위에서 제시한 일곱 가지 평가작업이 합리적으로 이루어져야 하며, 그러려면 〈표 7-2〉에 제시된 세 가지 요인과 관련 질문을 고려할 필요가 있다고 한다.

〈표 7-2〉 합리적 평가작업을 위한 요인과 관련 질문

요인	관련 질문
정책 프로그램의 개념화	• 정책적용 대상이 직면하는 문제가 적절하게 개념화되었는가? • 문제범위는 어느 정도이며, 문제상황에 있는 집단의 분포는 어느 정도인가? • 프로그램 내용이 정책목표와 들어맞는가? • 정책목표에 일관된 합리성이 존재하는가? • 현재 그리고 앞으로 발생하는 사회적 비용은 무엇인가? • 비용과 효용은 어떤 관계가 있는가?
정책 프로그램의 통제	• 프로그램이 정책 적용대상 집단에 영향을 주는가? • 프로그램이 적용되는 과정에 중재노력이 이루어지고 있는가?
정책 프로그램의 효용성	• 정책목표를 달성하는 데 있어 프로그램이 효과적인가? • 프로그램 적용결과가 다른 대안적 과정에 의해 설명되어 질 수 있는가? • 프로그램을 실행하는 데 투입되는 비용과 프로그램 참가자에게 주어지는 혜택은 무엇인가? • 비용이 효율적으로 사용되고 있는가?

(2) 정책평가의 필요성

정책평가가 필요한 이유를 특성별로 나누면 정책결정을 위한 평가, 정책관리를 위한 평가, 정책통제를 위한 평가로 구분한다(Rossi & Freeman, 1989: 45-52; 전재일 외, 2000: 154-156).

① 정책결정을 위한 평가

정책평가가 필요한 첫 번째 이유는 정책평가 결과가 정책결정에 참고되는 정보를 제공하기 때문이다. 즉, 정책결정을 하고자 하는 이슈가 되는 문제가 어느 정도 심각한지, 문제의 영향을 받는 집단은 어떤 특성을 지니고 있으며, 이들 집단의 분포는 어느 정도인지, 문제해결을 위한 정책과정이 과연 효율적인지에 대한 정보가 필요하다. 그뿐만 아니라 정책평가는 기존 정책을 계속 유지할 것인지, 정책 프로그램을 수정·보완해야 된다면 어떤 부분에 초점을 두고 작업을 할 것인지에 대한 전반적인 정보를 제공하므로 정책결정을 하는 데 기준으로 활용할 수 있다.

② 정책관리를 위한 평가

정책을 효율적으로 관리하는 데 있어 정책평가 자료는 매우 유용한 역할을 한다. 정책결정을 할 때 관리상의 문제를 여러 각도로 분석하고 대비한다. 그러나 사회적 환경이 예측을 허락하지 않는 요소를 많이 포함하고, 때로는 정보부족으로 말미암아 사전에 예견할 수 있는 문제를 간과할 수 있다. 따라서 정책관리의 효율성에 문제가 생긴다. 정책평가는 정책과정 전반에 대한 자료와 정보를 제공하므로 정책관리에 필요한 인적·물적 자원과 관리절차, 관리조직의 구조, 정책 서비스의 전달체계 등이 원활하게 수행하도록 도움을 준다.

③ 정책통제를 위한 평가

정책감독과 통제를 위한 평가는 정책활동에 대한 책임을 부여하고, 정책 프로그램의 합법성이나 정당성을 확보하는 데 필요하다. 정책통제를 위한 평가자료가 없으면 정책이 비효율적인 방향으로 흐르는 것을 막을 수 없다. 또한, 정책활동에 대한 책임을 물을 수도 없게 된다.

(3) 정책평가 과정

정책평가는 일련의 연속적인 과정, 즉 정책평가 과정을 통해서 이루어진다. 이러한 정책평가 과정에 대해서는 여러 학자가 다양한 의견을 제시한다. 먼저, 노화준(1983: 51-71)은 정책효과에 초점을 맞추어 정책평가 과정을 ① 목적의 식별, ② 기준의 설정, ③ 인과모형의 설정, ④ 적절한 연구설계의 발전, ⑤ 측정, ⑥ 자료의 수집, ⑦ 자료의 분석과 해석 등으로 제시한다. 다음으로, 송근원과 김태성(1995: 183-194)은 정책평가 과정을 ① 평가목표의 설정, ② 평가범위의 설정, ③ 정책 프로그램의 내용 파악, ④ 평가설계 자료수집, ⑤ 분석 및 해석, ⑥ 평가

보고서의 작성 및 제출 등으로 제시한다. 그리고 양정하 등(2004)은 정책평가 과정을 ① 평가목표의 설정, ② 평가기준의 설정, ③ 평가방법의 설계, ④ 자료수집, ⑤ 자료의 분석과 해석 등으로 제시한다. 여기서는 양정하 등(2004: 186-187)이 제시한 정책평가 과정을 살펴본다(박주현·임상록, 2009: 78-79).

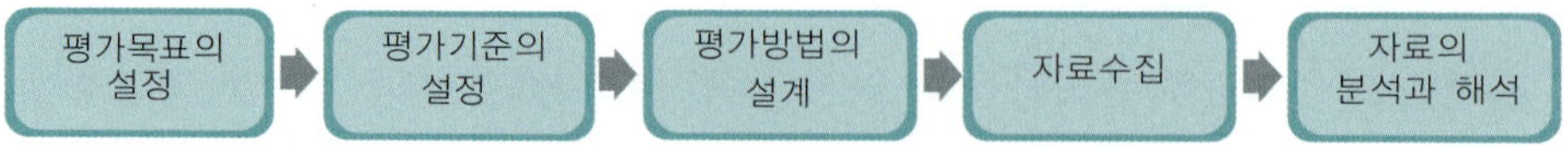

[그림 7-5] 사회복지정책의 평가과정

출처: 양정하 외(2004: 185-187), 재구성.

① 평가목표의 설정

평가목표를 명확하게 설정하는 것은 정책의 구체적인 평가를 위한 기준이 된다. 즉, '무엇을 평가할 것인가?' 하는 정책평가의 관심과 초점에 따라 정책평가의 목적이 선택되고 구체화한다. 정책이나 서비스의 결과, 즉 효과에 초점을 둘 것인지, 혹은 전달과정에 초점을 둘 것인지에 따라 평가의 목표가 달라질 수 있다. 그러나 정책이라는 것은 그 자체가 정책목표의 실현과정이기 때문에, 목표설정에서 가장 중요한 부분은 '본래의 정책목표가 얼마나 실현되었는가?'에 대한 것이다.

② 평가기준의 설정

정책의 평가목표가 설정되면 그에 따라 정책평가의 기준을 설정해야 한다. 평가기준은 여러 측면에서 선정하여야 하는 선택의 문제이다. 즉, 시간적·공간적 범위, 연구대상의 선정, 연구방법의 선택 등이다. 평가기준은 이전에 언급한 평가목적, 정책내용 등에 따라 다르게 선정하여야 한다.

③ 평가방법의 설계

평가기준을 선정하고 나면 정책의 영향을 과학적으로 밝히기 위한 계획을 세워야 한다. 이 단계에서는 정책 프로그램이 영향을 받거나, 그 정책 프로그램이 영향을 미치는 과정에 관한 인과모형을 형성한다. 이러한 인과모형은 어떠한 결과가 나타났는가? 그 결과가 바람직한 것인가? 그리고 그러한 결과를 가져오는 데 영향을 미친 요인이 무엇인가? 등을 규명하기 위한 분석 틀(분석체계)로서의 의미가 있다.

④ 자료수집

평가방법의 설계가 이루어지면 평가에 필요한 자료를 수집하여야 한다. 평가를 위하여 사용하는 자료는 다양한 곳에서 다양한 방법으로 얻을 수 있다. 여기서 중요한 사실은 정책평가를 위하여 유일하게 좋은 단 하나의 원천이나 방법만이 존재하지는 않는다는 사실이다. 그러므로 어떠한 종류의 자료를 어디에서 어떻게 수집할 것인가? 하는 문제는 평가하는 정책의 성격에 따라 좌우된다.

⑤ 자료의 분석과 해석

수집된 자료를 분석하고 그 의미를 해석함으로써 정책에 대해 평가를 하게 된다. 이러한 자료를 어떠한 분석방법으로 분석할 것인가? 하는 것은 평가대상이 되는 정책의 성격, 평가연구설계, 수집된 자료의 성격 등을 종합적으로 고려하여 결정하여야 한다.

(4) 정책평가 방법으로서 사회과학적 연구방법

사회과학적 연구방법은 크게 양적(quantity) 연구방법과 질적(quality) 연구방법으로 구분한다(박경일, 2008: 279-281).

① 양적 연구방법

양적 연구방법이란 학문의 관심사와 주제를 중심으로 이론을 전개하고 논리적 결과를 제시하는 연구방법이다. 즉, 일반화된 이론을 근거로 가설을 만들어 관련 자료를 수집하여 통계적으로 분석처리하고, 분석된 객관적인 자료를 해석하는 연구방법이다. 이러한 양적 연구방법은 다시 탐색적 조사설계, 기술적 조사설계, 실험적 조사설계 등이 있다. 이 중 실험적 조사설계는 실험을 통해 사실 확인, 가설 검증 또는 변수 간의 인과관계를 밝힐 수 있도록 조사설계하는 방법이다.

② 질적 연구방법

질적 연구방법이란 인간이 삶이나 그에 관한 경험, 느낌, 이야기와 행동, 문화 현상, 조직의 기능수행, 각종 사회운동, 그에 따른 상호작용 관계 등을 포함하는 연구방법이다. 이 연구의 초점은 참여관찰, 인터뷰(interview) 기법, 연구 참여자 관련 일대기, 일지, 사건 등을 이용하여 자료를 수집하고, 수집된 자료의 지속적인 비교를 통해 경험의 본질적 의미를 해석한다. 사회과학에서 질적 조사방법의 사용은 19세기경 러플레이(LePlay)의 유럽인 가족과 유사관계 그리고 공동체를 연구하고 명명된 "The European Working Class"에서 기원을 찾을 수 있다(Thyer, 1993). 일반적으로 초창기 사회복지 연구는 질적 연구방법이 이루어졌으나, 1950년대 이후 1960~1970년을 거치면서 사회서비스의 평가 연구는 과학적 방법론인 양적 연구가 주류를 이루었다. 즉, 리치먼드(Rich- mond, 1917)가 『사회진단』에서 제시한 '사례연구' 방법은 정통의 질적 조사 연구방법이며, 여러 가정복지기관에서 서비스를 받은 100가정을 대상으로 연구 분석한 홀리스(Hollis, 1949)도 사례연구 방법을 사용하였다. 그 후 헌트(Hunt)와 코간(Kogan, 1950)에 의해 "케이스워크의 결과 측정"이란 양적 조사연구가 발표되어 이들은 사회복지조사에서 전통적인 사회행동과학자로 대표되었다. 1980년대 이후 사회복지조사 연구에서 실증주의의 우위적인 경향의 대응으로 일부 연구자는 그 대안으로 질적 연구방법과 양적 연구방법의 통합방안을 제시하였다(최종혁, 2001).

한편, 최근에는 메타분석(meta analysis)에 의한 연구방법이 제시되고 있다. 수많은 연구 결과가 세계 곳곳에 쏟아져 나오는 지금, 상반된 주장을 각각 지지하거나 뒷받침하는 실증적 연구 결과의 양이 점점 많아진다. 따라서 단편적 연구의 한계를 극복하기 위해 선행연구 결과를 한데 통합하여 보다 객관적으로 신뢰할 수 있는 강력한 결론을 도출하여야 할 필요성이 대두하였다. 메타분석이란 말 그대로 분석의 분석(analysis of analysis)을 의미한다. 즉, 원자료를 분석하는 1차 연구물이 메타분석의 분석대상인 것이다. 따라서 선행연구에 대한 고찰은 이러한 메타분석의 가장 초보적 형태라고 할 수 있다. 메타분석은 고찰하고

자 하는 1차 연구물로부터 자료를 결합하고, 각 연구 간에 나타나는 결과의 차이를 각 연구물의 방법론적 특성에 대한 계량적 분석을 시도하는 연구이다.

지금까지 사회복지학에서 수행한 효과성 연구는 단순히 효과성의 존재 여부만을 확인하는 데 그쳤고, 같은 영역에서 시행한 연구가 종합되어 정리되지 못하는 문제점이 있었다. 이에 반해 메타분석은 효과성의 존재 여부를 넘어 효과크기를 계산해 냄으로써 '실천활동이 얼마나 효과적인가?'라는 질문에 대답을 제시해 줄 수 있다. 또한, 파편화된 연구 결과를 통합하여 분석할 수 있는 장점을 가지고 있다. 이상균(2000: 131-132)의 연구는 학회지와 학위논문을 통해 보고된 효과성 연구에 대해 효과크기 분석을 수행하였다. 이를 통해 분석된 사회복지실천 프로그램의 전반적인 효과크기는 .6366이고, 효과율(U3)은 74.4%로 나타났다. 이는 10명 중 7명의 클라이언트가 사회복지사의 개입활동으로부터 유용한 도움을 얻었다는 것을 의미한다.

(5) 정책평가의 유형

정책평가는 평가주체, 평가체계, 평가시점, 평가단계, 정책범위 등에 따라 그 유형이 다르다. 이들 각각에 대한 구체적인 내용은 다음과 같다.

① 평가주체에 따른 유형

평가주체에 따라 자체평가, 내부평가, 외부평가로 구분한다(송근원, 1994: 265-268). 첫째로 자체평가는 정책 프로그램을 담당한 사람이 직접 자신의 활동 전반에 대해 평가하는 것을 의미한다. 자체평가는 정책 프로그램에 대해 실질적인 정보를 많이 가지고 있고, 평가비용이 절약된다는 장점이 있다. 반면, 정책에 대해 누구보다 많이 알고 있고, 자신이 직접 정책을 담당했기 때문에 정책실패에 대한 책임회피와 정책종료를 막으려고 정책의 비효율적 부분을 의도적으로 왜곡시킬 가능성이 크다는 단점이 있다.

둘째로 내부평가는 기관 내부의 책임자나 동료가 이루어 내는 평가를 의미한다. 셋째로 외부평가는 기관 외부의 평가자가 이루어 내는 평가를 의미한다. 외부평가는 자체평가나 내부평가와 비교하면 평가의 공정성과 일관성을 유지할 수 있고, 평가자의 개인적인 의도가 개입되어 평가결과를 왜곡할 여지가 없어 객관성을 가지는 장점이 있다. 반면, 평가비용이 많이 들고, 정책 프로그램에 대한 실질적 정보를 많이 가지고 있지 않다는 단점이 있다.

② 평가체계에 따른 유형

평가체계에 따라 총괄평가, 과정평가, 통합평가, 메타평가 등으로 구분한다(전재일 외, 2000: 156-157). 첫째로 총괄평가는 정책결과를 본래의 목적에 비추어 비교·분석하는 것을 의미한다. 둘째로 과정평가는 정책집행이 성공적으로 추진되고 있는지를 파악하고, 정책집행 결과가 정책집행에 의해 비롯된 것인지에 대한 인과관계를 규명하는 것을 의미한다. 셋째로 통합평가는 정책평가의 방법론적 측면에서 총괄평가와 과정평가를 논리적으로 통합하여 평가하는 것을 의미한다. 넷째로 메타평가는 평가 설계에서부터 평가결과에 이르기까지 모든 과정이 정상적으로 이루어졌는지를 점검하는 것을 의미한다.

③ 평가시점에 따른 유형

평가시점에 따라 사전평가와 사후평가로 구분하기도 하고, 형성평가와 총괄평가로 구분하기도 한다. 사전평가는 정책평가가 정책형성 이전에 이루어지는 것을 의미한다. 반면, 사후평가는 평가가 정책종료 이후 이루어지는 것을 의미한다. 그리고 형성평가는 문제의 본질이나 문제해결을 위한 대안개발 등과 같이 정책형성을 목적으로 하는 평가를 의미하므로 사전평가와 같은 맥락이라 할 수 있다. 총괄평가는 사후평가처럼 정책종료 이후 정책이 의도한 목표를 성공적으로 수행하였는지를 평가하는 것을 의미한다.

④ 정책단계에 따른 유형

정책단계에 따라 평가내용이나 초점이 다른데, 정책평가를 목적으로 한 정책단계는 정책문제, 정책의제, 정책결정, 정책집행, 정책효과 등으로 구분한다(전재일 외, 2000: 158-160). 각 단계별 구체적인 평가대상은 〈표 7-3〉과 같다.

〈표 7-3〉 정책단계별 평가대상

정책단계	평가대상
정책 문제	• 정책에서 다루어야 할 문제의 본질은 무엇이며, 어느 정도 심각한가? • 정책적용 대상의 규모와 분포는 어느 정도인가? • 적용대상 집단의 사회경제적 특성은 어떠한가?
정책 의제	• 여러 문제 가운데 어떤 문제가 정책의제로 채택되는가? • 채택된 의제는 문제에 직면한 집단의 요구나 필요를 제대로 반영하고 있는가? • 정책 의제형성 과정에 영향을 미치는 집단이 있는가?
정책 결정	• 정책결정이 이루어지는 과정과 절차가 공정했는가? • 집단의 요구와 필요의 반영 정도가 어떠한가? • 정책의 사회적 형평성 실현여부는 어떠한가? • 정책의 효율성은 어떠한가?
정책 집행	• 정책 프로그램이 의도한 대로 추진되고 있는가? • 정책적 편익이나 혜택이 적용대상 집단에게 고루 전달되고 있으며, 그 과정에 문제는 없는가?
정책 효과	• 정책이 원래 의도한 목표를 달성하였는가? • 정책적용 대상 집단의 삶의 조건이나 상황이 바람직한 방향으로 변화되었는가? • 정책실현에 투입된 비용은 어느 정도이며, 비용규모가 사회적으로 정당화될 수 있는 수준인가? • 투입된 비용에 비해 집단에게 제공된 편익은 어느 정도인가? • 정책이 의도하지 않은 측면효과(side effect)는 있는가?

⑤ 평가범위에 따른 유형

평가범위에 따라 단일평가와 포괄적 평가로 구분한다. 단일평가는 그야말로 어느 한 측면이나 부분을 별도로 평가하는 것이고, 포괄적 평가는 여러 측면을 모두 포함하는 것을 의미한다. 평가범위는 평가목적에 따라 결정된다. 즉, 평가목적이 기존의 정책 프로그램을 수정·보완하는 것인지 아니면 혁신적으로 바꾸는 것인지에 따라 정책 프로그램의 개념화, 통제, 효율성 등으로 나눌 수 있다. 여기서 만약 평가자가 단일평가를 한다면 각각의 평가활동이 분리되어 이루어지지만, 포괄적 평가를 한다면 세 가지 평가활동이 모두 포함된다.

(6) 정책평가에 영향을 미치는 요인

정책평가 과정에서는 여러 요인이 영향을 미치는데, 이러한 요인은 정책평가를 지연시키거나 왜곡시킨다. 또한, 평가결과를 실제와는 전혀 다른 방향으로 유도하기도 한다. 정책평가에 영향을 미치는 요인을 ① 제도적 요인, ② 시간적 요인, ③ 기술적 요인, ④ 인적 요인 등으로 구분하여 살펴보면 다음과 같다.

첫째, 제도적 요인으로 행정적인 지원이 제대로 이루어지지 않으면 정책평가에 필요한 정보, 자료수집, 평가활동 등을 원활하게 할 수가 없다. 또한, 평가결과에 따른 법, 제도 등에 대한 수정장치가 마련되어 있지 않으면 정책평가를 해도 아무 의미가 없다.

둘째, 시간적 요인으로 충분한 시간적인 여유를 두지 않고 정책을 평가하면 정확한 평가가 이루어지지 않을 수 있다. 한편, 너무 시간적인 여유를 두고 정책을 평가하면 정책 내용에 대한 평가는 정확하게 이루어질 수 있겠으나, 피드백을 받을 수 있는 시점을 놓칠 가능성이 크다.

셋째, 기술적 요인으로 충분한 자료수집과 분석기법에 따라 정책평가의 성패가 좌우된다고 할 수 있다. 자료가 충분하지 않거나 부적절하면 개발된 평가를 적용하지 못할 수도 있다. 또한, 자료는 충분한데 자료를 분석할 수 있는 기법이 적절하지 않으면 정책 내용에 대한 평가의 신뢰성이 떨어진다.

넷째, 인적 요인으로 정책평가자의 이념, 신념, 가치관, 전문성 등은 평가에 영향을 미칠 수 있다. 때로는 평가과정에서 정책결정자나 집행자의 영향을 받기도 하는데, 특히 이들이 직접 평가를 요청했을 때는 정책의 정당성을 인정받고, 정책을 존속시키기 위해 압력을 넣기도 한다. 한편, 정책의 대상인 수혜자는 자신에게 올 혜택을 늘리고자 영향력을 행사하기도 한다. 그리고 일반 국민도 여론을 등에 업고 평가에 영향을 미칠 수 있다.

연/구/문/제

01 존스의 정책의제 형성과정과 앤더슨의 정책의제 형성과정을 설명해 봅시다.

02 합리적 정책평가 작업을 위한 관련 질문을 요인별로 제시해 봅시다.

03 양적 연구방법과 질적 연구방법의 차이를 비교하여 설명해 봅시다.

04 정책평가에 영향을 미치는 요인을 설명해 봅시다.

참/고/문/헌

강영실(2006). 사회복지정책의 이해. 신정.

곽효문(1995). 복지정책론. 제일법규.

남기민(2004). 사회복지정책론. 학지사.

박경일(2007). 사회복지정책론. 공동체.

박정호(2003). 사회복지정책론(개정판). 학지사.

박주현·임상록(2009). 건강가정정책론. 파란마음.

봉민근(2007). 사회복지정책론. 학문사.

송근원(1994). 사회복지와 정책과정. 대영문화사.

송근원·김태성(1995). 사회복지정책론. 나남출판.

양정하·임광수·이명현·황인옥·신현덕·임혁(2004). 사회복지정책론. 양서원.

전재일·배일섭·정영숙(2000). 사회복지정책론. 형설출판사.

최성재·남기민(2000). 사회복지행정론. 나남출판.

Cobb, R. W., & Elder, C. D.(1983). *Participation in American Politics: The Dynamics of Agenda Building*. Boston: Allyn and Bacon.

DiNitto, D. M.(2000). *Social Welfare: Politics and Policy(5th ed.)*. Boston: Allyn and Bacon.

PART 02

사회보험 및 공공부조 정책

국민연금보험제도

CHAPTER 08

학/습/목/표

- 사회보험의 유형을 제시하고 특징을 간단히 설명할 수 있다.
- 우리나라 국민연금제도의 급여 유형을 열거하고 자세히 설명할 수 있다.
- 국민연금과 개인연금의 차이점을 비교할 수 있다.
- 적립식과 부과식을 비교하여 차이점을 설명할 수 있다.

01 국민연금보험제도의 개념

국민연금보험제도(이하 '국민연금')는 국민을 대상으로 노령, 장애, 사망 등의 사회적 위험에 대비하여 소득이 감소하거나 상실되는 경우 당사자나 유족에게 경제적으로 안정적인 생활을 보장할 수 있도록 연금형태의 급여를 제공하는 사회보장제도의 한 형태이다. 이 제도는 국가가 보험의 원리를 도입하여 만든 사회보험의 일종으로 가입자, 사용자 및 국가로부터 일정한 보험료를 받고 이를 재원으로 여러 가지 보험급여를 지급함으로써 국민의 생활안정과 복지증진을 도모하는 장기적인 소득보장제도이다. 그러므로 사회보험으로서 국민연금은 국가에 의해 일정한 자격을 가진 사람을 대상으로 강제적으로 적용되는 성격을 갖는 보험제도이다.

국민연금은 사회보장의 일환으로서 1960년에 시작된 공무원연금제도, 1963년에 시작된 군인연금제도 그리고 1975년에 시작된 사립학교교원연금제도 등이 있으나, 이들 제도는 특수 직종에 근무하는 자를 대상으로 하는 연금보험제도이고, 그 대상자가 제한적이라는 점에서 사회보장의 본래의 취지에 미흡한 점이 있었다. 이러한 제도적인 미비점을 획기적으로 개선하기 위해 전 국민을 대상으로 하여 연금제도를 마련하는 것이나, 이것은 국가 전체적으로 많은 부담이 되므로 전 국민의 호응과 국가 전체의 경제·정치적인 여건이 조성되어 실시할 때에 비로소 연금제도의 본래의 취지를 살릴 수 있다.

우리나라의 연금보험제도는 1973년 12월에 법률 제2655호로 「국민복지연금법」을 제정하여 1974년 1월 1일부터 시행할 예정이었으나 여러 가지 이유로 그 시행이 연기되어 오다가 1988년 1월 1일부터 시행되었다. 연금보험제도의 주요 변천과정은 〈표 8-1〉과 같다.

〈표 8-1〉 국민연금제도의 변천과정

시기	내용
1973. 12. 24	「국민연금복지법」 공포(석유파동으로 시행 연기)
1986. 12. 31	「국민연금법」 공포 【법률 제3902호】 (구법 폐지)
1987. 09. 18	국민연금관리공단 설립
1988. 01. 01	국민연금제도 실시(상시근로자 10인 이상 사업장)
1992. 01. 01	사업장 적용범위 확대(상시근로자 5인 이상 사업장)
1995. 07. 01	농어촌지역 연금 확대 적용
1999. 04. 01	도시지역 연금 확대 적용(전 국민 연금 실현)
2000. 07. 01	농어촌지역 특례노령연금 지급
2003. 07. 01	사업장 적용범위 확대(근로자 1인 이상 사업장)
2006. 01. 01	사업장 적용범위 확대 완료(근로자 1인 이상 사업장 전체)
2008. 01. 01	완전노령연금(가입기간 20년 이상 사업장 전체) 지급
2009. 08. 07	국민연금과 4개 직역연금 가입기간 연계사업 시행
2014. 07. 25	기초연금 지급 개시
2016. 08. 01	구직급여 수급자를 대상으로 실업 크레딧 시행

02 국민연금의 특징

「국민연금법」 제1조에 의하면 "국민연금은 국민의 노령, 질병, 폐질 또는 사망에 대하여 연금 급여를 실시함으로써 국민의 생활안정과 복지증진에 기여하는 것을 목적으로 한다."라고 되어 있다. 이것은 장기적인 소득보장제도로서 국가가 국민의 사회적 위험으로부터 안정적인 노후소득을 보장하는 것을 목적으로 소득능력이 상실·감퇴된 경우 가입자 본인이나 그 유족에게 일정한 금액을 줌으로써 안정된 생활을 할 수 있도록 운영하는 장기적인 소득보장을 위한 것이다. 국민연금의 특징을 살펴보면 다음과 같다.

1) 모든 국민을 대상으로 강제적 가입

국민연금은 산업화 사회에 나타나는 사회적 위험에 집단적으로 대비하기 위해 모든 구성원들이 연대하여 공동으로 대처하기 위한 제도로서 모든 국민이 가입 대상이 된다. 일반적으로 국민연금뿐만 아니라 건강보험 등 대부분의 사회보험제도는 강제가입을 채택하고 있다. 만일 강제적인 가입을 하지 않는다면 여유가 있는 계층의 사람들은 국민연금에 가입하지 않거나 보험료를 납부하지 않을 수 있고, 개인의 복지를 해결하기가 어려운 가난한 사람이나 취약계층은 당장의 생활이 어렵다는 이유로 가입을 기피할 수 있기 때문이다. 가입을 기피하는 사람이 많을수록 노년 빈곤층이 많아지고 사회문제화될 경우 결국 빈곤해소를 위해 조세 등을 통해 국가가 주체로서 나서야 한다. 이렇게 되면 성실하게 노후를 준비한 사람은 자신의 노후는 물론 노후를 준비하지 못한 사람에 대한 보장을 책임지는 이중부담을 해야 하기 때문에 소득활동을 하는 사람은 누구나 의무적으로 가입하도록 하는 것이다.

국민연금은 국민의 생활안정과 복지증진을 위해 국가에서 시행하는 사회보장제도로서 관리 운영비를 국가에서 지원하고 있으며 법에 정해진 가입요건에 해당하는 사람은 누구나 당연히 가입된다. 국민연금과 유사한 개념으로 민간기업에서 상품으로 판매하는 개인연금이 있는데, 개인연금은 영리를 목적으로 은행이나 보험회사에서 취급하는 금융상품으로 개인이 원할 경우 임의로 가입하는 사적인 보험이다.

참고로 국가에서 강제적으로 시행하는 국민연금과 시중의 민간기업에서 판매하는 개인연금의 차이점을 비교해 보면 〈표 8-2〉와 같다.

〈표 8-2〉 국민연금과 개인연금 비교

구분	국민연금	개인연금
가입방법	법률에 의한 의무가입	본인 희망에 따라 가입
보험료	표준소득월액의 9%	월 백만 원 범위 내(1만 원 단위로 본인 선택)
연금 급여	노령, 유족, 장애연금 반환일시금	노령연금 중도해지 일시금
부양가족 연금액[10)]	배우자 : 연간 260,720원 부모·자녀 : 연간 173,770원	없음
연급지급기간	평생지급(수급자 사망 시 유족에게 유족연금 승계)	계약 시 별도 설정(계약자 사망 시 지정인 또는 법정상속인에게 약정금액 지급)
가입 중 사망, 장애 발생 시	중도해지 불가(사망 시 일시금 지급)	중도해지 가능(약정금 또는 일시금 지급)
급여의 실질가치	실질가치 항상 보장 (물가상승률만큼 연금액 상승)	약정금액을 기준으로 지급 (실질가치 보장 미흡)
세제혜택	소득공제 : 당해 연도에 납부한 연금 보험료 전액	소득공제: 개인연금의 경우 보험료 전액에 대해 소득공제

2) 국가에 의한 지급보증

국민연금은 공적기관이 관리하고 국가가 최종적으로 지급을 보장하기 때문에 국가가 존속하는 한 지급보증이 된다. 설령 적립된 기금이 모두 소진된다 하더라도 그 해 연금지급에 필요한 재원을 그 해에 걷어 지급하는 부과방식으로 전환해서라도 연금지급이 가능하다. 참고로 우리나라보다 먼저 국민연금과 같은 공적연금제도를 시행한 선진 복지국가들도 초기에는 기금을 적립하여 운영하다가 연금제도가 성숙되면서 부과방식으로 변경했다. 현재 전 세계적으로 공적연금제도를 실시하는 나라는 170여 개국으로 국가에 의해 연금지급을 중단한

10) 부양가족연금액이란 연금 급여를 지급할 때 기본연금액에 추가하여 지급되는 가족수당 성격의 급여를 말함. 수급권자의 배우자, 자녀, 부모로서 수급권자에 의하여 생계를 유지하고 있는 자에 대하여 지급하는 부가급여.

사례는 없다. 참고로 우리나라 연금 재정 현황을 살펴보면 〈표 8-3〉과 같다.

〈표 8-3〉 국민연금기금 운용 현황 (단위: 억 원)

연도별	합계	전년 말 운용금액	조성금액	지출금액
2015	5,123,241	4,698,229	582,557	△157,545
2016	5,582,991	5,123,241	636,277	△176,527
2017	6,216,422	5,582,991	830,505	△197,074
2018	6,387,811	6,216,422	385,347	△213,958
2019. 9.	7,142,856	6,387,811	928,540	△173,495

출처: 국민연금관리공단. 2019년 9월 말 기준 국민연금 공표통계.

〈표 8-3〉에서 국민연금기금은 국민연금 사업에 필요한 재원을 원활하게 확보하고 「국민연금법」에 따른 급여에 충당하기 위한 책임 준비금으로, 조성금액은 연금보험료, 운용수익, 결산잉여금 및 국가보조금 수입을 말하며, 지출금액은 연금 급여 지급 및 관리운영비를 말한다. 지출금액은 연도마다 증가하는 추세에 있다.

3) 노령연금 외 장애, 유족연금 등 다양한 혜택

노령연금은 부양가족연금뿐만 아니라 장애연금, 유족연금도 포함하는데 장애인연금은 가입 중에 발생한 질병이나 부상으로 완치 후에도 장애가 남았을 경우 장애정도에 따라 자신과 가족의 생활을 보장하기 위해 장애가 존속하는 한 지급한다. 장애등급이 1~3급일 경우 연금으로 지급되며 4급은 일시금으로 지급된다.

또한, 유족연금은 국민연금에 가입하고 있거나 노령연금 및 장애인연금을 받고 있던 사람이 사망하면 그 사람에 의해 생계를 유지하던 유족에게 가입기간에 따라 기본연금액의 일정률을 지급하여 유족들의 생활을 돕기 위한 연금이다.

4) 물가연동제에 의한 급여

국민연금은 일반 저축과 달리 물가가 오르더라도 실질가치가 항상 보장된다.

초기에 연금을 지급할 때는 과거 보험료 납부 소득에 연도별 재평가율을 적용하여 현재가치로 재평가하여 계산한다. 예를 들어, 1988년에 100만 원의 소득으로 국민연금에 가입되었다면 이를 2019년 현재가치로 재평가하면 약 629만 원의 소득액으로 인정하여 국민연금이 계산된다.

또 국민연금은 연금을 받기 시작한 이후 매년 1월부터 전년도의 전국 소비자 물가변동률에 따라 연금액을 조정하여 지급한다.

03 국민연금의 운용방식

국민연금은 재정운용방식에 따라 크게 적립식과 부과식으로 나눈다.

1) 적립방식

적립방식(funded system)은 가입자의 보험료 등을 적립하여 장래에 급여를 지급하는 방식으로 장래에 지급하게 될 연금 급여를 가입자가 보험료를 납부하는 기간 동안 보험료, 국고출연금, 누적기금 등을 재원으로 적립하여 지급하는 방식을 말한다. 제도 시행 초기에는 지출보다 보험료의 수입이 많기 때문에 적립금이 계속 누적되고 수입이 지출을 지속적으로 상회하지만, 제도가 점차 성숙되어 감에 따라 지출이 증가하고, 지출이 수입을 초과하는 시점에 이르게 되면 적립금으로 초과지출을 보충하여야 한다.

장점은 연금지출이 적은 초기부터 제도가 성숙하여 지출액이 증가될 때까지 보험료를 평준화할 수 있어 세대 간의 공평한 보험료 부담이 가능하고, 가입자의 저축이 강제화되어 누적기금에 의해 형성된 자본을 활용할 수 있다는 점이다.

단점으로는 제도 시행 초기의 과중한 보험료 부담으로 피보험자의 가계에 부담이 되고, 장래에 변화하는 지출을 예측하기 어려워 제도 시행 초기에 적정 보험료율을 산정하는 데 어려움이 있다.

2) 부과방식

부과방식(pay-you-go system)은 당해 연금 보험료 수입으로 당해 급여를 지출하는 방식으로 한 해의 지출액 정도에 해당하는 미미한 보유 잔고만을 남겨두고 그 해 연금보험료 수입을 그 해 급여의 지출로 써 버리는 방식을 말한다. 즉, 일정 기간에 지출된 급여비를 동일 기간의 보험료 수입으로 충당하는 재정운영방식을 의미한다.

장점으로는 시행 초기에 적은 보험료로 제도 운영이 가능하고, 연금 수지차(수입과 지출 차이)가 거의 없어 연금의 실질가치 유지 대책이나 연금 재정의 장기추계가 불필요하다.

단점으로는 제도가 성숙하여 연금 수급권자가 증대하게 되면 보험료 부담이 증가되어 후세대의 가입자가 전세대의 가입자나 가입했던 자들의 부담분까지 몫을 부담해야 하는 가중 부담이 있고, 인구구조의 영향을 많이 받으며, 장기적인 측면에서 재정운영이 불안정하다는 것이다.

적립방식과 부과방식의 차이점을 비교해 보면 〈표 8-4〉와 같다.

〈표 8-4〉 적립식과 부과식 비교

구분	장점	단점
적립방식	• 보험료의 평준화 • 자원을 경제발전에 활용 가능 • 재정의 안정 운영 • 인구구조의 변화에 강함 • 장래의 보험료 부담이 경감	• 제도 초기 과중 부담 • 장기적 예측 곤란 • 연금의 실질가치 보호 미흡 • 경제 성장의 결과를 연금 수급자에게 배분할 수 없음 • 완전연금 수급을 위해 장기간 필요 • 투자위험이 존재
부과방식	• 시행 초기 적은 부담 • 인플레이션으로부터 연금의 가치 보호 • 연금수리 추계 불필요 • 경제성장에 비례하여 연금의 실질가치 • 완전연금을 즉각적으로 지불 가능	• 후세대 부담 과중 • 장기적인 측면에서 재정운영 불안 • 인구구조 변화에 영향을 받음 • 투자재원으로 활용 불가능 • 사회경제적 환경의 변화에 반영하는 정치적 위험이 적립방식보다 큼

참고로 우리나라는 국민연금 초기에는 적립식으로 시작하여 현재는 부분적립방식으로 운용 중이며 다른 나라들의 운용방식은 [그림 8-1]과 같다.

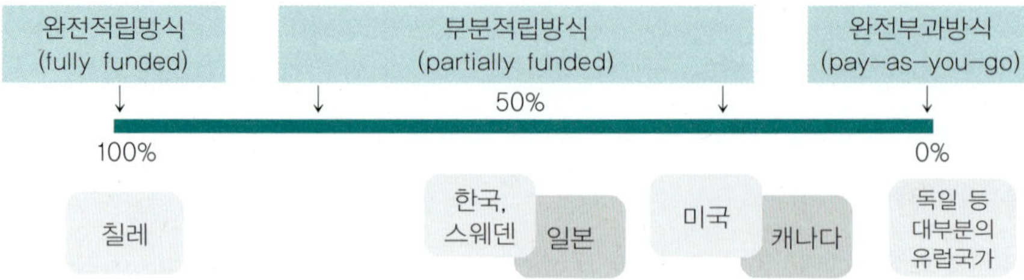

[그림 8-1] 각국의 연금운용방식

출처 : 김연명(2013). 국민연금관리공단. 한국 노후소득보장제도의 현황과 과제.

04 국민연금 가입유형

1) 사업장가입자

국민연금에 가입된 사업장의 18세 이상 60세 미만의 사용자 및 근로자로서 국민연금에 가입된 자를 말한다. 1인 이상의 근로자를 사용하는 사업장 또는 주한외국기관으로서 1인 이상의 대한민국 국민인 근로자를 사용하는 사업장에서 근무하는 18세 이상 60세 미만의 사용자와 근로자는 당연히 사업장가입자가 된다. 따라서 지역가입자가 사업장에 취업하면 자동적으로 사업장가입자가 되고, 지역가입자 자격은 상실된다.

2) 지역가입자

국내에 거주하는 18세 이상 60세 미만의 국민으로서 사업장가입자가 아닌 사람은 당연히 지역가입자가 된다. 다만, 다른 공적연금에서 퇴직연금(일시금), 장애연금을 받는 퇴직연금 등의 수급권자, 「국민기초생활 보장법」에 의한 수급자, 소득활동에 종사하지 않는 사업장가입자 등의 배우자 및 보험료를 납부한 사실이 없고 소득활동에 종사하지 않는 27세 미만인 자는 지역가입자가 될 수 없다.

3) 임의가입자

사업장가입자와 지역가입자가 될 수 없는 사람도 60세 이전에 본인의 희망에 의해 가입신청을 하면 임의가입자가 될 수 있다. 즉, 다른 공적연금에서 퇴직연금(일시금), 장애연금을 받는 퇴직연금 등 수급권자, 「국민기초생활 보장법」에 의한 수급자, 소득활동에 종사하지 않는 사업장가입자 등의 배우자 및 보험료를 납부한 사실이 없고 소득활동에 종사하지 않는 27세 미만인 자가 가입을 희망하는 경우 임의가입자가 될 수 있다.

4) 임의계속가입자

국민연금 가입기간이 20년 미만인 가입자가 60세 도달로 국민연금 가입자 자격을 상실하였으나, 가입기간이 부족하여 연금을 받지 못하거나 가입기간을 연장하여 더 많은 연금을 받고자 원할 경우는 65세에 달할 때까지 신청에 의하여 임의계속가입자가 될 수 있다.

국민연금 공표통계(2019년)에 의하면 2019년 9월 현재 우리나라 국민연금 가입자 현황은 〈표 8-5〉와 같다.

〈표 8-5〉 국민연금 가입유형별 현황

구분	계	사업장가입자	지역가입자	임의가입자	임의계속가입자
계	22,139,572	14,103,712	7,214,206	331,638	490,016
남자	12,184,567	8,199,011	3,767,038	49,697	168,821
여자	9,955,005	5,904,701	3,447,168	281,941	321,195

05 연금 기여금(보험료) 등

연금 기여금은 연금 급여를 지급하기 위한 재정 마련을 목적으로 법률에 근거하여 납부되는 것으로서 국민연금의 주된 재원이 된다. 연금 기여금은 법에 근거하기 때문에 연금보험료를 납부기간 내에 납부하지 않으면 다른 공과금과 마찬가지로 연체금(연금보험료의 3~9%)이 가산된다. 또한, 일정 기간 납부하지 않을 경우는 국세체납처분의 예에 따라 납부의무자의 재산에 압류처분 등 강제징수를 통하여 연금보험료를 충당하게 되므로 재산상의 불이익이 가해질 수도 있다.

국민연금 기여금의 보험료 납부기준은 가입자 자격취득 시의 신고 또는 정기결정에 의하여 결정되는 기준소득월액에 보험료율을 곱하여 산정한다.

연금보험료 = 가입자의 기준소득월액 × 연금보험료율

기준소득월액이란 국민연금 보험료 및 급여 산정을 위하여 가입자가 신고한 소득월액에서 천 원 미만을 절사한 금액을 말하며, 최저 31만 원에서 최고금액은 486만 원까지의 범위로 국가에서 결정하게 된다. 따라서 신고한 소득월액이 31만 원보다 적으면 31만 원을 기준소득월액으로 하고, 486만 원보다 많으면 486만 원을 기준소득월액으로 한다.

사업장가입자의 경우 보험료율인 소득의 9%에 해당하는 금액을 본인과 사업장의 사용자가 각각 절반, 즉 4.5%씩 부담하여 매월 사용자가 납부하여야 한다. 사업장가입자의 연금보험료는 가입자가 개별적으로 납부할 수 없고, 사용자에 의하여 일괄적으로 납부하게 된다. 예를 들어, 기준소득월액이 1,000,000원인 봉급자의 경우 매월 90,000원을 연금보험료로 납부해야 하는데 그중 45,000원은 본인이, 45,000원은 사용자가 부담하게 되는 것이다.

지역가입자, 임의가입자, 임의계속가입자는 보험료를 본인이 전액 부담한다. 다만, 제도 시행 초기 보험료 납부에 대한 부담을 줄여주기 위하여 3%에서 시작하여 2000년 7월부터 매년 1%씩 상향 조정되어 2005년 7월 이후 현재까지

9%로 상향 조정되었다. 2019년 기준으로 개인별 소득월액평균(B값)과 가입기간에 따른 예상연금월액은 〈표 8-6〉과 같다.

〈표 8-6〉 국민연금 보험요율 및 예상연금월액 평균소득월액(A): 2,356,670원(단위: 원/월)

순번	소득월액 평균액(B값)	연금보험료 (9%)	연금액						
			10년	15년	20년	25년	30년	35년	40년
1	300,000	27,000	140,300	206,720	273,130	300,000	300,000	300,000	300,000
2	400,000	36,000	145,580	214,500	283,420	352,330	400,000	400,000	400,000
3	500,000	45,000	150,860	222,280	293,700	365,110	436,530	500,000	500,000
4	600,000	54,000	156,140	230,060	303,980	377,890	451,810	525,730	599,640
5	700,000	63,000	161,430	237,840	314,260	390,680	467,090	543,510	619,930
6	800,000	72,000	166,710	245,620	324,540	403,460	482,370	561,290	640,210
7	900,000	81,000	171,990	253,400	334,820	416,240	497,650	579,070	660,490
8	1,000,000	90,000	177,270	261,190	345,100	429,020	512,940	596,850	680,770
9	1,100,000	99,000	182,550	268,970	355,380	441,800	528,220	614,630	701,050
10	1,200,000	108,000	187,830	276,750	365,670	454,580	543,500	632,420	721,330
11	1,300,000	117,000	193,110	284,530	375,950	467,360	558,780	650,200	741,610
12	1,400,000	126,000	198,390	292,310	386,230	480,140	574,060	667,980	761,890
13	1,500,000	135,000	203,680	300,090	396,510	492,930	589,340	685,760	782,180
14	1,600,000	144,000	208,960	307,870	406,790	505,710	604,620	703,540	802,460
15	1,700,000	153,000	214,240	315,650	417,070	518,490	619,900	721,320	822,740
16	1,800,000	162,000	219,520	323,440	427,350	531,270	635,190	739,100	843,020
17	1,900,000	171,000	224,800	331,220	437,630	544,050	650,470	756,880	863,300
18	2,000,000	180,000	230,080	339,000	447,920	556,830	665,750	774,670	883,580
19	2,100,000	189,000	235,360	346,780	458,200	569,610	681,030	792,450	903,860
20	2,200,000	198,000	240,640	354,560	468,480	582,390	696,310	810,230	924,140
21	2,300,000	207,000	245,930	362,340	478,760	595,180	711,590	828,010	944,430
22	2,400,000	216,000	251,210	370,120	489,040	607,960	726,870	845,790	964,710
23	2,500,000	225,000	256,490	377,900	499,320	620,740	742,150	863,570	984,990
24	2,600,000	234,000	261,770	385,690	509,600	633,520	757,440	881,350	1,005,270
25	2,700,000	243,000	267,050	393,470	519,880	646,300	772,720	899,130	1,025,550
26	2,800,000	252,000	272,330	401,250	530,170	659,080	788,000	916,920	1,045,830
27	2,900,000	261,000	277,610	409,030	540,450	671,860	803,280	934,700	1,066,110
28	3,000,000	270,000	282,890	416,810	550,730	684,640	818,560	952,480	1,086,390

06 연금 급여의 유형 및 수급요건

국민연금 급여의 특징으로는 첫째로, 물가상승과 연동하는 실질가치 보장으로 연금을 받는 동안 매년 전국 소비자 물가변동률을 반영하여 연금액을 조정함으로써 물가가 인상되더라도 항상 연금액의 실질가치가 보장된다. 둘째로, 소득보장을 들 수 있다. 국민연금은 소득능력이 상실되거나 감퇴된 경우에 본인 또는 유족에게 기본적인 생활을 할 수 있도록 연금형태의 급여를 제공하는 소득보장제도이다. 세 번째로 국가지급 보장에 의한 안전성이 보장된다. 이것은 국가가 운영하고 지급을 보장하는 가장 안전한 노후준비수단이 된다.

그 외에도 가입기간 인정(크레딧) 제도 운영으로 출산 및 군복무에 대해 연금 가입기간을 추가 인정해 주는 크레딧 제도를 통해 노령연금 수급기회를 확대하였다.

출산 크레딧(2008. 1. 1. 이후 출생한 자녀부터 인정)은 2자녀 이상 출산 시 국민연금 가입기간을 추가로 인정하고 해당기간의 소득은 평균소득월액(A값)의 전액을 인정하는 제도를 말한다. 자녀수에 따라 인정되는 추가 인정기간은 〈표 8-7〉과 같다.

〈표 8-7〉 출산 크레딧 인정기간

구분		2018년 1월 1일 이후에 얻은 자녀수					
		1인	2인	3인	4인	5인	–
2007년 12월 31일 이전에 얻은 자녀수	0인	0	12	30	48	50	50
	1인	12	30	48	50	50	50
	2인	18	36	50	50	50	50
	3인	18	36	50	50	50	50
	4인	18	36	50	50	50	50
	5인	18	36	50	50	50	50
	–	18	36	50	50	50	50

군복무 크레딧(2008. 1. 1. 이후 군에 입대하는 자부터 인정)은 병역의무를 이행한 자에게 6개월의 가입기간을 추가로 인정하고 해당기간의 소득은 평균소득

월액(A값)의 1/2을 인정하는 제도를 말한다. 군복무 크레딧 인정대상자는 현역병, 전환복무자, 상근예비역, 사회복무요원, 국제협력봉사요원, 공익근무요원 등이다.

실업 크레딧(2016. 8. 1.부터 시행)은 구직급여 수급자가 국민연금보험료 납부를 희망하는 경우 최대 1년간 보험료의 75%를 지원하고 그 기간을 국민연금 가입기간으로 추가 산입하는 제도를 말한다. 실업 크레딧은 2016년 8월 1일 이후 구직급여를 받게 되는 18세 이상 60세 미만의 실직자로 국민연금보험료를 1개월 이상 납부한 이력이 있는 가입자가 지원대상이 된다. 그리고 국민연금 수급권자에게 지급된 급여로서 120만 원 이하의 금액에 대해서는 압류하지 못하도록 하여 연금을 통한 기본적인 생활을 보장한다.

1) 연금 급여의 유형

국민연금은 나이가 들어 은퇴하거나 장애 또는 사망으로 인해 소득이 감소할 경우 일정한 급여를 지급하여 소득을 보장하는 사회보험으로, 지급받게 되는 급여의 유형으로는 노령연금(분할연금), 장애연금, 유족연금, 반환일시금, 사망일시금 등으로 〈표 8-8〉과 같다.

〈표 8-8〉 연금 급여 유형

연금 급여(매월 지급)		일시금 급여	
노령연금 (분할연금)	노후 소득보장을 위한 급여 국민연금의 기초가 되는 급여	반환 일시금	연금을 받지 못하거나 더 이상 가입할 수 없는 경우 청산적 성격으로 지급하는 급여
장애연금	장애로 인한 소득 감소에 대비한 급여	사망 일시금	유족연금 또는 반환일시금을 받지 못할 경우 장제부조적·보상적 성격으로 지급하는 급여
유족연금	가입자(였던 자) 또는 수급권자의 사망으로 인한 유족의 생계 보호를 위한 급여		

연금 급여의 각 유형별 수급요건과 급여수준을 살펴보면 다음과 같다.

(1) 노령연금

국민연금의 기초가 되는 급여로 국민연금 가입자가 나이가 들어 소득활동에 종사하지 못할 경우 생활안정과 복지증진을 위하여 지급되는 급여로서 가입기간(연금보험료 납부기간)이 10년 이상이면 60세('소득이 있는 업무'에 종사하지 않는 경우 55세) 이후부터 평생 매월 지급하는 급여를 말한다. 가입기간, 연령, 소득활동 유무에 따라 노령연금, 조기노령연금, 파생급여로 분할연금이 있다.

노령연금을 받을 수 있는 요건은 〈표 8-9〉와 같다.

〈표 8-9〉 노령연금 수급요건

구분	요건
노령연금	• 가입기간 10년 이상, 60세에 도달한 자 ※ 노령연금 수급권자가 65세 전에 소득이 있는 업무에 종사하는 경우에는 초과소득월액에 따라 구간별로 연금액이 감액됨(최대 감액 비율: 노령연금액의 1/2). 근로소득 공제 또는 필요경비 공제 후의 월평균소득액이 전체 가입자의 평균소득(A값) 이하인 경우에는 해당 없음.
조기 노령연금	• 가입기간 10년 이상, 연령 55세 이상인 자가 소득이 있는 업무에 종사하지 아니하고, 60세 도달 전에 청구한 경우[소득이 있는 업무에 종사하는 경우 60세 전에는 그 기간의 연금을 지급 정지하고, 60세 이후 65세 전에는 초과소득월액에 따라 구간별로 연금액이 감액됨(최대 감액 비율: 노령연금액의 1/2)].
분할연금	• 가입기간 중 혼인기간이 5년 이상인 노령연금 수급권자의 이혼한 배우자가 60세가 된 경우

참고로 노령연금의 수급개시 연령은 현재까지 60세이나 향후 노령화의 진행으로 〈표 8-10〉과 같이 65세로 상향될 예정이다.

〈표 8-10〉 노령연금 수급 연령

출생 연도	수급개시 연령		
	노령연금	조기노령연금	분할연금
1952년생 이전	60세	55세	60세
1953~56년생	61세	56세	61세
1957~60년생	62세	57세	62세
1961~64년생	63세	58세	63세
1965~68년생	64세	59세	64세
1969년생 이후	65세	60세	65세

2019년 가입한 수급자가 향후 가입기간에 따라 예상되는 노령연금액은 〈표 8-11〉과 같다.

〈표 8-11〉 노령연금 예상월액 (단위: 원)

가입기간 중 평균소득월액(B값)	연금 보험료	가입기간				
		10년	15년	20년	30년	40년
1,200,000	108,000	187,830	276,750	365,670	543,500	721,330
4,000,000	360,000	335,710	494,620	653,540	971,370	1,289,210

• 2019년 1월에 최초 가입한 것으로 가정하여 현재의 A값(2019년도 2,356,670원)을 적용하였으며, 실제 연금 수급월액은 연금 수급 당시의 'A'값 및 '재평가율'을 적용함

(2) 장애연금

장애연금은 질병이나 부상의 초진일 당시 일정한 가입기간이 있는 경우 완치(진행 중인 때는 초진일로부터 1년 6개월 경과 시)되었으나 신체적 또는 정신적 장애가 남았을 때, 이에 따른 소득 감소 부분을 보전함으로써 자신과 가족의 안정된 생활을 보장하기 위한 급여를 말한다.

대상은 질병이나 부상의 초진일 당시 일정한 가입기간이 있고, 완치된 후에도 신체 또는 정신적 장애가 남아 장애연금 지급대상이 되는 경우 장애정도(1~4급)에 따라 급여를 지급한다. 장애정도에 따른 장애연금 급여수준은 〈표 8-12〉와 같다.

〈표 8-12〉 장애등급별 장애연금 예상월액

장애등급별 급여수준

장애1급	장애2급	장애3급	장애4급(일시보상금)
기본연금액의 100% + 부양가족연급액	기본연금액의 80% + 부양가족연금액	기본연금액의 60% + 부양가족연금액	기본연금액의 225%

장애연금 예상월액 (단위 : 원)

가입기간 중 평균소득월액(B값)	연금 보험료	장애등급			장애일시보상금
		1급	2급	3급	4급
1,200,000	108,000	395,670	316,540	237,400	10,683,340
4,000,000	360,000	707,170	565,740	424,300	19,093,840

• 2019년 1월에 최초 가입한 것으로 가정하여 현재의 A값(2019년도 2,356,670원)을 적용하였으며, 실제 연금 수급월액은 연금 수급 당시의 'A'값 및 '재평가율'을 적용함

(3) 유족연금

유족연금은 국민연금 수급자에 의하여 생계를 유지하던 유족에게 가입기간에 따라 일정률의 기본연금액에 부양가족연금액을 합한 금액을 지급하여 남아 있는 가족들이 안정된 삶을 살아갈 수 있도록 하기 위한 연금이다. 유족연금을 수급하기 위한 요건과 유족의 범위는 〈표 8-13〉과 같다.

〈표 8-13〉 유족연금 수급요건 및 유족의 범위

- 노령연금 수급권자가 사망한 경우
- 장애등급 2급 이상인 장애연금 수급권자가 사망한 경우
- 가입기간이 10년 이상인 가입자 또는 가입자였던 자가 사망한 경우
- 연금보험료를 낸 기간이 가입대상기간의 1/3 이상인 가입자 또는 가입자였던 자가 사망한 경우(제6조 단서에 따라 가입대상에서 제외되는 기간 중 또는 국외이주, 국적상실 기간 중 사망하는 경우는 유족연금 부지급)
- 사망일 5년 전부터 사망일까지의 기간 중 연금보험료를 낸 기간이 3년 이상인 가입자 또는 가입자였던 자가 사망한 경우. 단, 가입대상기간 중 체납기간이 3년 이상인 경우는 제외(제6조 단서에 따라 가입대상에서 제외되는 기간 중 또는 국외이주, 국적상실 기간 중 사망하는 경우는 유족연금 부지급)

※ 법 부칙 5조에 의거 종전 법에 따라 유족연금을 받을 수 있는 경우는 종전의 규정 적용 가능(지급사유 발생일이 2018. 11. 29. 이전인 경우에 한함)

지급대상	요건	
자녀	25세 미만*	또는 장애등급 2급 이상 (연령제한 없음)
부모(배우자의 부모 포함)	60세 이상***	
손자녀	19세 미만**	
조부모(배우자의 조부모 포함)	60세 이상***	

* 유족연급 지급사유 발생일이 2012.4.1. 전인 경우는 18세 미만, 2012.4.1. 이후부터 2016.11.30. 전인 경우는 19세 미만

** 유족연금 지급사유 발생일이 2012.4.1. 전인 경우는 18세 미만, 2012.4.1. 이후는 19세 미만

*** 2013. 1. 1. 이후 유족연금 지급사유 발생 건부터 급여 지급 연령 상한조정 적용('53~'56년생은 61세, '57년~'60년생은 62세, '61년~'64년생은 63세, '65년~'68년생은 64세, '69년생 이후부터는 65세

유족연금은 사망자의 가입기간에 따라 기본연금액의 일정률에 부양가족연금액이 더해져 매월 연금으로 지급된다. 유족연금액 산정을 위한 가입기간별 유족연금액과 매월 예상월액은 〈표 8-14〉와 같다.

〈표 8-14〉 가입기간별 유족연금액과 매월 예상월액

가입기간별 유족연금액

10년 미만	10년 이상 ~ 20년 미만	20년 이상
기본연금액의 40% + 부양가족연금액	기본연금액의 50% + 부양가족연금액	기본연금액의 60% + 부양가족연금액

• 다만, 노령연금 수급권자의 사망으로 인한 유족연금액은 사망한 자가 지급받던 노령연금액을 초과할 수 없음

유족연금 예상월액 (단위 : 원)

가입기간 중 평균소득월액(B값)	연금 보험료	가입기간		
		10년 미만	10~20년 미만	20년
1,200,000	108,000	158,270	238,150	312,560
4,000,000	360,000	282,870	451,520	610,080

(4) 반환일시금

반환일시금은 수급예정자가 지급연령(60~65세)이 되었을 때 연금 급여를 받을 수 있는 요건을 충족하지 못하였거나 국외이주 등으로 더 이상 국민연금 가입대상이 아닌 경우 납부한 연금 보험료에 이자를 더해 일시에 지급하는 급여를 말한다.

(5) 사망일시금

사망일시금은 가입자 또는 가입자이었던 자가 사망하였으나 유족연금 또는 반환일시금을 지급받을 수 없는 유족에게 장제부조적 성격의 일시금을 지급하여 가입자 간 형평성 문제를 보완하고 국민연금의 수혜범위를 확대하는 보완적 성격의 급여를 말한다.

2) 연금 급여액 산정

국민연금 급여액의 산정은 기본연금액과 부양가족연금액 산정으로 나누어진다. 기본연금액 산정은 다음과 같은 요인들에 의해 계산된다.

연금액 = 기본연금액 × 연금종별 지급률 및 제한율 + 부양가족연금액

기본연금법

$$= \left[\underset{1988\sim1998년}{\underline{2.4(A+0.75B)\times P1/P}} + \underset{1999\sim2007년}{\underline{1.8(A+B)\times P2/P}} + \underset{2008년}{\underline{1.5(A+B)\times P3/P}} + \underset{2009년}{\underline{1.485(A+B)\times P4/P}} + \right.$$

$$\left. \underset{2028년\ 이후}{\underline{1.2(A+B)\times P23/P}} + \underset{출산\ 크레딧}{\underline{X(A+A)\times C/P}} + \underset{군복무\ 크레딧}{\underline{X(A+1/2A)\times 6/P}} \right] \times(1+0.05n/12)$$

A = 연금 수급 전 3년간의 평균액소득액의 평균액
B = 가입자 개인의 가입기간 중 기준소득월액의 평균액
※ 가입자 개인의 가입기간 동안의 기준소득월액을 매년 보건복지부장관이 고시하는 연도별 재평가율에 의하여 연금 수급 전년도의 현재가치로 환산한 후 그 합계액을 가입자의 전체 가입월수로 나누어 산정
P = 가입자의 전체 가입월수(노령연금액 산정 시에만 출산 및 군복무 크레딧을 포함한 전체 가입월수)
n = 20년 초과월수(노령연금액 산정 시에만 출산 및 군복무 크레딧을 포함한 전체 가입월수)
※ 2009. 3. 1. 이후 지급사유 발생자에게 적용할 연금 수급 전 3년간의 평균소득월액(A): 1,750,959원
X : 1.5~1.2까지의 비례상수 중 노령연금 수급권 취득시점의 상수
C : 추가 가입기간 12, 30, 48, 50(균분하는 경우에는 6, 15, 24, 25)
(출산 및 군복무 크레딧으로 인한 연금액 및 증가되는 가입기간은 노령연금액 산정 시에만 적용됨)

부양가족연금액은 수급권자(유족연금의 경우에는 사망한 가입자 또는 가입자였던 자를 말함)를 기준으로 하는 배우자, 자녀 또는 부모로서 수급권자에 의해 생계를 유지하고 있는 자에 대하여 지급하는 일종의 가족수당 성격의 부가급여로 지급대상에 따른 요건 및 연금액은 〈표 8-15〉와 같다.

〈표 8-15〉 부양가족연금액 대상 및 요건

지급대상	요건	부양가족연금액
배우자	(사실혼 포함)	연 260,720원
자녀: 배우자가 혼인 전에 얻은 자녀(계자녀) 포함	19세 미만 또는 장애등급 2급 이상에 해당하는 자녀	연 173,770원/1인당
부모: 배우자의 부모, 부 또는 모의 배우자(계부모) 포함	60세 이상 또는 장애등급 2급 이상에 해당하는 부모	

• 2019년 1월~2019년 12월까지 적용되는 부양가족연금액이며, 매년 물가변동률에 따라 조정(2019년 1.5% 인상 조정)

3) 연금의 지급기간 및 지급일

연금은 지급 사유가 발생한 날이 속하는 달의 다음 달부터 수급권이 소멸한 날이 속하는 달까지 지급한다. 노령연금의 경우 수급사유 발생일은 60세 생일이며(조기노령연금의 경우 청구일), 장애연금의 경우 완치일 또는 초진일로부터 1년 6개월 경과일, 유족연금의 경우 사망일이 된다. 연금지급일 구분은 〈표 8-16〉과 같다.

〈표 8-16〉 연금 지급일 구분

정기지급	매월 정기 지급되는 연금은 노령, 장애, 유족연금이며 지급일은 매월 말일로 그 달의 연금액을 지급함(지급일이 토요일이거나 공휴일인 경우에는 그 전일에 지급) 예: 2006년 9월분 연금 ➡ 2006년 9월 29일 지급 (9월 30일이 토요일)
즉시지급	반환일시금(사망일시금)의 경우에는 수급요건이 확인되고 구비서류 등이 갖추어진 경우 청구 즉시 지급받을 수 있음

그리고 연금의 대상자가 중복되는 연금 수급이 발생할 때에는 중복지급의 조정이 발생한다. 일본, 영국, 미국, 덴마크 등과 같은 다른 나라와 마찬가지로 우리나라에서도 한 사람에게 국민연금 또는 다른 사회보험에 의한 급여가 중복 지급되는 것을 제한하거나 조정하고 있다. 이것은 한 사람에게 급여가 집중되는 것을 방지하여 한정된 재원으로 좀 더 많은 사람들이 골고루 혜택을 누려야 한다는 사회보험의 원리에 따른 것이다.

중복급여의 조정은 동일인에게 2 이상 급여의 수급권이 발생하는 경우 각각의 급여를 모두 지급하는 것이 아니라 수급권자의 선택에 의하여 1개의 급여만 지급되고, 나머지 급여는 지급정지되는 등 제한을 받는 것을 말한다. 한 사람에게 둘 이상의 국민연금 급여가 발생한 경우 선택한 하나만 지급받을 수 있다.

예를 들어, 장애연금을 받고 있는 사람이 노후에 노령연금 수급권이 발생한 경우 그 2개의 연금 급여 중 수급권자가 선택한 하나의 급여가 지급되고 다른 급여의 지급은 정지된다.

연/구/문/제

01 우리나라 국민연금제도는 크게 국민연금과 특수직역 국민연금으로 나누어지는데, 특수직역 국민연금의 유형과 기여율, 급여율을 조사해 봅시다.

02 세계 선진 복지국가의 국민연금 기여율과 급여율, 급여유형을 자세히 고찰해 봅시다.

03 우리나라 국민연금제도의 문제점을 살펴보고 향후 발전방안에 대해 토론해 봅시다.

04 2013년 현재 국민연금(완전노령연금) 수급자를 만나서 어느 정도의 급여를 받고 있는지 조사해 봅시다.

참/고/문/헌

강영실(2008). 사회복지정책의 이해. 신정.

국민연금공표통계(2019). 국민연금관리공단.

김상균 외(2005). 비교빈곤정책론. 나남출판.

김연명(2013). 한국 노후소득보장제도의 현황과 과제, 한국노동조합총연맹 설명회 자료.

박석돈(2008). 사회보장론. 양서원.

양정하 외(2007). 사회보장론. 공동체.

이영환(2005). 한국사회와 복지정책. 나눔의집.

이태복 외(2006). 사회복지정책론. 나남출판.

김정조(2000). 국민연금제도의 재정안정화에 관한 연구. 동아대 석사학위논문.

민성재 외(1986). 국민연급제도의 기본구상과 경제사회 파급효과. 한국개발연구원.

안종범(1999). 국민연금 도시자영자 확대에 따른 문제점과 개선방안.

정경배 외(1991). 국민연금의 재정안정과 기금의 적정운용. 한국보건사회연구원.

조일현(2001). 국민연금제도의 문제점과 개선방안 연구. 대전대 석사학위논문.

국민연금공단 홈페이지. http://www.nps.or.kr/jsppage/main.jsp.

국민건강보험제도

CHAPTER 09

학/습/목/표

- 재원조달방식에 따른 의료보장제도를 이해하고 설명할 수 있다.
- 우리나라 국민건강보험제도의 급여의 종류를 파악한다.
- 우리나라 의료전달체계를 설명할 수 있다.

01 의료보장

1) 정의

사회보장(Social Security)이라는 용어는 유럽에서 실시하고 있던 사회보험의 '사회(social)'와 미국의 대공황 시기에 등장한 긴급경제보장위원회(Emergency Economic Security Committee)의 '보장(security)'이란 용어가 합쳐져서 탄생한 것으로, 1935년에 미국이 「사회보장법(Social Security Act)」을 제정하면서 법률명으로 처음 사용되었고, 이후 사회보장이라는 용어는 전 세계적으로 통용되기 시작하였다. 제2차 세계대전 후 국제노동기구(ILO)의 「사회보장의 길(Approach to Social Security)」과 영국의 베버리지(Beveridge)가 작성한 보고서 「사회보험과 관련 서비스(Social Insurance and Allied Services)」 및 프랑스 라로크(Pierre Laroque)가 책정한 「사회보장계획」의 영향으로 각국에서는 구체적인 사회정책을 제도화하기 시작하였다.

우리나라는 1962년 제5차 개정 「헌법」 제30조 제2항에서 처음으로 "국가는 사회보장의 증진에 노력하여야 한다."고 규정하여 국가적으로 의무로서 '사회보장'을 천명하였고, 이에 1963년 11월 5일 법률 제1437호로 전문 7개조의 「사회보장에 관한 법률」을 제정하였다. 그 후 1980년 제8차 개정 「헌법」에서는 '사회보장'이라는 용어를 최초로 사용하였다. 사회보장은 크게 소득보장과 의료보장으로 구분되는데, 의료보장(medical security)은 개인의 능력으로 해결할 수 없는 의료문제를 사회적 연대책임으로 해결하고자 하는 것이며, 의료보장제도는 국민의 건강권을 보호하기 위하여 요구되는 필요한 보건의료서비스를 국가나 사회가 제공하는 제도적 장치로서, 건강보험, 의료급여, 산재보험을 포괄한다. 우리나라의 의료보장제도는 사회보장 체계라는 큰 틀 속에서 사회보험의 국민건강보험, 공공부조의 의료급여로 구성된다.

2) 재원조달방식에 따른 유형

한 나라의 의료보장제도는 역사와 문화의 산물로서 의료보장을 운영하는데, 소요되는 재원을 조달하는 방식 역시 그 사회의 여건에 따라 다르다. 일반적으로 OECD는 사회보험방식(SHI: Social Health Service), 국민건강보험방식(NHI: National Health Insurance), 국민보건서비스방식(NHS: National Health Service)의 세 가지로 분류하고 있다.

사회보험방식(SHI)은 국가의 의료보장에 대한 책임을 기본으로 하고 있지만, 의료비에 대한 국민의 자기책임 의식을 일정 부분 인정하는 체계이다. 정부기관이 아닌 보험자가 보험료로 재원을 마련하여 의료를 보장하는 방식으로 독일의 비스마르크가 창시하여 비스마르크 방식이라고도 한다. 이는 보험원리에 의해 1차적으로 국민의 보험료를 통해 재원을 조달하고, 국가는 2차적 지원과 후견적 지도기능을 수행함에 따라 국민의 1차적 부담의무가 전제된 비용 의식적 제도이며, 국민의 정부 의존심을 최소화할 수 있다. 또한, 관리체계는 정부에 대해 상대적으로 자율성을 지닌 기구를 통한 자치적 운영을 근간으로 하며, 의료의 사유화를 전제로 의료공급자가 국민과 보험자 간에서 보험급여를 대행하는 방식이다. 사회보험방식은 독일, 프랑스 등이 그 대표적인 국가이다.

국민건강보험방식(NHI)은 SHI와 마찬가지로 사회연대성을 기반으로 보험의 원리를 도입한 의료보장체계이다. 서구 유럽의 SHI방식과 그 운영방식이 대체로 흡사하지만, 국가 내 '보험자(의료에 대한 사회보험 관리운영기구)'가 1개라는 점에서 서구의 SHI방식과 차이가 있다. 이러한 NHI방식의 의료보장체계로 운영하는 대표적인 국가는 한국과 대만을 들 수 있는데, 사회보험의 운영원리를 자국의 사회적·경제적 실정에 맞게 적용했다는 점에서 의의가 있다.

국민보건서비스방식(NHS)은 국민의 의료문제는 국가가 모두 책임져야 한다는 관점에서 정부가 일반조세로 재원을 마련하여 모든 국민에게 무상으로 의료를 제공(Universal Type)하는 국가의 직접적인 의료관장 방식으로, 일명 조세방식 또는 베버리지 방식이라고 한다. 이 경우 의료기관의 상당부분이 사회화 내지 국유화되어 있으며, 영국의 베버리지가 제안한 이래 영국, 스웨덴, 이탈리아 등이 그 대표적인 국가이다. NHS방식을 채택하고 있는 나라에서는 소득수준에 관계없이 모든 국민에게 포괄적이고 균등한 의료를 보장하며, 정부가 관리 주체로서 의료공급이 공공화되어 의료비 증가에 대한 통제가 강하다. 그리고 조세제도를 통한 재원조달은 비교적 소득재분배 효과가 강하다는 장점이 있으나, 의료의 사회화가 상대적으로 의료의 질을 저하시킬 수 있으며 조세에 의한 의료비 재원조달에 많은 어려움이 있어 정부의 과다한 복지비용 부담이 문제가 되고 있다. 또한, 의료수용자 측의 비용의식 부족과 민간보험의 확대 그리고 장기간 진료대기 문제 등 부작용이 나타나고 있어, 이에 대한 제도개혁의 필요성도 증가되고 있다. 한편 SHI방식과 NHI방식을 취하고 있는 나라에서는 조합원이 대표의결기구를 통해 건강보험 운영에 관한 의사결정에 참여함으로써 제도 운영의 민주성을 기할 수 있고, 국민의 비용의식이 강하게 작용하여 상대적으로 양질의 의료를 제공할 수 있다는 장점은 있다. 그러나 소유 유형 등이 서로 다른 구성원에 대한 단일 보험료 부과기준 적용이 어렵고, 의료비 증가에 대한 억제기능이 취약하여 보험재정 안정을 위한 노력이 필요하다.

〈표 9-1〉 사회보험방식(SHI), 국민건강보험방식(NHI)과 국가보건서비스(NHS)의 비교

구분	사회보험방식(SHI), 국민건강보험방식(NHI)	국민보건서비스방식(NHS)
기본이념	• 의료비에 대한 국민의 1차적 자기책임 의식 견지(국민의 정부의존 최소화)	• 국민의료비에 대한 국가책임 견지 (국민의 정부의존 심화)
적용대상 관리	• 국민을 임금소득자, 공무원, 자영자 등으로 구분 관리(극빈자는 별도 구분)	• 전 국민을 일괄 적용 (집단 구분 없음)
재원조달	• 보험료 • 일부 국고지원	• 정부 일반조세
진료보수 산정방법	• 행위별 수가제 또는 총액 계약제 등	• 일반 개원의는 인두제[11)] • 병원급은 의사 봉급제[12)]
관리기구	• 보험자	• 정부기관(사회보장청 등)
채택국가	• 독일, 프랑스, 네덜란드, 일본, 한국 등	• 영국, 스웨덴, 이탈리아, 캐나다 등
국민 의료비	• 의료비 억제기능 취약	• 의료비 통제효과가 강함
보험료 형평성	• 보험자 내 보험료 부과의 구체적 형평성 확보 가능 • 보험자가 다수일 경우 보험자 간 재정 불균형 발생 우려	• 조세에 의한 재원조달로 소득재분배 효과 강함(선진국) (단, 조세체계가 선진화되지 않은 경우 소득역진 초래)
의료 서비스	• 상대적으로 양질의 의료 제공 • 첨단의료기술 발전에 긍정적 영향	• 의료의 질 저하 초래 • 입원대기 환자 급증 − 대기기간 장기화 − 개원의의 입원의뢰 남발 • 사 보험 가입경향 증가로 국민의 이중 부담 초래
연대의식	• 가입자 간 연대의식 강함	• 가입자 간 연대의식 희박
관리 운영	• 보험자 중심 자율 운영(대표 기구를 통한 가입자의 조합운영 참여 보장) • 직접 관리운영비 소요(보험료 징수 등)	• 정부기관 직접 관리(가입자의 운영참여 배제) • 직접 관리운영비 부분적 축소(보험료 징수비용이 조세관리 비용으로 전가)

11) 인두제는 문자 그대로 의료인이 맡고 있는 환자 수, 즉 자기의 환자가 될 가능성이 있는 일정 지역의 주민 수에 일정 금액을 곱하여 이에 상응하는 보수를 지급받는 방식이다. 주민이 의사를 선택하고 등록을 마치면 등록된 주민이 환자로서 해당 의사의 의료서비스를 받든지, 안 받든지 간에 보험자 또는 국가로부터 각 등록된 환자 수에 따라 일정 수입을 지급받게 된다.

12) 봉급제란 의료인들에게 그들 각자의 근무경력, 기술수준, 근무하는 의료기관의 종별 및 직책에 따라 보수수준을 결정하고 그에 따라 월 1회 또는 일정 기간에 한 번씩 급료를 지급하는 방법을 말한다. 일반적으로 정해진 월급만 받는 봉직의사들은 진료행위별 수가제 하의 의료인에 비해 개인적·경제적 동기가 적기 때문에 진료의 질을 높이거나, 효율성을 제고하는 점에서 열의가 부족하다. 최소한의 자기책임만 성실히 수행하는 형태를 보인다.

02 우리나라 국민건강보험제도

1) 정의 및 목적

인간은 누구나 건강하게 오래 살고 싶은 욕구가 있다. 의식주와 더불어 의료보장은 인간이 사회생활을 하는 데 반드시 필요하다. 개인이나 가족만이 책임을 맡았던 전통사회와는 달리 현대사회는 산업화, 도시화, 고령화로 인하여 국가적 차원에서 의료문제를 다루어야 한다.

의료보장은 기본적으로 의료비의 경제적 부담으로부터 국민의 부담을 덜어주려는 사회복지체계의 일부이다. 국민건강보험은 질병, 부상, 분만, 사망 등의 사고에 대한 의료의 제공을 조직하고, 질병의 비용과 건강보호를 집단적으로 부담하는 일을 사회에 위탁함으로써 모든 사람에게 의료혜택을 주어 건강하고 문화적인 생활을 영위하도록 돕는 것으로 정의할 수 있다. 다시 말하면, 일상생활에서 발생하는 우연한 질병이나 부상으로 인하여 일시에 고액의 진료비가 소요되어 가계가 파탄되는 것을 방지하기 위하여, 보험 원리에 의거해 국민이 평소에 낸 보험료를 보험자인 국민건강보험공단이 관리·운영하다가 국민이 의료를 이용할 경우 보험급여를 제공함으로써 국민 상호 간에 위험을 분담하게 하고 의료서비스를 제공하는 사회보장제도이다. 「국민건강보험법」 제1조에 명시하고 있는 건강보험의 목적은 국민의 질병·부상에 대한 예방·진단·치료·재활과 출산·사망 및 건강증진에 대하여 보험급여를 실시함으로써 국민보건을 향상시키고 사회보장을 증진함을 목적으로 하고 있다.

우리나라에서는 건강보험 하면 환자의 진료비 대부분을 지급해 주는 제도로 인지되고 있으나, 원래 건강보험은 진료비보다는 질병으로 인한 소득의 상실 부분을 현금으로 지급하는 데 일차적인 목적을 두었던 제도였다. 진료비 보장은 부차적이었던 것이다. 1911년 국민보험법의 하나로 시작된 영국의 건강보험이 바로 그러한 형태였다. 영국의 경우 국민에게 무상의 포괄적인 의료서비스를 보장해 주는 국민보건서비스(NHS)를 실시하고 있음에도, 질병으로 인한 소득의 중단에 대처하기 위해 현금급여 프로그램을 별도로 운영하고 있다.

2) 국민건강보험제도의 특성

(1) 보험가입 및 보험료 납부의 의무

법률에 의하여 강제로 가입해야 한다. 일정한 법적 요건이 충족되면 본인의 의사와 관계없이 강제가입이 적용된다. 보험가입을 기피할 수 있도록 제도화될 경우 질병 위험이 큰 사람만 보험에 가입하여 국민 상호 간에 위험분담 및 의료비 공동해결이라는 건강보험제도의 목적을 실현할 수 없기 때문에, 일정한 법적 요건이 충족되면 본인의 의사와 관계없이 건강보험이 강제되며 보험료 납부의무가 부여된다.

(2) 부담능력에 따른 보험료 부과(형평부과)

민간보험은 보장의 범위, 질병위험의 정도, 계약의 내용 등에 따라 보험료를 부담하는 데 비해, 사회보험방식으로 운영되는 국민건강보험은 사회적 연대를 기초로 의료비 문제를 해결하는 것을 목적으로 하므로, 소득수준 등 보험료 부담능력에 따라서 보험료를 부과한다.

(3) 보험급여의 균등한 보장

질병은 개인의 경제생활에 영향을 미쳐 가계 소득을 떨어뜨리고 다시 건강을 악화시키는 악순환을 초래한다. 민간보험은 부과수준, 계약기간 및 내용에 따라 차등급여를 받지만, 사회보험은 보험료 부과수준에 관계없이 관계 법령에 의하여 균등하게 보험급여가 이루어진다. 건강보험 역시 각 개인의 능력에 따라 일정한 부담으로 재원을 조성하고 개별 부담과 관계없이 필요에 따라 균등한 급여를 제공받음으로써 소득재분배의 기능을 가지고 있다고 할 수 있다.

3) 국민건강보험제도의 기능 및 역할

(1) 의료보장의 기능

건강보험은 피보험대상자 모두에게 필요한 기본적 의료를 적정한 수준까지 보장함으로써 그들의 의료 문제를 해결하고 누구에게나 균등하게 적정수준의 급여를 제공한다.

(2) 사회연대의 기능

건강보험은 사회보험으로서 건강에 대한 사회공동의 책임을 강조하여 비용(보험료)부담은 소득과 능력에 따라 부담하고, 가입자 모두에게 균등한 급여를 제공함으로써 사회적 연대를 강화하고 사회통합을 이루는 기능을 가지고 있다.

(3) 소득재분배 기능

질병은 개인의 경제생활에 지장을 주어 소득을 떨어뜨리고 다시 건강을 악화시키는 악순환을 초래하기 때문에 각 개인의 경제적 능력에 따른 일정한 부담으로 재원을 조성하고, 개별부담과 관계없이 필요에 따라 균등한 급여를 제공하여 질병의 치료부담을 경감시키는 건강보험은 소득재분배 기능을 수행한다.

4) 국민건강보험의 역사

우리나라의 건강보험제도는 1960년대 초반부터 논의되기 시작해서 1963년 최초로 「의료보험법」을 제정하였다. 하지만 법률의 제정과정에서 강제적 성격의 의료보험제도가 임의적 성격으로 바뀌면서 당초의 목적대로 실시되지 않았다. 「의료보험법」을 제정했지만, 강제적으로 실시하지 못한 데는 경제적 자원의 부족이 가장 큰 원인으로 볼 수 있다.

1977년 7월 1일부터 시행된 개정 「의료보험법」은 500인 이상을 고용하는 사업장부터 강제가입 대상으로 하여 비로소 법 제정 이후 의료보험제도가 본격적으로 실시되었다. 같은 해에 저소득 계층의 국민에게는 공공부조방식의 의료보호제도를 실시하였다. 1988년 농어촌지역 의료보험, 1989년 도시지역 의료보험 실시는 그때까지 의료보장의 수혜권에서 제외되었던 자영자 계층까지 의료보험을 확대하여 전 국민 의료보장을 달성하였다.

2000년 7월 1일 기존의 조합식 의료보험제도를 통합방식으로 전환하고 제도의 명칭도 국민건강보험제도로 바꾸었다. 우선 관리운영기구를 지역, 직장, 공무원·사립학교 교직원으로 전부 통합하여 하나의 국민건강보험공단으로 단일화했으며, 기존에 의료보험연합회에서 담당하던 진료비 심사 기능은 국민건강보험공단과 독립된 건강보험심사평가원을 신설해 담당하도록 했다.

국민건강보험제도에 의한 관리운영기구의 통합은 기존의 직장, 지역별로 독립채산제로 운영되던 의료보험 재정을 하나의 통합된 기금으로 일원화했으며, 과거 조합별로 상이하던 보험료율은 직장과 지역별로 구분하기는 하지만, 전국적으로 동일한 보험료 부과방식을 적용하고 있다.

〈표 9-2〉 건강보험제도의 연혁

1963. 12.	「의료보험법」 제정
1977. 07.	500인 이상 사업장 근로자 의료보험 실시(486개 조합 설립)
1979. 01.	공무원·사립학교 교직원 의료보험 실시
1981. 01.	100인 이상 사업장 의료보험 적용 확대
1988. 01.	농어촌지역 의료보험 확대 실시
1988. 07.	5인 이상 사업장 의료보험 적용 확대
1989. 07.	도시지역 의료보험 실시 → 전 국민 의료보험 실현
1997. 12.	「국민의료보험법」 제정
1998. 10.	지역의료보험조합(227개 조합)과 공무원·사립학교 교직원 의료보험관리공단 통합 국민의료보험관리공단 출범
1999. 02.	「국민건강보험법」 제정
2000. 07.	국민의료보험관리공단과 직장의료보험조합(139개) 통합 국민건강보험공단 출범(의료보험 완전 통합)
2001. 07.	5인 미만 사업장 근로자 직장가입자 편입
2002. 01.	「국민건강보험재정건전화특별법」 제정
2003. 07.	직장 재정과 지역 재정을 통합(실질적인 건강보험 통합)

2005. 07.	노인장기요양보험 시범사업 실시
2007. 04.	「노인장기요양보험법」 제정(법률 제8403호)
2008. 07.	노인장기요양보험 실시
2011. 01.	사회보험 징수 통합(건강보험, 국민연금, 고용보험, 산재보험)
2012. 07.	포괄 수가제 병·의원급 의료기관 당연적용(7개 질병군 입원환자)
2013. 08.	중증질환 재난적 의료비 지원사업 실시
2014. 04.	건강보험공단, 담배회사 상대로 손해배상 청구소송 제기
2015. 01.	간호·간병 통합서비스 보험급여 적용(2015. 12. 「의료법」 개정으로 기존 포괄 간호서비스에서 간호·간병 통합서비스로 명칭 변경)
2019. 07.	외국인 지역가입자 당연적용 실시

5) 적용대상

건강보험은 직장가입자와 지역가입자로 적용대상을 구분하는데, 직장가입자는 사업장의 근로자 및 사용자와 공무원 및 교직원, 그 피부양자로 구성되고, 지역가입자는 직장가입자를 제외한 자를 대상으로 한다. 건강보험 대상자 중 피부양자는 직장가입자에 의하여 주로 생계를 유지하는 자로서 보수 또는 소득이 없는 자를 의미하며, 직장가입자의 배우자, 직계존속(배우자의 직계존속 포함), 직계비속(배우자의 직계비속 포함) 및 그 배우자, 형제·자매를 포함한다.

(1) 국내에 거주하는 국민(가입자 또는 피부양자): 법 제5조

직장가입자 및 피부양자는 주민등록이 말소되었더라도 국내에 거주하고 있는 경우 국민으로 인정한다. 다만, 국외이주 말소자 및 현지이민 말소자는 외국인 또는 재외국민으로 관리한다. 지역가입자는 거주 사실을 객관적으로 확인할 수 없는 현실 여건을 감안하여 거주 불명 등록인은 익일에 자격상실로 처리한다.

(2) 외국인 및 재외국민(가입자 또는 피부양자): 법 제109조 및 시행령 제76조

「출입국관리법」 제31조의 규정에 의하여 외국인등록을 하거나 「재외동포의 출입국과 법적 지위에 관한 법률」 제6조의 규정에 의하여 국내거소신고를 한 자이거나 직장가입자 적용사업장에 사용된 날 또는 공무원·교직원으로 임용·채용된 날에 사용자 또는 기관장의 건강보험 가입신고 시에 적용을 받게 된다(영 제76조 제1항). 다만, 본국의 법령 및 보험에 따라 국내에서도 국민건강보험에 준하는 의료보장 혜택을 받아 건강보험 제외신청을 하는 경우에는 제외된다(2007. 7. 31.부터 시행). 직장가입자 대상에 해당되지 아니하는 자 중 보건복지부령이 정하는 체류자격이 있는 자가 건강보험 가입신청 시에 적용된다(영 제76조 제2항).

(3) 건강보험 적용대상에서 제외되는 자: 법 제5조 제1항

「의료급여법」에 의하여 의료급여를 받는 자와 「독립유공자 예우에 관한 법률」과 「국가유공자 등 예우 및 지원에 관한 법률」에 의하여 의료보호를 받는 자는 제외된다.

〈표 9-3〉 적용인구 현황

(단위: 명)

구분			적용인구			
의료보장			1985년	2016년	2017년	2018년
			21,253,682	52,272,755	52,426,625	52,556,653
건강보험	계		17,994,913	50,763,283	50,940,885	51,071,982
	직장 소계	소계	16,424,491	36,674,739	36,898,912	36,989,716
		가입자	4,946,558	16,337,524	16,829,663	17,479,465
		피부양자	11,477,933	20,337,215	20,069,249	19,510,251
	- 근로자	소계	12,214,830	32,573,532	32,841,731	33,031,759
		가입자	3,907,965	14,822,974	15,301,653	15,922,380
		피부양자	8,306,865	17,750,558	17,540,078	17,109,379
	- 공무원·사립학교 교직원	소계	4,209,661	4,101,207	4,057,181	3,957,957
		가입자	1,038,593	1,514,550	1,528,010	1,557,085
		피부양자	3,171,068	2,586,657	2,529,171	2,400,872

구분				적용인구			
건강보험	지역	소계	가입자	375,242	14,088,544	14,041,973	14,082,266
			세대수	84,700	7,665,056	7,786,208	8,052,557
		군지역	가입자	273,826	1,913,233	1,871,569	1,860,527
			세대수	60,957	1,108,426	1,088,268	1,097,424
		도시	가입자	101,416	12,175,311	12,170,404	12,221,739
			세대수	23,743	6,556,630	6,697,940	6,955,133
의료급여	계			3,258,769	1,509,472	1,485,740	1,484,671
	1종	소계		642,434	1,065,551	1,065,398	1,081,803
	2종	소계		2,616,335	443,921	420,342	402,868

출처: 국민건강보험공단(2018).

6) 보험급여의 종류

보험급여란 가입자 및 피부양자의 질병과 부상에 대한 예방, 진단, 치료, 재활, 출산, 사망 및 건강증진에 대하여 법령이 정하는 바에 따라 현물 또는 현금의 형태로 제공하는 서비스를 말한다. 현물급여는 요양급여와 건강검진이 있으며 현금급여는 요양비, 장애인 보조기기, 본인부담액 상한제, 임신·출산 진료비 등이 있다.

(1) 요양급여

요양급여(법 제41조)는 가입자 및 피부양자의 질병, 부상, 출산 등에 대하여 요양급여를 실시하며 그 종류는 진찰·검사, 약제·치료 재료의 지급, 처치·수술 기타의 치료, 예방·재활, 입원, 간호, 이송이 있다. 식대의 경우 2006년 6월 1일부터 건강보험이 적용되었으며, 건강보험이 적용되는 입원환자 식대는 50%를 국민건강보험공단에서 부담하고, 나머지 50%만 환자가 부담하면 된다.

(2) 건강검진

건강검진은 건강보험 가입자들의 건강을 유지·증진하고, 경제적 손실을 최소화하며 장기적으로 보험급여비의 지출을 줄이고자 1980년에 시작되었다. 이후 1988년 직장피부양자 건강검진 실시, 1990년에 공무원·사립학교 교직원 피보험자 건강검진 실시, 1995년 지역조합 피보험자 건강검진 실시, 2000~2001년 특정 암 검사 실시, 2007년 생애 전환기 건강진단 및 영유아 건강검진 실시, 2016년 학교 밖 청소년 건강검진 실시 등의 생애 주기별 건강검진 체계를 통해 평생 건강관리 체계의 기반을 구축하였다. 또한, 건강검진의 질 향상을 위해 일반 건강검진 2차·생애 전환기 건강진단·일반 건강검진으로 통합하고, 공통 및 성별·연령별 질환 구분 및 고혈압, 당뇨병 질환 의심자의 확진검사 실시, 대장암 검진 본인부담금 10% 폐지 및 대장암 검진 유예, 66세 이상 의료급여 생애전환기 검진을 실시하고 있다.

(3) 요양비

① 출산비: 가입자(피부양자)가 요양기관(병·의원, 조산원)이 아닌 장소에서 출산(사산인 경우는 임신 16주 이상)한 경우 출산비를 지급한다. 2006년 11월 1일 이후 출생 시 25만 원을 지급하며 청구기한은 출산일로부터 3년 이내이다.

② 산소치료(가정용·휴대용) 기기 대여료: 중증의 만성심폐질환 등으로 산소치료가 필요하다고 인정되는 사람 중 90일 동안의 적절한 내과적 치료 후 별도로 시행한 동맥혈가스 검사 또는 산소포화도 검사결과에 따라 지급할 수 있다. 다만 90일 미만의 신생아 또는 장애정도가 심한 호흡기 장애인의 경우에는 내과적 치료 없이 검사를 시행할 수 있다. 기준금액은 가정용 12만 원/월, 휴대용 20만 원/월이며, 지급금액은 기준금액 이내 금액으로 대여한 경우 대여금액의 90%, 기준금액을 초과하여 대여한 경우 기준금액의 90%를 지급하되, 차상위 본인부담 경감 대상자의 경우 기준금액과 실대여금액 중 낮은 금액의 100%에 해당하는 금액을 지급한다.

③ 자가도뇨 소모성 재료 구입비: 급여대상은 자가배뇨가 불가능한 신경인성 방광환자로 공단에 등록된 자이며, 급여항목은 간헐적 자가도뇨를 위해 사용하는 소모성 재료인 자가도뇨카테터이며, 기준금액은 9,000원/일(1일 최대 6개까지 지원), 지급금액은 기준금액 이내의 금액으로 대여한 경우 대여금액의 90%, 기준금액을 초과하여 대여한 경우 기준금액의 90%를 지

급하되, 차상위 본인부담 경감 대상자의 경우 기준금액과 실대여금액 중 낮은 금액의 100%에 해당하는 금액을 지급한다.

④ 만성신부전증 환자의 복막관류액 및 자동복막투석 소모성 재료 구입비: 만성신부전증 환자가 의사의 처방전에 의하여 복막관류액 및 자동복막투석 시 사용되는 소모성 재료를 요양기관 이외의 의약품 판매업소에서 구입·사용한 경우 요양비를 지급한다. 지급금액은 2009년 7월 1일부터 약가기준액 범위 내에서 등록 희귀난치성 질환자의 경우 90% 지급하며, 미등록 희귀난치성 질환자의 경우 70%를 지급한다. 자동복막투석 소모성 재료는 고시기준 금액의 90%를 지급한다(2017년 1월 1일부터 10,420원/일).

⑤ 당뇨병 환자 소모성 재료 구입비: 지급대상은 인슐린을 투여하는 모든 당뇨병환자로 공단에 등록된 자이며, 단 만 19세 미만 및 임신 중인 경우는 인슐린 투여 여부와 무관하게 지원하고, 임신 중 당뇨병 환자의 경우 공단에 별도 등록 없이 지원한다. 1회 최대 90일 처방[단, 제1형 당뇨병 연속혈당측정용 전극(센서) 이외 품목의 경우 해당 전문의의 판단에 따라 180일 내에 처방이 가능하며, 연속혈당측정용 전극(센서) 품목은 최초처방의 경우 30일 내, 최초처방이 아닐 경우 90일 내 처방 가능]하고, 청구기한은 구입일로부터 3년이다.

⑥ 인공호흡기 대여료 및 소모품 구입비: 급여대상자 인정기준은 복지부장관이 고시하는 희귀난치 질환자 또는 만성호흡부전을 동반한 중추신경계·폐질환·선천성 심장 질환자로 개별 검사항목 및 상병진단기준을 충족하고, 임상증상과 이산화탄소 분압검사 결과가 인공호흡기 급여대상에 해당하는 것으로 진단되어 등록신청서를 발급받아 공단에 등록된 자이다.

⑦ 기침유발기 대여료: 급여대상자는 보건복지부 고시 「요양비의 보험급여 기준 및 방법」 별표 4의2 '인공호흡기 요양비 지급대상상병' 중 희귀난치성 질환(제1호) 및 만성호흡부전이 동반되는 중추신경계 질환(제2호) 상병으로 인공호흡기를 사용하는 사람이 기침유발기가 필요하다고 진단받고 공단에

신청하여 등록된 자이며, 기준금액은 16만 원/월(소모품비 포함)이다. 지급금액은 기준금액 이내 금액으로 대여한 경우 대여금액의 90%, 기준금액을 초과하여 대여한 경우 기준금액의 90%를 지급하되, 차상위 본인부담 경감 대상자의 경우 기준금액과 실대여금의 100%에 해당하는 금액을 지급한다.

⑧ 양압기 대여료 및 소모품 구입비: 급여대상은 양압기 치료서비스 대상자로 공단에 등록된 자로서 양압기 월대여비의 80%에 해당하는 금액을 지급하고, 차상위 본인부담 경감 대상자의 경우 기준금액과 실대여금의 100%에 해당하는 금액을 지급한다.

⑨ 당뇨병 관리기기 구입비: 급여대상은 인슐린을 투여하는 제1형 당뇨병 환자로 공단에 등록된 자이며, 지급기준은 기준금액 이내로 구입한 경우 구입금액의 70%에 해당하는 금액, 기준금액 초과일 경우 기준금액의 70%에 해당하는 금액을 지급하며, 차상위 본인부담 경감 대상자의 경우 기준금액과 실대여금의 100%에 해당하는 금액을 지급한다.

(4) 장애인 보조기기 급여비

「장애인복지법」에 의하여 등록한 장애인인 가입자 및 피부양자가 장애인 보조기기를 구입할 경우 구입금액 일부를 국민건강보험공단에서 보험급여비로 지급하는 제도이다. 보험급여 품목은 동일 보조기기는 재료의 재질·형태·기능 및 종류에 관계없이 유형별로 정해진 내구연한 내 1인당 1회 지급한다. 다만, 다음의 어느 하나에 해당하는 경우 각각을 1회로 본다.

- 동일 유형의 팔의지, 다리의지, 팔 보조기, 다리 보조기 또는 의안을 양측으로 장착하거나 손가락의지를 2개 이상 장착하는 경우
- 자세보조용구의 경우 몸통 및 골반 지지대를 기본으로 머리 및 목 지지대, 팔 지지대 및 랩트레이, 다리 및 발 지지대를 동시에 장착하거나 몸통 및 골반 지지대를 내구연한 내에 추가로 장착하는 경우

공단의 부담액은 기준액, 고시금액(전동휠체어, 전동스쿠터 및 자세 보조 용

구의 경우만 해당) 및 구입금액 중 최저금액의 100분의 90에 해당하는 금액을 지급한다.

(5) 본인부담액상한제(「국민건강보험법 시행령」 제19조)

가입자 및 피부양자가 진료비 부담으로 인한 가계의 경제적 부담을 경감하기 위하여 연간 보험적용 본인부담이 상한액을 초과한 경우, 초과한 금액을 공단이 부담함으로써 건강보험 본연의 보장성을 확보하고 가계안정을 도모하는 제도이다. 상한액은 2019년 기준 보험료 수준별로 1분위 81만 원, 2~3분위 101만 원, 4~5분위 211만 원, 6~7분위 280만 원, 8분위 350만 원, 9분위 430만 원, 10분위 580만 원이다.

(6) 본인부담금 환급금(「국민건강보험법」 제43조 3항, 4항)

본인부담금 환급금은 병원에서 진료 후 납부한 건강보험 본인부담금을 심사평가원에서 심사한 결과 과다하게 납부되었음이 확인되었거나, 보건복지부에서 병원을 현지 조사한 결과 본인부담금을 과다하게 수납하였음이 확인된 경우에는 해당 병원에 지급할 진료비에서 과다하게 수납한 금액을 공제한 후 진료받은 자에게 돌려주는 제도이다.

(7) 임신·출산 진료비 지원(부가급여)

임신 및 출산에 관련된 의료비 부담을 경감하여 출산 친화적인 환경을 조성하고자 임신·출산 관련 진료비 등(급여·비급여)의 본인일부 부담금 결제에 사용할 수 있는 이용권(국민행복카드: 통합형 바우처 카드)을 제공(시행일 2008년 12월 15일)한다. 임신 1회당 일태아 60만 원(다태아 100만 원)을 지급한다.

위의 내용 이외에 치석 제거 급여, 치과 임플란트 급여, 재난적 의료비 지원사업, 구순구개열 치과교정 및 악정형 치료 급여, 조산아 및 저체중 출생아 외래진료비 본인부담률 경감, 난임 시술 급여, 본인일부 부담금 선정 특례, 의원급 만성질환 관리제, 노인 틀니 급여, 호스피스 완화 의료 건강보험 지원 등의 제도가 있다.

〈표 9-4〉 연도별 보험급여실적

구분			2016년	2017년	2018년
총계		건수	1,434,276,197	1,452,720,186	1,475,254,622
		금액	50,890,665,831	54,624,888,007	61,669,514,244
현물 급여	요양급여	건수	1,432,779,303	1,451,009,006	1,473,168,078
		금액	49,705,464,669	53,321,691,838	60,141,057,023
	건강진단비	건수	36,816,624	37,716,233	38,322,706
		금액	1,381,557,868	1,499,179,789	1,557,504,778
현금 급여	요양비	건수	466,895	632,313	791,250
		금액	53,948,767	76,793,610	100,389,220
	장제비	건수	–	–	–
		금액	–	–	–
	보인부담액 보상금	건수	2	2	–
		금액	842	171	–
	장애인 보장구	건수	131,731	129,193	137,685
		금액	110,073,298	106,487,216	119,224,002

출처: 국민건강보험공단(2018).

7) 건강보험 관련 당사자

「국민건강보험법」하에서 국가를 대신하여 건강보험사업을 수행하는 주체는 공단, 심사평가원, 요양기관이라고 할 수 있다.

(1) 국민건강보험공단(보험자)

가입자 및 피부양자의 자격관리, 보험료 부과·징수, 가입자의 건강증진 업무 추진, 의료서비스 가격을 요양기관과 계약으로 정하는 등 보험재정 관리 및 포괄적 국민건강 보장 주체로서의 역할을 담당하고 있다.

(2) 건강보험심사평가원(심사·평가기구)

요양기관이 제공한 의료서비스와 서비스 비용의 적정성을 객관적이고 공정하게 심사·평가하여 공단이 지급할 비용을 확정하는 기구이다.

(3) 요양기관

가입자에 대한 의료서비스를 제공하고, 서비스 비용은 공단과 계약으로 정한다.

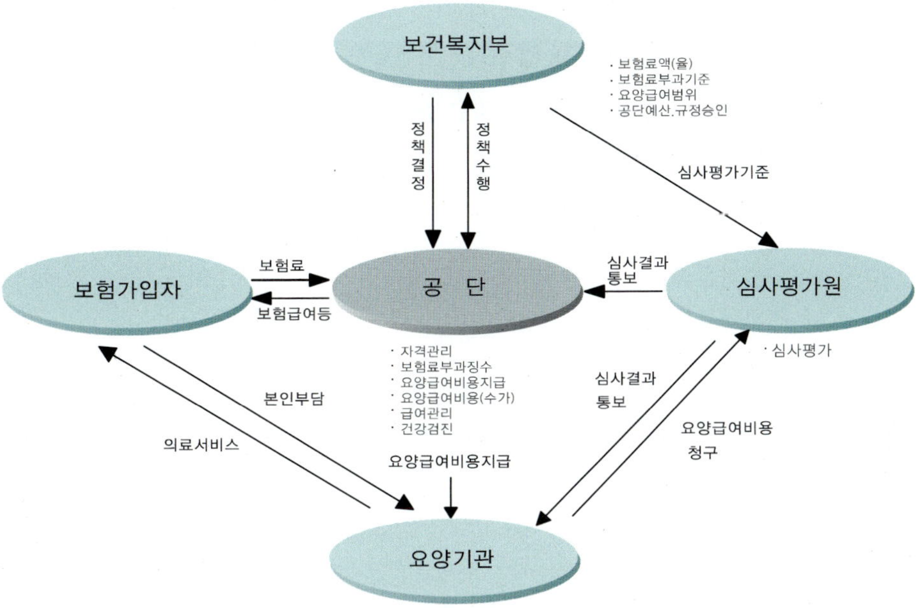

[그림 9-1] 건강보험제도의 흐름

8) 의료전달체계

(1) 시행목적 및 급여절차

요양급여는 1단계와 2단계로 구분되며 의원과 같은 1단계 의료기관에서는 가벼운 질환을, 종합전문요양기관과 같은 기관에서는 1단계 의료기관에서 진료하기 어려운 질환이나 복합적인 중증 질환을 진료한다. 건강보험의 가입자 및 피부양자가 대형 종합병원(종합전문요양기관)을 이용할 때에는 1단계 의료기관에서 요양급여를 받은 후 종합전문요양기관에서 2단계 요양급여를 받아야 하며, 1단계 진료를 담당한 의사의 진료의뢰서를 제출하여 보험급여 혜택을 받을 수 있는 것을 원칙으로 한다. 의료기관 종별 특성에 맞게 의료자원을 효율적으로 활용함과 아울러 환자들의 대형 의료기관에의 편중 현상 등을 방지하여 국민이 의료기관 이용 시 편리를 도모하고자 시행되고 있는 기준이다.

(2) 수급절차의 예외

① 응급환자의 경우

② 분만의 경우

③ 치과에서 요양급여를 받는 경우

④ 등록장애인 또는 작업치료·운동치료 등의 재활치료가 필요하다고 인정되는 자가 재활의학과에서 요양급여를 받는 경우

⑤ 가정의학과에서 요양급여를 받는 경우

⑥ 당해 종합전문요양기관에서 근무하는 가입자가 요양급여를 받는 경우

⑦ 혈우병 환자가 요양급여를 받는 경우

9) 요양급여비 청구 및 지급

(1) 청구

① 요양급여비용 청구: 「국민건강보험법」 제43조 제1항 및 제2항에 의거 요양기관의 요양급여비용 지급청구는 공단에 하고, 심사청구는 심사평가원에 한다. 다만, 요양기관의 비용청구는 절차를 간소하게 하기 위하여 요양기관은 요양급여비용 청구서에 급여를 받는 자에 대한 요양급여비용명세서를 첨부하여 심사평가원에 제출한다.

② 검체검사 위탁검사 비용의 청구: 요양기관이 인체에서 채취한 가검물에 대한 검사(검체검사)를 다른 요양기관 또는 검사기관으로 의뢰하는 경우에 요양기관은 수탁기관의 요양기관 기호 및 검사내역을 요양급여비용명세서에 기재하여 청구하고, 수탁기관은 검체검사공급내역통보서를 수진자별로 작성하여 위탁기간별로 분철한 후 EDI방식으로 해당 위탁기관 관할 심사평가원에 통보한다.

(2) 심사

요양급여비용 심사는 심사평가원에 하고, 그 결과를 공단 및 해당 요양기관에 각각 통보한다. 요양급여비용 심사는 요양급여의 기준에 적합한지를 심사한다.

(3) 지급: 공단

공단은 심사평가원으로부터 요양급여비용 심사결과를 통보받아 지급 전 사전 점검 후 요양급여비용지급통지서에 의거하여 요양기관 또는 공급자에게 해당 요양급여비용을 지급한다.

10) 우리나라의 심사지불방식

(1) **행위별 수가제**(Free for Service)

진료에 소요되는 약제 또는 재료비를 별도로 산정하고, 의료인이 제공한 진료행위 하나하나에 일정한 값을 정하여 의료비를 지급하는 제도로 우리나라의 주된 보수지불방식이다.

(2) **포괄 수가제**(DRG: Diagnosis Related Group Payment System)

환자가 어떤 질병의 진료를 위하여 입원했는가에 따라 질병군(또는 환자군) 별로 미리 책정된 일정액의 진료비를 지급한다.

① 일당: 의료급여 환자의 정신과 입원진료비에 대해 당일 일정액을 지급한다.

② 방문당: 보건기관의 진료수가는 방문당 미리 산정된 수가(진찰, 처방, 각종 검사, 처치, 수술비용이 모두 포함)를 지급한다. 수진자가 보건기관을 방문하여 진료를 받는 경우와 진료 요청에 의해서 의료인력이 환자의 가정을 방문하여 진료를 행하는 경우를 말한다.

③ DRG: 아래의 경우에 미리 책정된 일정액의 진료비를 지급한다. 일부 DRG 신청 요양기관에서 DRG진료과목[13]으로 입원진료를 받는 경우와 조산원에서의 분만을 말한다.

13) 진단명기준환자군이라 번역되는 DRG(Diagnosis Related Group)는 모든 입원환자들을 환자 특성 및 진료 특성에 의해 임상적인 진료내용과 자원의 소모량이 유사한 질병군 단위로 분류한 것으로서, 간편하고 가장 널리 사용되는 입원환자의 질병분류체계이다. 우리나라는 2002.1.1.부터 4개 진료과, 7개 질병군에 대하여 실시하고 있다.

11) 요양급여 기간

요양급여일수를 365일로 한정한다. 단, 장기간의 입원 또는 복합적인 투약 등 상한일수를 초과하여 불가피하게 요양급여를 받아야 할 사유가 발생한 경우에는 의사의 소견서를 첨부하여 공단에 요양급여일수를 연장 승인할 수 있도록 규정하고 있다. 급여일수를 제한하는 이유는 약물 오·남용에 따른 환자 본인 건강의 위해를 방지하고 건강보험 재정의 누수를 방지하기 위함이다.

12) 급여의 제한 및 정지

(1) 급여의 제한 사유

① 고의 또는 중대한 과실로 인한 범죄행위로 사고를 발생시킨 경우: 건강보험은 보험의 원리에 의거 보호하고자 하는 보험사고의 발생에 우연성을 요구하므로, 우연히 발생한 사고가 아닌 고의 또는 중대한 과실로 인한 범죄행위에 기인한 사고에 대하여도 보험급여를 인정한다면, 다수의 보험가입자들이 공동으로 각출하여 일정한 보험사고에 대비하여 경제적인 위험으로부터 보험급여를 받을 자를 보호하고자 하는 사회정의에 맞지 않고, 건강보험의 이념에도 부합되지 않기 때문에 보험급여를 제한한다.

② 공단이나 요양기관의 요양에 관한 지시에 따르지 아니한 경우: 요양에 관한 지시는 건강보험 가입자 및 피부양자로 하여금 적당한 진료를 받게 함으로써 상병치유의 목적을 신속히 달성할 수 있도록 하는 것이며, 이와 같은 요양에 관한 지시를 따르지 아니한 때에는 질병, 부상 등에 대한 치료를 지연, 확대시킴은 물론 급여비용을 증액시키고 나아가 다른 가입자들의 부담을 증가시키는 것으로, 상부상조를 정신으로 하는 건강보험제도의 본질에 반하기 때문에 보험급여를 제한한다.

③ 문서, 기타 물건의 제출을 거부하거나 질문 등을 기피한 경우: 보험급여의 적정성이 확보되도록 보험자에게 보험사고에 대하여 조사할 수 있는 권한을 부

여하고, 동 제도의 실효성을 거두기 위해 보험자의 문서나 기타 물건의 제출명령 등에 대하여 보험급여를 받을 자가 그 이행을 거부하거나 기피할 경우에는 보험급여를 제한한다.

④ 업무(공무)상 등 재해로 인하여 다른 법령에 의한 보험급여나 보상을 받게 되는 경우: 업무(공무)상 재해에 관한 사용자의 의무를 건강보험 급여 의무에 우선시킴으로써 이중 급여를 배제하고 사회보장의 형평성을 도모하기 위한 것으로, 가입자가 업무상 또는 공무수행 중 업무 또는 공무에 기인하여 실병, 부상, 재해가 발생하여 다른 법령에 의한 보험급여나 보상을 받거나 보상을 받게 되는 경우에는 이중 급여 배제 차원에서 보험급여를 제한한다.

⑤ 다른 법령에 의하여 국가 또는 지방자치단체로부터 보험급여에 상당하는 비용을 지급받게 되는 경우: 공단은 보험급여를 받을 수 있는 자가 다른 법령에 따라 국가 또는 지방자치단체로부터 보험급여에 상당하는 비용을 지급받게 되는 경우에는 그 한도 내에서 보험급여를 하지 아니한다. 건강보험제도는 질병, 부상 등에 대한 요양급여를 통한 사회보장 증진과 국민보건 향상을 목적으로 하고 있는데, 이와 같은 목적은 사회보험·공공부조 방식 이외에 각종의 특별법에 의해서도 실현되고 있고 동일한 보험사고에 대하여 「국민건강보험법」에 의한 보험급여와 다른 특별법령에 의한 요양급여 또는 요양비가 이중적으로 지급되는 경우 그 일방의 적용을 배제함이 제도의 목적 및 사회정의에 적합하기 때문에 급여를 제한하고 있다.

⑥ 「건강보험법」 제53조 제3항 및 제4항에 건강보험료를 6회 이상 납부하지 않은 경우 체납보험료를 전액 납부할 때까지 건강보험의 혜택을 받을 수 없다.

13) 부당이득 환수권 및 구상권의 행사

공단은 기타 부정한 방법 등으로 보험급여를 받은 자나 보험급여비용을 받은 요양기관에 대하여 급여 또는 급여비용에 상응하는 금액의 전부 또는 일부를 부당이득으로 환수하며, 제3자의 행위로 인한 보험급여 사유가 발생하여 가입자에게 보험급여를 한 때에는 급여에 소요된 비용의 한도 내에서 그 3자에 대한 손해배상청구권을 가진다.

14) 이의신청 및 심사청구

(1) 이의신청

공단 및 심사평가원의 처분에 이의가 있는 자는 공단 및 심사평가원에 이의신청을 할 수 있도록 한다. 특히 심사평가원의 처분에 공단도 이의신청을 할 수 있도록 하여 심사기구의 독립 취지를 반영하며, 이의신청은 처분을 받은 날로부터 90일 이내에 하여야 하며, 이의신청위원회는 이의신청을 받은 날로부터 60일 이내에 그 결정을 해야 한다.

(2) 심사청구

공단 및 심사평가원의 이의신청에 대한 결정에 불복이 있는 자는 보건복지부에 설치된 건강보험분쟁조정위원회에 심사청구를 할 수 있으며, 심사청구는 처분을 받은 날로부터 90일 이내에 하여야 하며, 건강보험분쟁조정위원회는 심사청구를 받은 날로부터 60일 이내에 그 결정을 해야 한다.

(3) 행정소송

공단 및 심사평가원의 처분은 「공법(행정법)」상의 처분임을 분명히 하고 그 소송 또한 행정소송 대상임을 규정하였으며, 국민이 신속히 권리구제를 받을 수 있도록 기존의 행정심판전치주의를 폐지하며, 공단 및 심사평가원의 처분에 불복이 있는 자는 이의신청이나 심사청구를 거치지 않고 직접 행정소송을 제기할 수 있으며, 이의신청의 결정 또는 심사결정을 받은 단계에서도 직접 행정소송을 제기할 수 있다.

03 국민건강보험공단

1) 법적 성격

2000년 7월 1일 국민건강보험 실시와 함께 탄생한 국민건강보험공단은 건강보험의 보험자로서 「국민건강보험법」 제13조에 의해 설립된 특수공법인이다. 건강보험의 단일보험자로서 주사무소의 소재지에서 설립등기를 함으로써 성립하며 분사무소를 둘 수 있다.

2) 주요 업무

① 가입자 및 피부양자의 자격 관리

② 보험료, 기타 이 법에 의한 징수금의 부과·징수

③ 보험급여의 관리

④ 가입자 및 피부양자의 질병의 조기발견·예방 및 건강관리를 위하여 요양급여 실시 현황과 건강검진 결과 등을 활용하여 실시하는 예방사업으로서 대통령령으로 정하는 사업

⑤ 보험급여비용의 지급

⑥ 자산의 관리·운영 및 증식사업

⑦ 의료시설의 운영

⑧ 건강보험에 관한 교육훈련 및 홍보

⑨ 건강보험에 관한 조사연구 및 국제협력

⑩ 「국민건강보험법」에서 공단의 업무로 정하고 있는 사항

⑪ 「국민연금법」, 「고용보험 및 산업재해보상보험의 보험료징수 등에 관한 법률」, 「임금채권보장법」 및 「석면피해구제법」(이하 '징수위탁근거법')에 따라 위탁받은 업무

⑫ 그 밖에 이 법 또는 다른 법령에 따라 위탁받은 업무

⑬ 그 밖에 건강보험과 관련하여 보건복지부장관이 필요하다고 인정한 업무

3) 주요 의결·집행기구

(1) 이사회

① 구성(17명): 이사장(1명), 이사 14명 및 감사 1명(이사장, 이사 중 5명 및 감사는 상임)

- 이사장은 「공공기관의 운영에 관한 법률」 제29조에 따른 임원추천위원회(이하 '임원추천위원회')가 복수로 추천한 사람 중에서 보건복지부장관의 제청으로 대통령이 임명
- 상임이사는 보건복지부령으로 정하는 추천 절차를 거쳐 이사장이 임명
- 비상임이사는 노동조합·사용자단체·시민단체· 농어업인단체 및 노인단체가 추천하는 각 1명, 관계 공무원 3명을 보건복지부장관이 임명

② 기능: 사업계획 및 예산(안) 등 공단운영의 주요사항 심의·의결

③ 회의: 정기회(매년 2, 10월), 임시회(수시: 이사장 또는 재적이사 1/3 이상 요구 시)

(2) 재정운영위원회

① 설치근거: 「국민건강보험법」 제33조

② 구성(30명): 보건복지부장관이 임명 또는 위촉

- 직장가입자를 대표하는 위원 10명(노동조합 및 사용자단체가 각각 5인씩 추천하는 자)
- 지역가입자를 대표하는 위원 10명(농어업인단체, 도시자영업자단체 및 시민단체가 각각 추천하는 자)
- 공익을 대표하는 위원 10명(관계공무원 및 건강보험에 관한 학식과 경험이 풍부한 자)

③ 기능: 보험료의 조정, 기타 보험 재정과 관련된 주요사항을 심의·의결

(3) 조직도

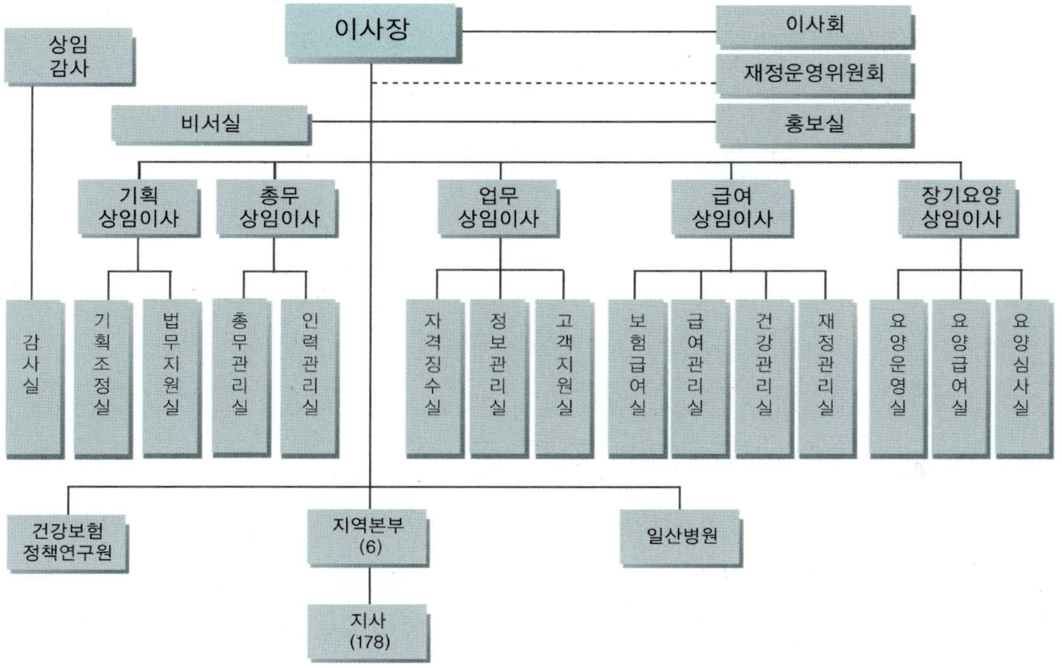

04 건강보험심사평가원

1) 설립목적

진료비 심사의 전문성, 공정성, 객관성 등의 제고를 통하여 심사의 효율성과 보험자·의료공급자의 신뢰를 구축하고 심사와 병행하여 요양급여의 적정성을 평가함으로써 요양기관의 적정진료를 유도하고 국민이 양질의 의료서비스를 받도록 하는 데 설립목적이 있다.

2) 주요 업무

① 요양급여비용의 심사
② 요양급여의 적정성에 대한 평가
③ 심사 및 평가기준 개발
④ 위 업무와 관련된 조사연구 및 국제협력
⑤ 다른 법률의 규정에 의하여 지급되는 급여비용의 심사 또는 의료의 적정성 평가에 관하여 위탁받은 업무
⑥ 건강보험과 관련하여 보건복지부장관이 필요하다고 인정한 업무
⑦ 기타 보험급여비용의 심사, 보험급여의 적정성 평가와 관련하여 대통령령이 정하는 업무
⑧ 요양급여비용의 심사·평가업무와 관련된 교육·홍보
⑨ 요양급여비용 심사청구와 관련된 소프트웨어 개발·공급
⑩ 업무정지 처분기간 중인 요양기관 및 요양기관에서 제외된 의료기관 등에서 요양을 받은 요양비에 대한 심사

3) 임원

① 원장: 보건복지부장관이 임명
② 이사(16인): 보건복지부장관이 임명, 3인은 상임
③ 감사(1인): 비상임으로 보건복지부장관이 임명

4) 진료비 심사평가위원회

전문성·공정성·객관성을 확보하기 위하여 심사평가원에 진료비 심사평가위원회를 설치하며, 이 위원회는 일종의 자문기구 성격을 가지며, 30인 이내의 상근위원과 600인 이내의 비상근위원으로 구성되며 진료과목별 분과위원회를 둘 수 있다.

연/구/문/제

01 영화 '식코'를 보고 건강보험의 민영화에 대해 이야기해 봅시다.

02 의약분업제도에 대한 자료를 찾아보고 설명해 봅시다.

03 OECD 국가의 의료보장제도에 대해 찾아보고 우리나라와 비교해 봅시다.

참/고/문/헌

국민건강보험공단(2013). 2018 건강보험통계연보.
김기주(2009). 국가의 기본권보장의무와 의료보장제도의 개선방안. 명지대학교 박사학위논문.
김치영·정현태(2008). 사회복지법제론. 파워북.
김태성·김진수(2007). 사회보장론. 청목출판사.
남기민·홍성로(2008). 사회복지법제론. 공동체.
모지환 외(2005). 사회보장론. 학지사.
박석돈(2006). 사회보장론. 양서원.
보건복지부(2010). 2010 국민건강보험업무편람.
송근원·김태성(2006). 사회복지정책론. 나남출판.
신언항(2007) 의료보험발전 단계별 정책형성에 관한 연구. 연세대학교 박사학위논문.
원석조(2008). 사회복지정책론. 공동체.
이인재 외(2008). 사회보장론. 나남출판.
한국사회복지행정학회(2007). 사회복지정책론. 양서원.
현외성(2006). 사회복지정책강론. 양서원.
건강보험심사평가원. http://www.hira.or.kr.
국민건강보험공단. http://www.nhic.or.kr.

산업재해보상보험제도

CHAPTER 10

학/습/목/표

- 산재보험의 보험관계에서 무과실 책임주의의 의미가 무엇인지 이해한다.
- 우리나라 산재보험의 급여종류를 파악한다.
- 우리나라 산재보험의 구제절차에 대해 파악하고 설명한다.

01 산업재해보상보험의 개요

1) 정의 및 목적

산업재해보상보험(이하 '산재보험')은 우리나라에서 공업화가 진전되면서 급격히 증가하는 산업재해 근로자를 보호하기 위하여 4대 보험 중 가장 먼저 실시된 사회보험제도이다. 초기의 산업재해는 건설현장과 위험한 기계·기구를 설치, 사용하는 사업장에서 주로 발생하였으나 산업사회의 현대화, 고도화, 정보화 등으로 재해발생 원인도 신종 직업병과 과로, 스트레스 등에 기인한 재해가 급격히 증가하고 있다.

산업재해로부터 근로자를 보호하기 위해서는 산업재해 자체를 예방하는 것이 가장 바람직한 것이나, 이미 발생한 산업재해로 인하여 부상 또는 사망한 경우에 그 피재근로자나 가족을 보호 내지 보상해 주기 위한 제도라고 할 수 있다. 즉, 산재보험은 근로자들이 업무상의 부상, 질병, 또는 사망한 경우에 근로자 본인의 치료나 부양가족의 생계를 보장하기 위한 제도이다.

「산업재해보상법」 제1조에 의하면 이 보험은 근로자의 업무상 재해를 신속하고 공정하게 보상하고, 재해근로자의 재활 및 사회복지를 촉진하기 위하여 이에 필요한 보험시설의 설치·운영과 재해 예방이나 각종 근로복지사업을 추진함으로써 근로자 보호에 기여함을 목적으로 한다. 구체적으로 살펴보면, 첫째 신속·공정한 재해보상을 실시하는 것이다. 둘째, 필요한 보험시설의 설치·운영과 재해예방이나 각종 근로복지사업을 추진함으로써 재해를 입은 근로자나 그 가족의 인간다운 생활을 보장하는 데 있다. 셋째, 불의의 재해로 사업주가 과중한 경제적 부담을 지게 되는 위험을 분산·경감시켜 안정된 기업 활동을 할 수 있도록 도와주는 데 있다.

2) 산재보험의 특성

현대 산업사회에서 대규모의 생산조직, 설비 및 그 작업과정에서 산업재해와 직업병의 발생은 필연적이라 할 수 있다. 이러한 산업재해로부터 근로자를 보호하는 방법은 산업재해 발생 자체를 방지 내지 예방하는 것이 가장 바람직한 것이다. 그러나 이미 발생한 산업재해로 인하여 부상 또는 사망한 경우는 물론 근로생활 중 직업병에 이환된 경우에도 그 피해근로자와 가족을 보호하기 위해 적정한 보상을 실시하는 것도 중요한 의미를 지닌다.

모든 산재보험은 두 가지 기본적인 공통된 특성을 지니고 있다. 먼저 근로자는 산재보험 급여를 받기 위하여 고용주의 과실을 입증할 필요가 없는 무과실 프로그램(no-fault programs)이라는 점이다. 둘째로는 산재보험 급여는 대체로 장애, 사망, 의료비 등에 기인한 소득의 손실과 같은 객관적인 경제적 손실에 대해서만 보상한다는 것이다.

(1) 인간의 존엄성 추구

「대한민국 헌법」은 제34조 제1항에서 국민에게 '인간다운 생활을 할 권리'를 보장하고 있다. 한편 동조 제2항에서는 국가는 사회보장 및 사회복지 증진에 노력할 국가의 의무를 규정하고 있다. 동법 제6조에서는 국가에 재해예방 및 그 위험으로부터 국민을 보호하기 위해 노력할 의무가 있음을 선언하여 국민의 인간다운 생활을 할 권리와 이를 실험하기 위한 국가의 사회보장 및 복지증진에 노력할 의무를 규정하고 있고, 동법 제36조에서 국민의 보건에 관하여 국가의 보호 의무를 규정하여 인간의 존엄성 실현을 꾀하고 있다.

「산업재해보상보험법」은 총칙 제1조(목적)에서 "이 법은 산업재해보상보험사업을 행하여 근로자의 업무재해를 신속하고 공정하게 보상하고, 재해 근로자의 재활 및 사회복귀를 촉진하기 위하여 이에 필요한 보험시설을 설치 운영하며, 재해예방, 기타 근로자의 복지증진을 위한 사업을 행함으로써 근로자 보호에 이바지함을 목적으로 한다."고 규정함으로써 인간의 존엄성 추구를 구체화하고 있다.

(2) 생존권 보장

산업재해를 보상해 주는 방법으로 「근로기준법」에 의한 재해보상과 사회보험 성격인 「산업재해보상보험법」에 의한 재해보상제도가 있다. 또한, 더 나아가 「민법」상 손해배상제도가 있다. 「근로기준법」상 재해제도는 「산업재해보상보험법」과 같이 무과실 책임주의에 입각하여 재해보상을 받을 수 있으나, 사용자가 자신의 재산으로 재해근로자에게 직접 보상하는 방식을 채택하고 있어, 사용자가 충분한 재정능력이 없거나 보상 의지가 없을 경우 재해 근로자가 적절한 보상을 받을 수 없다.

이는 입법 취지를 망각하는 동시에 영세한 기업이 도산에 이르게 되는 문제가 발생할 수 있다. 더불어 종래의 「민법」상의 손해배상책임제도는 과실 책임주의에 기초하고 있어 근로자가 손해배상을 받기 위해서는 사용자의 고의 과실을 입증하여야 하고, 일반적으로 소송을 통해야 하므로 시간과 비용상의 많은 제약요소가 있어 근로자의 재해보상에 적합하지 못하다.

반면, 산재보험의 재해보상은 이러한 재해보상제도의 한계를 극복하기 위하여 이를 사회보험화하여 개별 사업주가 일정 보험료를 부담하고 재해 발생 시 과실 여부나 사업주의 보상능력과 상관없이 국가가 주관이 되어 재해보상을 함으로써 재해근로자의 생존권을 보상하고 있다. 이러한 산재보험제도는 근로자의 요양과 재활을 돕고, 후유장애에 따른 손실 보전적 기능을 본질로 함으로써 근로자가 인간다운 생활을 할 권리를 보장하여 인간존엄성 실현 및 생존권 보장의 사회보험 기능을 추구하고 있다고 할 수 있다.

(3) 무과실 책임주의

근로자가 산재보험 급여를 받기 위하여 고용주의 과실을 입증할 필요가 없는 무과실 책임주의는 산재보험의 가장 핵심적인 원리이다. 과거 근로자가 업무상 재해를 입었을 경우에 「민법」상의 손해배상제도는 사용자의 불법행위에 기초한 과실 책임주의를 택하고 있어 근로자가 재해보상을 받는 데 많은 어려움이 있지만, 산재보험의 재해보상은 사용자의 고의 과실 유무와 상관없이 무과실 책임주의를 택하고 있어 업무상 재해에 사용자의 절대적인 책임을 규정하고 있다.

(4) 정률보상 방식

산재보험 급여는 지급할 보상금액이 정해져 있는 것이 아니라 산재보험법령에 지급기준만을 미리 정해 놓고 당해 근로자의 소득수준과 연계된 정률보상방식을 채택하고 있다. 즉, 산재보험에서 현물급여 형태인 요양급여는 요양에 소요된 요양비를 지급하고 있지만, 그 외의 현금급여에 대해서는 피해 근로자의 연령, 재직기간, 직종 등 개별적인 요인은 고려되지 아니하며 해당 피해 근로자의 재해 당시 평균임금을 기초로 휴업급여나 장해급여를 지급기준에 따라 획일적으로 산정하여 지급한다. 이는 연령과 직종 등을 고려한 수익과 가족 관계에 따른 위자료 등 손해를 기초하여 산정한 「민법」상 손해배상제도와 차이가 있다. 나아가 「민법」상 손해배상액 산정방식의 문제점인 복잡성과 장시간 소요에 비해 신속하고 공정한 보상을 확보할 수 있다.

3) 산재보험의 원칙

(1) 산업재해의 인정에 관한 원칙

산업재해에 있어서 무엇보다 재해를 입은 근로자와 그 가족의 구제라는 기본에 입각하여 '의심나는 것은 보상해야 한다.'는 원칙을 말한다.

(2) 산업재해의 치료와 보상의 원칙

장기요양 중 또는 상병의 치유 후에도 장애가 남아 노동능력이 저하되었을 경우에 해고의 제한 및 직장복귀의 권리가 보장되어야 하며, 요양에 필요한 비용 및 치료행위 그리고 재활은 모두 보상되어야 한다.

(3) 유족 보상의 원칙

유족에 대한 보상은 먼저 유족이 안심하고 생활할 수 있는 임금보상이 이루어져야 한다는 것이다.

4) 산재보험의 확대

산재보험제도가 처음 시행된 1964년에는 상시근로자 500인 이상을 고용하는 대규모의 광업 및 제조업 부문에만 적용하고 「근로기준법」에 규정한 재해보상을 행하였으나, 그 후 산재보험 가입범위가 점차 확대되어 2000년 7월 1일부터는 근로자 1인 이상을 고용하는 사업장의 근로자에게까지 가입이 확대되었고, 2005년 1월 1일부터는 고용보험 및 산업재해보상보험의 보험료를 통합징수하기 위한 「고용보험 및 산업재해보상보험의 보험료 징수 등에 관한 법률」이 제정되어 시행되고 있다.

연도별로 구체적인 내용을 살펴보면, 산재보험 가입확대 과정을 보면 산재보험 실시 2차년도인 1965년에 전기가스업과 운수보관업을, 1969년에는 건설업, 서비스업, 수도위생시설업, 통신업을, 1989년에는 「근로기준법」의 적용을 받는 사업에서 모든 사업 또는 사업장에 가입하도록 법을 개정하였다. 1991년에는 농업, 임업, 어업, 수렵업, 도·소매업, 부동산 및 사업서비스업, 개인서비스업까지 확대되었고, 1998년 7월 1일부터 금융·보험업이 추가되었으며, 2000년 7월 1일부터 1인 이상 사업장으로 확대되었고, 2005년 1월 1일부터 건설업 등 면허를 가진 건설업자 등이 행하는 모든 건설공사와 법인이 행하는 농업·임업(벌목업 제외), 어업·수렵업 중 근로자 1인 이상을 고용하는 사업은 당연가입 대상으로 확대하였고, 2009년 1월 1일부터 건설면허업자가 아닌 자가 시공하는 공사금액이 2천만 원 이상이고 연면적 $100m^2$를 초과하는 건축물의 건축 또는 연면적 $200m^2$를 초과하는 건축물의 대수선에 관한 공사인 경우 당연가입(의무가입) 대상으로 확대·시행되었다.

02 산재보험의 가입

1) 적용대상

산업재해보상보험은 모든 사업 또는 사업장에 적용한다. 다만, 사업의 위험률·규모 및 사업장소 등을 고려하여 대통령령이 정하는 사업은 적용하지 아니한다.

2) 보험가입자

1인 이상 사업장의 사업주는 당연히 산재보험의 보험가입자가 된다. 보험가입자 대상이 아닌 사업이라 하더라도 근로복지공단의 승인을 얻어 보험에 가입할 수 있다.

3) 가입 제외 근로자

① 「공무원연금법」에 의하여 재해보상이 행하여지는 자: 각 관련법에 의하여 재해에 대한 산재보험에 갈음하는 보장이 이루어지므로 적용제외된다. 「청원경찰법」에 의하여 국가 또는 지방자치단체에 근무하는 청원경찰은 공무원의 신분은 아니지만 「공무원연금법」을 적용받기 때문에 적용제외된다. 그러나 국가 또는 지방자치단체가 아닌 공공단체와 그 관리하에 있는 중요시설 또는 사업장에 근무하는 청원경찰은 「공무원연금법」을 적용받지 못하므로 가입이 가능하다.

② 「군인연금법」에 의하여 재해보상이 행하여지는 자

③ 「선원법」 또는 「어선원 및 어선재해보상보험법」에 의하여 재해보상이 행하여지는 자

03 산재보험의 보험료

1) 산재보험료의 산정기준

산재보험료란 산재보험사업에 소요되는 비용을 충당하기 위해 보험가입자로부터 징수하는 금액이다. 이 보험료의 산정은 모든 기업이 동일하게 정률적으로 부담하는 방식과 각각의 기업이 속한 산업의 위험률 혹은 개별기업의 위험률에 따라 차등률을 적용하는 방법이 있으며, 두 가지 방법을 혼용하여 산정하는 방법이 있다. 산재보험료율은 보험가입자의 보험료 부담과 직결되는 것으로서, 보험료 부담의 공평성 확보를 위하여 매년 6월 30일을 기준으로 과거 3년간의 임금총액에 대한 보험급여총액의 비율을 기초로 재해발생의 위험성에 따라 업종별로 보험료율을 적용한다.

2009년 보험료율은 61개 업종에 최저 7/1,000에서 최고 360/1,000, 평균 18/1,000으로 결정 고시하고 있으며, 보험료율을 적용함에 있어 하나의 가입사업장에 대하여는 하나의 보험료율을 적용하며, 하나의 사업장에서 보험료율이 다른 2종 이상의 사업이 행하여지는 경우 다음 순서에 따라 주된 사업을 결정하여 적용한다.

① 근로자 수가 많은 사업, ② 근로자 수가 동일하거나 그 수를 파악할 수 없는 경우는 임금총액이 많은 사업, ③ 상기 방법에 의하여 주된 사업을 결정할 수 없는 경우에는 매출액이 많은 제품을 제조하거나 서비스를 제공하는 사업을 주된 사업으로 결정한다. 개별 실적요율제는 각 업종 내의 사업장별로 재해 발생이 많고 적음에 따라 일정한 범위에서 보험료율을 증가 또는 경감시켜 적용하는 방법이다.

2) 산재보험료의 징수

개산보험료라 함은 매 보험 연도마다 그 1년간에 사용할 모든 근로자에게 지급할 임금총액에 보험료율을 곱하여 산정한 금액을 말한다. 확정보험료는 매 보험 연도의 초일부터 연도 말일 또는 보험관계가 소멸하는 날의 전날까지 지급한 임금총액에 보험료율을 곱하여 산정한 금액을 말한다. 확정보험료는 다음 보험 연도의 초일부터 70일 이내에 산정하여 이미 납부한 개산보험료와 정산한다. 이미 납부한 개산보험료보다 확정보험료가 많으면 그 차액을 납부하고, 개산보험료가 확정보험료보다 적으면 그 해의 개산보험료에 충당한다. 보험료의 부담은 사업주가 전액 부담한다.

04 산재보험의 급여

1) 요양급여

(1) 의의

근로자가 업무상 부상 또는 질병에 걸렸을 경우 치유될 때까지 공단이 설치한 보험시설 또는 산재보험 의료기관에서 요양을 직접 행하게 하는 현물급여이다. 다만, 비지정의료기관에서 요양을 받을 경우나 산재 환자가 자비로 실시한 요양 등 부득이한 경우에는 근로자에게 요양비를 직접 지급한다.

(2) 요양급여의 범위

「산재보험법」상 산재근로자에게 대한 요양급여의 범위는 법 제40조 제4항에 규정하고 있다.

(3) 요양급여의 지급요건

산재보험 적용대상 근로자가 업무상의 사유로 부상을 당하거나 질병에 걸린 경우에는 그 근로자에게 지급하며, 업무상의 부상 또는 질병이 3일 이내의 요양으로 치유될 수 있으면 요양급여를 지급하지 아니한다.

(4) 급여범위

진찰 및 검사, 약제 또는 진료 재료와 의지, 그 밖의 보조기의 지급, 처치·수술 및 그 밖의 치료, 재활치료, 입원, 간호 및 간병, 이송, 그 밖에 고용노동부장관이 정하는 사항으로, 치료에 필요한 비용을 말한다.

2) 재요양

(1) 의의

요양급여를 받은 자가 치유 후 요양의 대상이 되었던 업무상의 부상 또는 질병이 재발하거나 치유 당시보다 상태가 악화되어 이를 치유하기 위한 적극적인 치료가 필요하다는 의학적 소견이 있으면, 다시 제40조에 따른 요양급여를 받을 수 있다.

(2) 재요양 요건

① 치유된 업무상 부상 또는 질병과 재요양의 대상이 되는 부상 또는 질병 사이에 상당인과 관계가 있을 것

② 재요양의 대상이 되는 부상 또는 질병의 상태가 치유 당시보다 악화된 경우로 나이나 그 밖에 업무 외의 사유로 악화된 경우가 아닐 것

③ 재요양의 대상이 되는 부상 또는 질병 상태의 호전을 위하여 수술(신체 내 고정물의 제거 수술 또는 의지 장착을 위한 절단 부위의 재수술을 포함) 등 적극적인 치료가 필요하다고 인정될 것

④ 재요양의 대상이 되는 부상 또는 질병의 상태가 재요양으로 치료효과를 기대할 수 있다고 인정될 것

3) 한방요양

(1) 한방요양을 받을 수 있는 상병

① 양방요법으로 외과적 치료를 받은 후 한방요법에 의한 요양이 필요한 외상

② 요통, 염좌, 근골격계 질환

③ 뇌혈관 및 심장질환 등 업무상 질병

④ 기타 한방요양의 필요성이 인정되는 내과질환 등

(2) 한방요양 방법

① 상병상태에 따라 한방 의료기관에서 입원, 통원치료

② 요양 승인기간 중 양방과 한방 의료기관에서 각각 다른 날짜에 통원 치료 가능

4) 휴업급여

(1) 취지

휴업급여는 업무상 재해를 당하거나 업무상 질병에 걸린 근로자가 요양으로 인하여 취업하지 못한 기간에 대하여 피재근로자와 그 가족의 생활보호를 위하여 지급하는 보험급여이다.

(2) 지급요건

① 업무상 부상 또는 질병으로 인하여 요양 중이며, 요양에는 입원, 통원, 재가요양을 포함한다. 의사 등의 진료 또는 지도를 받고 있는 것으로 근로자의 임의적인 요양은 배제된다.

② 4일 이상 취업이 불가능한 경우

③ 임금을 받지 못할 경우

④ 금액산정: 휴업급여액은 요양기간 중 취업하지 못한 기간에 대하여 1일 평균급여의 70%를 지급한다.

(3) 저소득자의 휴업급여

평균임금의 70%가 최저보상기준 금액의 80%보다 적거나 같은 근로자에게는 평균임금의 90%를 휴업급여로 지급하되 그 휴업급여가 최저임금액보다 적으면 최저임금액을 휴업급여 지급액으로 하고, 평균임금의 90%가 최저보상기준 금액의 80%를 초과하면 최저보상기준 금액의 80%를 휴업급여 지급액으로 한다.

(4) 부분휴업급여

요양 중 회복단계에 있는 근로자 또는 경미한 부상으로 취업하면서 주기적으로 요양을 받을 수 있는 근로자의 조기 취업 및 직업복귀 촉진을 위해 요양 중 부분 취업 중인 근로자를 위한 부분휴업급여를 지급한다. 요건으로는 요양 중 취업 사업과 종사 업무 및 근로시간이 정해져 있어야 하며, 그 근로자의 부상·질병 상태가 취업을 하더라도 치유 시기가 지연되거나 악화되지 아니할 것이라는 의사의 소견이 있어야 한다.

(5) 고령자 휴업급여

소득보전 성격으로서의 휴업급여 지급에 있어 감액 지급 개선으로 취업연령 수급자와 은퇴 연령 이후 수급자 간의 형평성을 제고하기 위하여 61세 이상 고령자에 대하여 휴업급여를 감액하여 지급한다. 고령자의 휴업급여는 61세부터 매년 4%씩 감액하여 65세 이후에는 20%를 감액하여 지급한다.

5) 장해급여

(1) 취지

업무상 재해를 당한 근로자가 요양 후 치유되었으나 정신적 또는 신체적 결손이 남게 되는 경우 그 장애로 인한 노동력 손실 전보를 위하여 지급되는 보험급여이다.

(2) 지급요건

① 업무재해로 인한 부상 또는 질병의 치유 후 신체에 장해가 잔존할 것

② 장해가 당해 업무상 부상 또는 질병과 상단인과 관계가 있을 것

(3) 지급사유, 시기 및 내용

구분	지급사유	청구시기	급여내용
일시금	• 업무상 재해가 치유된 후 장해등급 제4~14급 장해 잔존 시	치유 후	• 장해정도에 따라 평균임금의 1,012일분부터 55일분 상당액
연금	• 업무상 재해가 치유된 후 장해등급 제1~7급 장해 잔존 시 – 제1~3급: 연금 – 제4~7급: 연금 또는 일시금 중 선택 가능	치유 후	• 장해정도에 따라 평균임금의 329일분부터 138일분 상당액

6) 간병급여

(1) 취지

요양을 종결한 산재근로자가 치유 후 의학적으로 상시 또는 수시로 간병이 필요하여 실제로 간병을 받는 자에게 지급하는 보험급여이다.

(2) 적용대상 및 종류

① 상시간병급여: 신경계통의 기능, 정신기능 또는 흉·복부 장기의 기능에 장해등급 제1급에 해당하는 장해가 남아 일상생활에 필요한 동작을 하기 위하여 항상 다른 사람의 간병이 필요한 사람과 두 눈, 두 팔 또는 두 다리 중 어느 하나의 부위에 장해등급 제1급에 해당하는 장해가 남고 다른 부위에 제7급 이상에 해당하는 장해가 남아 일상생활에 필요한 동작을 하기 위하여 항상 다른 사람의 간병이 필요한 사람에게 제공된다.

② 수시간병급여: 신경계통의 기능, 정신기능 또는 흉·복부 장기의 기능에 장해등급 제2급에 해당하는 장해가 남아 일상생활에 필요한 동작을 하기 위하여 수시로 다른 사람의 간병이 필요한 사람과 장해등급 제1급(제53조 제2항에 따른 조정의 결과 제1급이 되는 경우를 포함)에 해당하는 장해가 남아 일상생활에 필요한 동작을 하기 위하여 수시로 다른 사람의 간병이 필요한 사람에게 제공된다.

7) 유족급여

(1) 취지

근로자가 업무상 사유로 사망 시 또는 사망으로 추정되는 경우 그에 의하여 부양되고 있던 유족들의 생활보장을 위하여 지급되는 보험급여이다.

(2) 지급요건

업무상 사망 또는 사망으로 추정되는 경우인데 사망으로 추정되는 경우는 선박이 침몰·전복·멸실 또는 행방불명되거나 항공기가 추락·멸실 또는 행방불명되는 사고가 발생한 경우에 그 선박 또는 항공기에 타고 있던 근로자의 생사가 그 사고발생일부터 3개월간 밝혀지지 아니한 경우와 항행 중인 선박 또는 항공기에 타고 있던 근로자가 행방불명되어 그 생사가 행방불명된 날부터 3개월간 밝혀지지 아니한 경우이며, 천재지변, 화재, 구조물 등의 붕괴, 그 밖의 각종 사고의 현장에 있던 근로자의 생사가 사고발생일부터 3개월간 밝혀지지 아니한 경우이다.

8) 상병보상연금

(1) 취지

요양 개시 후 2년이 경과하여도 치유되지 아니하고 요양이 장기화됨에 따라 해당 피재근로자와 그 가족의 생활안정을 도모하기 위하여 휴업급여 대신에 지급하는 보험급여이다.

(2) 지급요건

요양급여를 받는 근로자가 요양을 시작한 지 2년이 지난 날 이후에 아래의 요건 모두에 해당하는 상태가 계속되면 휴업급여 대신 상병보상연금을 그 근로자에게 지급한다.

① 그 부상이나 질병이 치유되지 아니한 상태일 것
② 그 부상이나 질병에 따른 폐질(廢疾)의 정도가 대통령령으로 정하는 폐질등급 기준에 해당할 것

(3) 상병보상연금 일수

폐질등급	상병보상연금
제1급	평균임금의 329일분
제2급	평균임금의 291일분
제3급	평균임금의 257일분

9) 장의비

(1) 의의

근로자가 업무상의 사유로 사망한 경우 그 장제에 소요되는 비용으로 실비의 성질을 가지고 있다.

(2) 급여내용

평균임금의 120일분 상당액을 지급한다. 다만, 장의비가 고용노동부장관이 고시하는 최고금액을 초과하거나 최저금액에 미달하는 경우에는 그 최고금액 또는 최저금액을 각각 장의비로 하도록 하고 있다.

① 장의비 최고금액

전년도 장의비 수급권자에게 지급된 1인당 평균 장의비 90일분 + 최고보상기준 금액의 30일분

② 장의비 최저금액

전년도 장의비 수급권자에게 지급된 1인당 평균 장의비 90일분 + 최저보상기준 금액의 30일분

10) 직업재활급여

장해급여자(제1급~9급)에게는 직업훈련비용 및 직업훈련수당을 지급하고, 고용을 유지하는 사업주에게는 직장복귀지원금, 직장적응훈련비 및 재활운동비를 지급한다.

05 수급권 보호

1) 수급권의 보호

(1) 취지

근로자 및 유족의 생활안정을 위하여 보험급여의 수급권을 제3자에게 양도 또는 압류하거나 담보로 제공할 수 없음을 명문화함으로써 재해근로자의 기본적 수급권을 보호하고 있다.

(2) 내용

① 근로자의 보험급여를 받을 권리는 퇴직하여도 소멸되지 않는다. 단, 3년간 행사하지 않으면 시효에 의하여 소멸된다.

② 보험급여를 받을 권리는 양도 또는 압류하거나 담보로 제공할 수 없다. 가족에게도 위임이 불가능하다.

③ 조세 및 공과금 면제

2) 소멸시효

(1) 의의

법률상 시효란 법률관계의 법적 안정성을 확보하기 위하여 도입된 제도로서 소멸시효는 일정 기간 권리를 행사하지 아니할 경우 그 권리를 상실시키는 제도이다. 「산재보험법」에서는 보험급여를 받을 권리에 대하여 3년간의 단기 소멸시효를 정하고 있어 이를 3년간 행사하지 않으면 소멸시효가 완성되고, 소멸시효에 관하여는 이 법에 규정된 것을 제외하고는 「민법」의 규정에 의하도록 하고 있다.

(2) 소멸시효의 기산점

보험급여	소멸시효 기산점
요양급여청구권	요양에 필요한 비용이 구체적으로 확정된 날의 다음 날 (요양을 받은 날의 다음 날부터 매일 진행)
휴업급여청구권	업무상 재해로 인해 요양하느라고 휴업한 날의 다음 날 (급여대상으로 해당된 날 다음 날부터 매일 진행)
장해급여청구권	상병이 치유된 날의 다음 날
유족급여청구권	사망한 날의 다음 날
장의비청구권	장제를 실행한 날의 다음 날

06 행정구제

1) 심사청구

행정기관 내부에 의한 구제절차로서 행정심판절차를 두고 있으나 「행정심판법」상 다른 법률에 특별한 규정이 있는 경우에는 그 규정에 의하도록 하고 있으며, 「산재보험법」은 제정 당시부터 전문지식의 활용을 통한 산재근로자의 신속한 권리구제를 도모하기 위하여 보험급여 결정처분에 대한 특별행정심판절차로 심사 및 재심사청구제도를 두고 있다.

심사 및 재심사청구제도는 행정심판의 기능을 대체하는 특별절차로서 보험급여 등에 관한 결정에 대하여는 「행정심판법」에 따른 행정심판을 제기할 수 없도록 명문화하고 있으며, 그 제도의 운영 및 절차에 있어서 「산재보험법」에서 정하고 있지 아니한 사항에 대하여는 「행정심판법」에 따르도록 하고 있다.

(1) 산재심사위원회 구성

심사청구 심리에 있어 단독심 체제에서 탈피하여 산재심사위원회의 심의를 거쳐 결정을 함으로써 심사결정의 공정성을 제고하기 위해, 심사청구를 심의하기 위해 공단에 관계 전문가 등으로 구성되는 산재심사위원회를 설치하여 공단이 심사청구에 대한 심리·결정을 할 때에는 심사위원회의 심의를 거치도록 하여 심사결정의 전문성 및 공정성을 제고하고 있다.

(2) 산재심사청구 대상

다음 각 호의 어느 하나에 해당하는 공단의 결정 등에 불복하는 자는 그 결정이 있음을 안 날로부터 90일 이내에 공단에 심사청구를 할 수 있다.

① 보험급여에 관한 결정

② 진료비에 관한 결정

③ 약제비에 관한 결정

④ 진료계획 변경 조치 등

⑤ 보험급여의 일시지급에 관한 결정

⑥ 부당이득의 징수에 관한 결정

⑦ 수급권의 대위에 관한 결정

2) 재심사청구

심사결정에 불복이 있는 경우 결정이 있음을 안 날로부터 90일 이내 공단의 지역본부(지사)를 거쳐 고용노동부 산업재해보상보험재심사위원회에 재심사를 청구할 수 있다. 업무상질병판정위원회의 심의를 거친 보험급여에 관한 결정 등에 불복이 있는 자는 심사청구를 하지 아니하고, 그 결정이 있음을 안 날부터 90일 이내 공단의 지역본부(지사)를 거쳐 산업재해보상보험재심사위원회에 재심사청구를 할 수 있다.

연/구/문/제

01 산재보험과 관련하여 많은 법원 판례가 있는데 급여의 종류별로 찾아보고 판결 요지와 이유에 대해서 설명해 봅시다.

02 심사청구 및 재심사청구의 사례를 찾아 발표해 봅시다.

03 외국의 산재보험제도에 대하여 찾아봅시다.

참/고/문/헌

김광미(2000). 산업재해보상보험제도에 관한 연구. 한양대학교 석사학위논문.

김명규(2008). 산업재해보상보험의 급여체계 개선방안. 목원대학교 박사학위논문.

김영일(2002). 우리나라 산업재해보상보험제도의 문제점과 개선방안에 관한 연구. 경기대학교 석사학위논문.

김치영·정현태(2008). 사회복지법제론. 파워북.

김태성·김진수(2007). 사회보장론. 청목출판사.

남기민·홍성로(2008). 사회복지법제론. 공동체.

노동부(2010). 2010 산재·고용보험 실무편람.

모지환 외(2005). 사회보장론. 학지사.

박석돈(2006). 사회보장론. 양서원.

송근원·김태성(2006). 사회복지정책론. 나남출판.

원석조(2008). 사회복지정책론. 공동체.

유재관(2007). 우리나라 사회보험 중복급여 개선에 관한 연구: 산업재해보상보험을 중심으로. 동신대학교 석사학위논문.

이인재 외(2008). 사회보장론. 나남출판.

한국사회복지행정학회(2007). 사회복지정책론. 양서원.

현외성(2006). 사회복지정책강론. 양서원.

고용보험제도

CHAPTER 11

학/습/목/표

- 고용보험제도에 대해 전반적으로 설명할 수 있다.
- 실업급여의 자격조건과 내용을 이해하고 설명할 수 있다.
- 사업주지원제도와 근로자지원제도를 비교·설명할 수 있다.

01 고용보험의 개요

1) 의의

고용보험은 실직근로자에게 실업급여를 지급하는 전통적 의미의 실업보험사업 외에 실업의 예방, 고용의 촉진 및 근로자의 직업능력의 개발과 향상을 꾀하고, 국가의 직업지도와 직업소개 기능을 강화하며, 근로자가 실업한 경우에 생활에 필요한 급여를 실시하여 근로자의 생활안정과 구직 활동을 촉진함으로써 경제·사회 발전에 이바지하는 것을 목적으로 하는 공적인 사회보험제도이다.

2) 고용보험의 확대

고용보험제도는 1993년 12월 27일에 「고용보험법」이 제정되고, 1995년 7월 1일 도입 당시에는 상시근로자 30인 이상 사업장(고용안정·직업능력개발사업은 70인 이상)부터 가입해 오다가 IMF 이후 실업이 급증함에 따라 1998년 1월 1일부터는 10인 이상, 1998년 3월 1일부터는 5인 이상 사업장으로 의무가입 대상 사업장이 단계적으로 확대되었고, 1998년 10월 1일부터는 상시근로자 4인 이하의 농업·임업·수렵업 등 일부 업종을 제외하고는 근로자를 1인 이상 고용하는 전 사업장으로 확대되었고, 2002년 12월 30일부터는 농업·임업·어업 및 수렵업 중 근로자를 1인 이상 고용하는 법인까지 그 가입범위가 확대되었으며, 2005년 1월 1일부터는 고용보험 및 산업재해보상보험의 보험료를 통합징수하기 위한 「고용보험 및 산업재해보상보험의 보험료 징수 등에 관한 법률」이 제정되어 시행되었고, 2006년 1월 1일부터 고용안정사업과 직업능력개발사업을 고용안정·직업능력개발사업으로 통합하였고, 2009년 1월 1일부터 건설면허업자가 아닌 자가 시공하는 공사금액이 2천만 원 이상이고, 연면적 $100m^2$를 초과하는 건축물의 건축 또는 연면적 $200m^2$를 초과하는 건축물의 대수선에 관한 공사인 경우 당연가입(의무가입) 대상으로 확대·시행되었다.

02 고용보험의 가입

1) 적용대상

고용보험의 적용대상은 근로자를 사용하는 모든 사업이며 적용단위는 사업 또는 사업장이다. 고용보험의 적용대상 사업은 당연적용사업과 임의적용사업으로 나눈다.

(1) 당연적용 대상

적용제외 사업을 제외한 근로자를 1인 이상 사용하는 모든 사업 또는 사업장은 당연적용 대상이 된다.

(2) 적용제외 사업

① 농업·임업·어업 및 수렵업 중 법인이 아닌 자가 상시 4명 이하의 근로자를

사용하는 사업

② 가사서비스업

③ 「고용보험법」의 가입이 제외되는 2005년도 건설공사의 총공사금액은 「주택법」에 의한 주택건설사업자, 「건설산업기본법」에 의한 건설업자, 「전기공사업법」에 의한 공사업자, 「정보통신공사업법」에 의한 공사업자, 「소방시설공사업법」에 의한 소방시설업자 또는 「문화재보호법」에 의한 문화재수리업자가 아닌 자가 시공하는 공사로서 다음에 해당하는 금액으로 한다.

- 총공사금액이 2천만 원 미만
- 건축물의 건축 또는 대수선 공사는 「고용보험 및 산업재해보상보험의 보험료 징수 등에 관한 법률 시행령」 제2조 제1항 제2호 단서의 규정에 따라 고용노동부장관이 정하여 고시하는 「건설업자가 아닌 자가 시공하는 건설공사의 총공사금액 산정에 관한 규정」에 의하여 산정되는 연면적이 100m^2 이하인 건축물의 건축 또는 연면적이 200m^2 이하인 건축물의 대수선에 관한 공사

(3) 임의적용 대상

임의적용 대상은 고용보험 가입 여부가 사업주의 자유의사에 일임되어 있는 사업이다. 이 경우 사업주는 근로자 과반수 이상의 동의를 얻어 고용노동부장관의 승인을 얻음으로써 고용보험에 가입할 수 있다.

03 고용보험사업: 사업주지원제도

고용보험사업은 크게 사업주지원제도와 근로자지원제도로 구분할 수 있으며 사업주지원제도에는 고용창출지원사업, 고용조정지원사업, 고용촉진지원사업, 고용촉진지원시설사업, 건설근로자 고용안정사업이 있으며 근로자지원

제도에는 실직근로자지원제도, 재직근로자지원제도가 있다.

1) 고용창출지원사업

중소기업 등의 인력확보를 지원하고 기업의 일자리 창출을 유도함으로써 근로자의 고용안정을 위한 사업이다.

(1) 중소기업근로시간단축지원금

주 40시간 근무제를 조기에 정착시키고 이로 인한 기업의 부담을 완화하기 위해 조기에 근로시간을 단축하고 근로자를 신규 채용하는 중소기업을 지원하기 위한 제도이다(「고용보험법 시행령」 제13조). 지원대상은 주 40시간제를 조기에 도입하고 근로자를 추가로 고용한 5인 이상 20인 미만의 기업이다.

① 지원금액: 지원근로자 수(신청분기 월평균 근로자 수 − 단축 전 월평균 근로자 수) × 분기 180만 원(월 60만 원)

② 지원한도: 단축 전 월평균 근로자 수의 30%

③ 지원기간: 개정 「근로기준법」 적용 시점부터 주 40시간 근무제 법정 시행일 직전까지 지급

(2) 교대제전환지원금

① 지급요건: 교대제를 새로이 실시하거나 교대제를 실시하고 있는 사업주가 조를 늘려 교대제를 전환할 것. 다만, 교대제 전환 이후 조가 4조 이하인 경우에 한함. 교대제 전환 이후 매 분기 당해 사업의 월평균 근로자 수(전환 후 월평균 근로자 수)가 교대제 전환한 날이 속한 월의 직전 3월의 월평균 근로자 수(전환 전 월평균 근로자 수)를 초과해야 함

② 지급수준: (교대제 전환 후 월평균 근로자 수 − 전환 전 월평균 근로자 수) × 분기당 180만 원. 매 분기당 지급총액은 지원 금액에 전환 전 월평균 근로자 수의 1/3을 곱한 금액을 초과할 수 없으며, 지급기간은 1년임

(3) 중소기업고용환경개선지원금

① 지원요건: 중소기업으로 제조업 및 지식기반 서비스업(부가통신업, 정보처리 및 기타 컴퓨터운영 관련업, 자연과학 연구개발업, 엔지니어링 서비스업, 전문디자인업 등)을 영위하는 사업주

② 지원수준: 투자금액의 50%(최대 5천만 원)와 증가된 근로자 수 1인당 120만 원(최대 30명)을 1회 지급. 다만, 클린사업장의 경우에는 증가된 근로자 수에 대해서만 1인당 120만 원(최대 30명)을 1회 지급

(4) 중소기업전문인력활용장려금

① 중소기업의 고용기회 확대와 경쟁력 제고를 위하여 신규로 전문인력을 채용하거나, 대기업으로부터 전문인력을 지원받아 사용하는 사업주에게 채용일로부터 1년간 지원

② 지원대상: 중소기업으로 제조업 및 지식기반 서비스업(부가통신업, 정보처리 및 기타 컴퓨터운영 관련업, 자연과학 연구개발업, 엔지니어링 서비스업, 전문디자인업 등)을 영위하는 사업주

③ 지원요건: 고용노동부장관이 고시한 범위의 전문인력(노동부고시 제2009-18호)을 채용하거나 대기업으로부터 지원받는 경우

④ 지원수준: 한 기업당 3명까지 지원(단, 3인 한도를 모두 채운 후 50세 이상의 전문인력을 추가로 활용하는 경우 전문인력 1명을 추가 지원), 근로자 1인당 최초 6개월은 매월 120만 원, 그 이후 6개월은 매월 60만 원(기업이 부담하는 임금액의 3/4까지 지원)

2) 고용조정지원사업

(1) 고용유지지원금

생산량 감소, 재고량 증가 등으로 고용 조정이 불가피하게 된 사업주가 근로자를 감원하지 않고 휴업, 훈련, 휴직, 인력 재배치 등 고용유지 조치로 근로자의

'계속고용'을 유지하는 사업주에게 휴업수당, 임금 및 훈련비를 지원하여 사업주의 경영부담을 완화하고 근로자의 실직을 예방하는 지원금이다.

① 지급수준: 휴업, 유급 휴직을 실시하여 고용유지를 한 사업주는 그 고용유지 조치기간 동안 사업주가 근로자에게 지급한 휴업, 휴직수당 또는 임금액의 2/3(대규모 기업의 경우에는 1/2)를 지원하고, ○ 인력 재배치의 경우 3/4(대규모 기업의 경우 2/3)을 지원, ○ 지원 한도액: 1인당 1일 4만 원, 훈련의 경우 3/4(대규모 기업의 경우 2/3) 및 훈련비를 지원한다. ○ 훈련비는 「직업능력개발지원금지급규정」에서 정한 훈련직종별 훈련비용 단가에 훈련시간과 훈련수료인원을 곱하여 산출한 금액의 100분의 100 범위 내에서 지급하며, ○ 무급휴직의 경우에는 노무비용을 고려하여 고용노동부장관이 고시하는 금액(10년 20만 원)을 지급한다.

② 지급기간: 휴업, 훈련, 휴직을 실시하는 사업주는 그 실시 일수를 합하여 당해 보험 연도의 기간 동안 180일을 한도로 지원하며, 이 경우 둘 이상의 고용유지 조치를 중복하여 실시하는 날에 대해서는 1일로 산정한다.

(2) 전직지원장려금

기업의 구조조정으로 퇴직이 예상되는 근로자를 대상으로 전직에 필요한 각종 상담, 구인창업 등에 관한 고용정보 제공, 취업알선, 교육훈련, 이들 서비스 제공을 위한 인력지원 등을 통해 이직 근로자의 신속한 재취업을 지원하는 제도이다.

① 지원대상자: 전직지원계획서를 제출하여 승인을 얻고 그 계획서대로 전직지원서비스를 제공한 사업주

② 지급요건

- 고용 조정이 불가피한 사업주가 고용 조정, 정년 및 근로계약기간 만료로 이직 예정이거나 이직한 근로자를 대상으로 할 것
- 전직지원계획에 대하여 노사협의가 있을 것

- 전직지원계획을 수립하고, 그 계획에 따라 실시할 것
- 전직지원을 위한 별도의 시설을 갖출 것
- 재취업에 필요한 각종 상담, 구인, 창업 등에 관한 고용정보 제공 등 고용노동부령이 정하는 전직지원서비스를 제공할 것

③ 지원금액: 우선지원대상기업 소요비용 전액(대규모 기업 2/3)

④ 지원 한도액: 전직지원서비스 이용자 수에 300만 원을 곱한 금액을 상한액으로 함

⑤ 지원기간: 하나의 전직지원서비스 제공에 의한 장려금 지급은 12월을 한도로 함

3) 고용촉진지원사업

(1) 고령자고용촉진장려금

능력이나 건강으로 보아 한창 일할 때임에도 불구하고 취업 또는 직업전환의 기회를 갖지 못하는 고령자를 일정 수준 이상 고용하거나 정년퇴직 이후 계속고용, 정년을 연장하여 계속고용하는 사업주에 대해서 고령자고용촉진장려금을 지원한다.

① 요건과 지원수준

구분	요건	지원수준
다수고용	고용기간이 1년 이상인 55세 이상 고령자를 매 분기 월평균 근로자 수의 업종 지원기준(4~42%) 이상을 고용 ※ 1월 소정 근로시간이 60시간 미만(1주간 15시간 미만)인 자, 일용근로자, 공무원 등은 근로자 수 및 고령자 수에서 제외	지원기준을 초과한 경우 고령자 1인당 분기 18만 원을 5년간 지원 - 매 분기별 근로자 수의 15% (대규모 기업 10%) 한도
정년퇴직자 계속고용	정년을 57세 이상으로 정한 사업장에서 18개월 이상 계속 근무한 후 정년이 도래한 고령자를 계속고용하거나 정년퇴직 후 3개월 이내에 재고용하고 계속고용 전 3개월, 계속고용 후 6개월 동안 근로자를 고용조정을 이직시키지 아니할 것. 다만, 고용기간이 1년 이하이거나 계속고용(재고용) 전 3개월 이내 정년을 줄이는 경우에는 제외함	계속고용 1인당 월 30만 원을 6개월간 지원(500인 이하 제조업은 12개월)

구분	요건	지원수준
정년연장	정년을 56세 이상으로 1년 이상 연장한 사업장에서 18개월 이상 근무한 고령자를 정년 연장으로 계속고용하고 정년 연장 전 3년 이내에 해당 사업장의 정년을 단축하는 경우에는 제외	계속고용 1인당 월 30만 원을 정년이 연장된 기간의 1/2 기간 동안 정년 연장 후 5년 이내 지원

(2) 신규고용촉진장려금

노동시장의 통상적인 조건하에서 취업이 어려운 고령자, 청년실업자, 장기구직자, 여성 등 취약계층을 직업안정기관 등의 알선에 의하여 채용하는 사업주에게 장려금을 지원한다.

① 지원요건

대상자	실업기간
1. 「고용상 연령차별금지 및 고령자고용촉진에 관한 법률」 제2조 제1호에 따른 고령자나 같은 조 제2호에 따른 준고령자 중 소득 및 취업능력 등을 고려하여 고용노동부장관이 정하여 고시하는 기준에 해당하는 자 2. 여성실업자 중 가족부양의 책임이 있는 자(고용노동부령으로 정하는 자에 한정)로서 「국민기초생활 보장법 시행령」 제11조 제2항에 따른 취업대상자 또는 「한부모가족지원법」 제5조 및 제5조의2에 따른 보호대상자 3. 「장애인고용촉진 및 직업재활법」 제2조 제2호에 따른 중증장애인	1개월
4. 「고용상 연령차별금지 및 고령자고용촉진에 관한 법률」 제2조 제1호에 따른 고령자나 같은 조 제2호에 따른 준고령자(제1호의 자는 제외) 5. 저학력, 경력 및 직업기술의 부족 등의 사유로 취업에 어려움을 겪고 있는 29세 이하의 자로서 고용노동부장관이 고시하는 기준에 해당하는 자 6. 「장애인고용촉진 및 직업재활법」 제2조 제1호에 따른 장애인(제3호의 자는 제외) 7. 「국민기초생활 보장법 시행령」 제11조 제2항에 따른 취업대상자 8. 임신기간이나 출산 또는 육아기간(만 6세 미만의 영유아를 둔 경우를 말함)에 이직한 여성근로자 9. 「자유무역협정체결에 따른 농어업인 등의 지원에 관한 특별법」 제6조에 따라 폐업지원금을 받고 있거나 받았던 농어업인	3개월
10. 제1호부터 제9호까지의 규정에 해당하지 아니하는 자	6개월

② 지원수준

구분	실업기간	지급금액
중증장애인	1월	12월간 60만 원
고령자 또는 준고령자	3월	최초 6월 30만 원, 이후 6월 15만 원(우선지원대상기업에 해당하는 제조업은 6월 60만 원, 이후 6월 30만 원)
- 제조업, 동행면접 등	1월	
청년	3월	최초 6월 45만 원, 이후 6월 30만 원(제조업은 최초 6월 60만 원, 이후 6월 30만 원), 대규모 기업은 제외
여성가장	1월	최초 6월 60만 원, 이후 6월 30만 원
경증장애인	3월	
취업대상자		
출산여성		
장기 구직자	6월	

(3) 육아휴직장려금(대체인력장려금)

① 요건과 지원수준

구분	요건	지원수준
육아휴직 장려금	피보험자인 근로자에게 「남녀고용평등법」 제19조의 규정에 의한 육아휴직을 30일(「근로기준법」 제74의 규정에 의한 산전후 휴가기간 90일과 중복되는 기간 제외) 이상 부여하고 육아휴직 종료 후 30일 이상 피보험자인 근로자로 계속고용하는 사업주	육아휴직을 부여하는 사업주에게는 육아휴직 근로자 1인당 월 20만 원
대체인력 채용 장려금	휴직기간 중 신규 대체인력을 30일 이상 채용하고, 육아휴직 종료 후 육아휴직자를 30일 이상 피보험자인 근로자로 계속고용하는 사업주	대체인력 1인당 월 20만~30만 원 지급 - 우선지원대상기업: 30만 원 - 대규모기업: 20만 원

4) 고용촉진지원시설사업

(1) 직장어린이집 보육교사 등 임금지원

① 지원요건: 사업주가 단독 또는 공동으로 사업장의 근로자를 위하여 직장어린이집을 설치·운영하고 사업장 소속의 피보험자 자녀수가 전체 보육 아동 수의 1/3(매 분기 말일 기준) 이상인 경우와 유급고용일수가 20일 이상

인 보육교사·취사부(매 분기 말일 기준 보육 영아 수가 40인 이상인 경우에 한함) 및 직장어린이집의 원장(매 분기 말일 기준 보육 영아 수가 20인 이상인 경우에 한함)에 대하여 지원

② 지원수준: 보육교사·취사부 및 직장어린이집의 원장에 대하여 1인당 월 80만 원 지급(고용보험피보험자가 아닌 자의 자녀가 있는 경우 감액)

(2) 직장어린이집 설치비 융자/지원

① 수급요건, 수준: 직장어린이집을 임차·매입 설치하거나 운영 중인 시설을 개·보수하는 사업주 또는 사업주 단체에게는 연 1~2%로 5억 원까지 융자가 가능하며, 융자금은 5년 거치 5년 균등 분할 상환하고, 건물을 어린이집으로 구조를 변경하거나 운영 중인 어린이집의 전부 또는 일부를 영아나 장애아 어린이집으로 시설기능을 보강하는 경우에는 소요비용의 60~80% 범위 내에서 한도액 1억 원까지(유구비품은 5천만 원까지) 무상 지원

5) 건설근로자 고용안정사업

(1) 건설근로자 퇴직공제부금의 지원

건설근로자 퇴직공제제도는 건설일용근로자에게 퇴직금 성격인 퇴직공제금을 지급하기 위하여 1998년 1월부터 시행된 제도로 건설업을 행하는 사업주가 건설근로자퇴직공제회와 건설근로자를 피공제자로 하는 공제계약을 체결한 후 공제부금을 납부하면 근로자가 건설업을 퇴직하는 등의 경우에 적립된 공제부금에 소정의 이자를 합하여 퇴직공제금으로 지급한다.

① 수급요건, 수준

- 건설근로자퇴직공제계약에 임의 가입한 사업주가 연간 납부한 공제부금의 1/3에 해당하는 금액을 지원

- 국가 또는 지방자치단체가 발주하는 공사로서 공사예정금액이 5억 원 이상인 공사
- 국가 또는 지방자치단체가 출자 또는 출연한 법인이 발주하는 공사로서 공사예정금액이 5억 원 이상인 공사
- 「주택법」 제33조 제1항의 규정에 의한 사업계획의 승인을 얻어 건설하는 200호 이상인 공동주택의 건설공사
- 사회기반시설에 대한 민간투자사업으로 공사예정금액이 5억 원 이상인 공사
- 200호 이상의 공동주택과 주거용 외의 용도가 복합된 건축물의 건설공사
- 「건축법 시행령」에 따른 일반 업무시설 중 200실 이상인 오피스텔의 건설공사

(2) 건설근로자 고용보험관리지원금

① 지원요건: 건설현장별로 고용관리 책임자를 지정·신고하고 건설(일용)근로자에 대한 고용보험 사무처리(피보험자 관리)를 한 사업주

② 지원수준: 피보험자 관리실적(근로내용 확인신고 실적)에 따라 차등 지원

04 고용보험사업: 근로자지원제도

1) 실직근로자지원제도

(1) 실업급여

실업급여는 고용보험 적용사업장에서 실직 전 18개월간 피보험단위기간이 통산하여 180일 이상 근무하다가 회사의 폐업·도산, 경영상 해고 등 기타 부득이한 사유로 이직한 경우에만 실업급여 수급자격이 인정된다. 그러나 직장을 정당한 사유 없이 전직, 자영업 등을 위하여 스스로 그만두었거나 중대한 잘못으로 형법이나, 직무 관련 법규위반 등으로 금고 이상의 형을 받아 해고된 경우

등에는 실업급여를 받을 수 없다.

실업급여는 이직한 다음 날부터 12개월이 지나면 소정급여 일수가 남아 있다고 하더라도 지급되지 아니하므로, 실직 시에는 지체 없이 거주지 관할 고용지원센터를 방문하여 수급자격 인정 신청 및 구직 등록을 하여야 한다.

실업급여는 수급자격자가 지정된 실업인정일에 고용지원센터에 출석하여 실업상태에서 적극적인 재취업 노력 사실을 신고하여 실업인정을 받을 경우에 지급된다. 다만, 지정된 실업인정일에 정당한 이유 없이 출석하지 않을 경우에는 받을 수 있는 소정급여일수(90~240일)에서 자동으로 소멸되므로 꼭 지정된 실업인정일에 출석하여야 한다.

실업급여의 종류에는 구직급여, 취업촉진수당이 있다.

① 구직급여

실직자의 연령과 보험가입기간에 따라 90~240일 동안 실직 전 받던 임금의 50%를 지급, 1일 구직급여 최고액은 40,000원, 최저액은 「최저임금법」상 시간급 최저임금액의 90%를 지급한다.

[가입기간별·연령별 지급일수]

피보험기간 / 연 령	6개월 이상 ~1년 미만	1~3년	3~5년	5~10년	10년 이상
30세 미만	90일	90일	120일	150일	180일
30세 이상~50세 미만	90일	120일	150일	180일	210일
50세 이상 및 장애인	90일	150일	180일	210일	240일

② 취업촉진수당

- 조기재취업수당: 소정급여 일수의 일부를 남기고 6개월 이상 고용이 확실시되는 안정된 직장에 조기 재취업한 경우, 잔여급여 일수 따라 1/3, 1/2, 1/3의 일시금을 지급
- 직업능력개발수당: 지방노동관서장의 지시에 응하여 훈련을 받을 때에는 1일 5천 원을 지원(단, 실업자훈련 등 중복 수혜의 경우는 제외)

- 광역구직활동비: 지방노동관서장의 소개로 50km 이상 떨어진 회사에 구직활동을 한 경우 수급자격자의 거주지로부터 방문하는 사업장까지의 정상적인 경로에 따라 계산한 운임과 숙박이 필요하다고 인정되는 숙박비와 교통비를 지급
- 이주비: 취직이나 지방노동관서장이 지시한 훈련을 받기 위해 주거를 이전하는 경우에 이주비를 국가공무원 국내여비규정의 이전비 정액표에 의하여 지급

③ 기타 연장급여

- 특별연장급여: 실업의 급증으로 고용사정이 극히 악화된 경우 고용노동부장관이 지정한 기간 내에서 구직 급여일액의 70%를 60일까지 연장 지급한다. 다만, 최저구직급여일액보다 낮은 경우에는 최저구직급여일액을 지급한다.
- 개별연장급여: 직업안정기관의 직업소개에 3회 이상 응하였으나 취업되지 못하고, 부양가족 중 18세 미만이나 65세 이상인 자, 장애인 또는 1월 이상 치료를 요하는 환자가 있고 , 급여기초일액이 5만 8천 원 이하이며 본인 및 배우자의 재산이 고용노동부장관이 고시하는 기준 이하인 경우 등 취직이 극히 곤란하고 생계지원이 필요한 수급자로서 본인이 신청하여 연장 결정된 경우 구직급여의 70%를 60일까지 연장 지급
- 훈련연장급여: 지방노동관서의 직업능력개발훈련 지시에 의해 훈련을 수강하는 경우 훈련기간 동안 구직급여의 100%를 2년 범위 내에서 연장 지급이 가능(최근 1년간 직업능력개발훈련을 받은 경우는 제외함)

④ 상병급여

수급자격자가 수급기간 중 질병·부상 또는 출산으로 7일 이상 취업이 불가능한 경우에는 구직급여에 갈음하여 상병급여를 지급할 수 있다. 상병급여는 실업의 신고를 한 이후에 질병·부상 또는 출산으로 취업이 불가능하여 실업의 인정을 받지 못한 날에 대하여 수급자격자의 청구(청구기간: 상병이 치유된 후 14일 이내.

다만, 상병기간이 수급기간을 초과할 경우에는 수급기간 종료 후 30일 이내)에 지급·상병급여는 구직급여에 갈음하여 지급되므로, 그 금액은 구직급여와 같고 구직급여의 미지급 한도 내에서 지급될 수 있으며, 상병급여를 지급한 경우에는 구직급여를 지급한 것으로 간주한다.

(2) 전직실업자훈련지원

① 훈련대상: 고용보험 적용사업장에서 이직한 고용보험 피보험자였던 자

② 훈련기관·과정: 직업능력개발훈련시설, 「고등교육법」에 의한 학교, 기타 지방노동관서의 장이 인정하는 시설 또는 기관에서 재취직에 필요한 기능, 기술습득을 위한 1월 이상 1년 이하의 과정으로 총 훈련시간이 60시간 이상의 훈련을 받아야 함

③ 교통비 등

- 교통비 월 5만 원(1일 4시간, 월 80시간 이상 과정의 훈련을 수강한 경우)
- 식비 월 6만 원(1일 5시간, 월 100시간 이상 과정의 훈련을 수강한 경우)
- 훈련 중 기숙사를 제공하는 경우에는 기숙사비(식대 포함)로 1일 8,500원(월 212,500원) 한도 내에서 지원

(3) 취업알선 등

고용보험 적용사업장에서 실직한 피보험자가 거주지 관할 고용지원센터를 방문하여 구직을 원할 경우 적성검사 등 직업상담과 취업알선을 지원한다.

(4) 실직자 창업지원사업

① 지원대상 및 자격

- 장기실업자(구직등록 후 6개월 이상 실업상태에 있는 자): 고용보험 피보험자였던 장기실업자 중 담보·보증 여력이 없는 '세대의 주 소득원인 자'로 소정의 창업훈련 과정 이수, 국가기술자격증 등 보유 분야 또는 실직 전 1년 이상 종사 업종과 관련 있는 분야의 창업 희망자

- 실직여성가장: 고용보험 피보험자였던 실직여성(결혼 전 퇴직한 전업주부, 미혼자 포함) 중 담보·보증 여력이 없고 배우자의 사망(이혼) 또는 심신 장애, 사고, 질병 등으로 노동능력이 상실된 배우자를 대신하여 실질적으로 자녀 및 가족의 부양책임이 있는 자
- 실직고령자(구직등록 후 실업상태에 있는 55세 이상인 자)

② 사업내용

- 점포지원: 최고 7천만 원 범위 내에서 공단이 직접 점포를 임차하여 지원
- 비용부담: 점포지원금의 연 3%에 해당하는 이자 납부(월납)
- 지원기간: 최초 계약일로부터 최장 6년
- 지원업종: 생계형 창업을 우선 지원하며, 사치 향락성 업종은 제외
- 지원제외: 연체 등에 따른 신용거래정보등록자, 공단 창업지원사업의 지원을 받은 사실이 있는 자, 동일 목적사업으로 「국가재정법」에 의한 기금으로 지원받은 자

2) 재직근로자지원제도

(1) 근로자 수강지원금 지원

① 지원대상자 및 범위: 비자발적 사유로 훈련 중 또는 훈련수료 후 1월 이내에 이직이 예정되어 있는 자, 40세 이상 피보험자, 우선지원대상기업에 고용된 자(상시 사용하는 근로자 수가 300인 미만인 사업에 고용된 자), 기간제근로자, 「근로기준법」 제2조의 규정에 의한 단시간 근로자 또는 「파견근로자 보호 등에 관한 법률」에 의한 파견근로자, 일용근로자, 고용보험 임의가입 자영업자가 고용노동부장관이 승인을 받은 과정(일반과정, 외국어과정), 인터넷 원격훈련과정을 수료하고 소정출석일수(시간)의 80% 이상을 출석하였으며 자비로 훈련수강비용을 부담한 경우에는 연간 100만 원 한도 내에서 지원하되, 근로자 1인당 5년간 300만 원 한도로 지불한 수강비용

의 50~100%를 지원한다.

② 지원내용

일반과정	인터넷원격훈련	외국어과정
수강비용의 80% (비정규직 100%) ※ 고용노동부고시 훈련 직종별 단가 한도 내	수강비용 전액 ※ 평가등급 및 콘텐츠 심사등급에 따라 고용노동부장관이 고시한 금액 한도 내	수강비용의 50% (비정규직 80%) ※ 월 40시간 기준 90,000원 한도

(2) 근로자학자금 대부

① 대부대상자: 고용보험 피보험자로서 전문대학 이상 학교에 입학하거나 재학 중인 자

- 기능대학, 전문대학 또는 대학졸업자와 동등한 학력·학위가 인정되는 원격대학 형태의 평생교육시설
- 「고등교육법」 제2조의 규정에 의한 학교 중 대학, 산업대학, 교육대학, 전문대학, 방송통신대학, 기술대학(각종학교는 제외)

② 대부조건 및 한도

- 대부이율: 연 1%(신용보증), 연 1.5%(일반대출)
- 대부기간: 기능대, 전문대, 대학원 – 4년(거치기간 2년 포함)
  대학 – 6년(거치기간 2년 포함)
- 상환방법: 이자 – 연 4회 분기별로 해당 금융기관에 납부
  원금 – 거치기간 경과 후 2년(기능대, 전문대, 대학원) 또는 4년(대학) 분기별로 균분상환
- 대부금액: 등록금(입학금, 수업료 및 기성회비 등) 전액

(3) 육아휴직급여

육아휴직이란 근로자가 만 6세 이하의 초등학교 취학 전 자녀(입양한 자녀를 포함)를 양육하기 위하여 신청하는 휴직을 의미한다. 육아휴직은 근로자의 육아부담을 해소하고 계속 근로를 지원함으로써 근로자의 생활안정 및 고용안정을 도모하는 한편, 기업의 숙련인력 확보를 지원하는 제도이다.

① 육아휴직기간: 자녀가 만 6세(2007. 12. 31. 이전 출생자는 만 1세) 이하로 초등학교 취학 전까지 1년 이내의 육아휴직을 부여받을 수 있다. 양육대상인 자녀가 출생한 날부터 만 6세 이하의 기간 동안 자유로이 그 시기와 기간을 정할 수 있으며 육아휴직은 산전후 휴가에 이어서 사용하지 않아도 된다.

② 지급대상: 사업주로부터 30일 이상 육아휴직을 부여받아야 하며, 육아휴직 개시일 이전에 피보험단위기간(재직하면서 임금을 받은 기간)이 모두 합해서 180일 이상이 되어야 한다. 단, 과거에 실업급여를 받았을 경우 인정받았던 피보험기간은 제외되며 같은 자녀에 대해서 피보험자인 배우자가 육아휴직(30일 미만은 제외)을 부여받지 않아야 한다.

③ 지급액: 육아휴직기간 동안 매월 50만 원씩 지급하며 육아휴직 급여액의 지급대상 기간이 1개월이 안 되는 달에 대해서는 일수로 계산하여 지급한다. 또한, 2006년 1월 1일부터는 육아휴직을 이유로 사업주로부터 지급받은 금품의 월평균금액과 육아휴직 급여액을 합한 금액이 육아휴직 개시일을 기준으로 한 월 통상임금을 초과한 경우, 그 초과하는 금액을 육아휴직급여에서 감액하여 지급한다. 2007년 4월 27일자로 급여가 월 40만 원에서 50만 원으로 인상이 되었기 때문에 육아휴직 신청기간에 4월 27일이 포함되었을 경우 4월 27일을 기준으로 이전 기간은 40만 원, 이후 기간은 50만 원으로 일할 계산하여 산정된다.

(4) 산전후 휴가급여

임신 중의 여성에 대하여는 산전후를 통하여 계속해서 90일의 보호휴가를 주되, 반드시 산후에 45일 이상이 확보되도록 부여하여야 하며(「근로기준법」 제74조), 출산한 여성근로자의 근로의무를 면제하고 임금상실 없이 휴식을 보장받도록 하는 제도이다.

① 휴가기간 중의 임금지급 등: 종전에는 산전후 휴가기간 중 최초 60일분은 사업주가 지급하고, 이후 30일분은 고용보험에서 지급하였으나, 우선지원대상기업의 근로자가 2006년 1월 1일 이후 출산하는 경우에는 90일간의 급여를 고용보험에서 지급한다. 대규모기업의 경우에는 종전과 같이 최초 60일분은 사업주가, 이후 30일분은 고용보험에서 지급한다.

② 지급대상: 임신 중인 여성근로자가 사업주로부터 산전후 휴가(또는 유산 또는 사산휴가)를 부여받아 사용하고 산전후 휴가가 끝난 날 이전에 고용보험 피보험단위기간이 통산하여 180일 이상이어야 하며, 산전후 휴가를 시작한 날 이후 1개월부터 휴가가 끝난 날 이후 12개월 이내에 신청하여야 한다.

③ 지급액: 산전후 휴가기간 중 우선지원대상기업은 90일분, 그 외의 기업은 30일분에 대해 「근로기준법」상 통상임금상당액을 지급한다.

- 상한액: 30일분의 통상임금이 135만 원을 초과하는 경우에는 135만 원을 지급한다. 최고 135만 원(비우선지원대상기업)~405만 원(우선지원대상기업)
- 하한액: 통상임금이 최저임금에 미달되는 경우에는 최저임금액을 지급한다. 다만, 「근로기준법」 제74조의 규정에 의한 보호휴가기간 중 보호휴가를 이유로 지급받은 금품과 산전후 휴가급여 등을 합한 금액이 보호휴가 개시일을 기준으로 한 통상임금을 초과한 경우, 그 초과하는 금액을 산전후 휴가급여 등에서 감액하여 지급한다.

연/구/문/제

01 근로복지공단과 고용지원센터의 업무를 구분해 봅시다.

02 고용보험 관련 법원 판례의 사례를 들어 서로 토론해 봅시다.

참/고/문/헌

김치영·정현태(2008). 사회복지법제론. 파워북.

김태성·김진수(2007). 사회보장론. 청목출판사.

남기민·홍성로(2008). 사회복지법제론. 공동체.

노동부(2010) 2010 산재·고용보험 실무편람.

모지환 외(2005). 사회보장론. 학지사.

박석돈(2006). 사회보장론. 양서원.

송근원·김태성(2006). 사회복지정책론. 나남출판.

오기섭(2008) 고용보험법제의 효율화 방안 연구. 단국대학교 박사학위논문.

원석조(2008). 사회복지정책론. 공동체.

이상식(2002). 한국 고용보험제도의 개편방안 연구. 영남대학교 박사학위논문.

이인재 외(2008). 사회보장론. 나남출판.

이종진(2003). 고용보험에 관한 연구. 연세대학교 석사학위논문.

한국사회복지행정학회(2007). 사회복지정책론. 양서원.

현외성(2006). 사회복지정책강론. 양서원.

노인장기요양보험제도

CHAPTER 12

학/습/목/표

- 노인장기요양보험제도의 특성을 설명할 수 있다.
- 노인장기요양보험제도의 급여 유형을 열거하고 특징을 설명할 수 있다.
- 요양보호사와 사회복지사를 비교·설명할 수 있다.

01 도입배경 및 특징

1) 도입배경

우리나라 국민의 소득수준 향상, 보건의료 기술의 발전 등 전반적 생활여건이 개선되면서 평균수명 연장으로 노인인구는 매년 증가하고 있는 반면, 출산율이 감소하여 전체 인구에서 노인인구의 비율이 급속하게 상승하고 있다. 특히 고령 노인인구가 급격하게 증가하면서 건강보험에서 차지하는 노인의료비 비중이 높아짐과 함께 치매, 중풍 등 수발과 보호서비스가 필요한 노인 역시 늘어나게 되었다. 그리고 핵가족화·소가족화, 맞벌이 부부의 증가, 보호기간의 장기화, 노부모 부양 책임의식의 변화 등 요인에 의해 노인에 대한 사회적 돌봄 및 부양이 요구되었다.

이에 따라 2007년 4월에 「노인장기요양보험법」이 국회 본회의를 통과하였고, 4월 13일 정부로 이송되어 4월 17일 국무회의 의결을 거쳐 4월 27일 공포됨으로써, 2008년 7월 1일부터 노인장기요양보험제도(이하 '장기요양보험제도')

가 시행되었다. 이 제도는 일상생활을 수행하기 어려운 노인의 신체, 가사 및 일상생활지원서비스를 담당하는 요양 전문인력 양성을 통해 질 높은 요양서비스를 제공하기 위해 도입된 제도로 도입배경을 정리하면 [그림 12-1]과 같다.

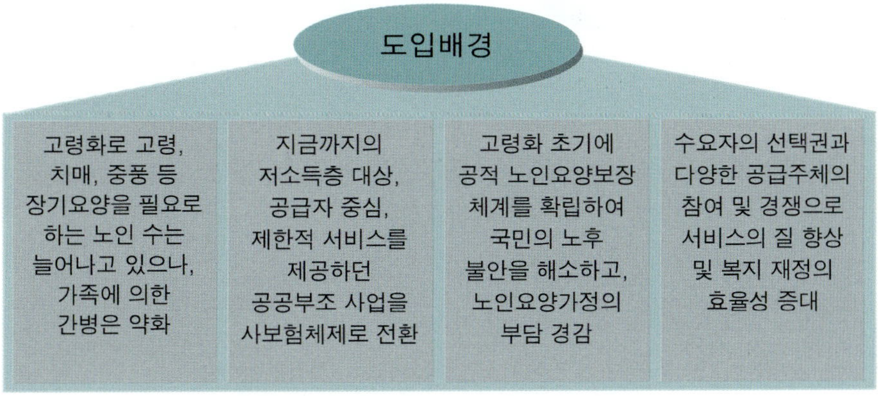

[그림 12-1] 장기요양보험제도 도입배경

장기요양보험은 고령이나 노인성 질병 등으로 목욕이나 집안일 등 일상생활을 혼자서 수행하기 어려운 이에게 신체활동·가사지원 등의 서비스를 제공하여 노후 생활의 안정과 그 가족의 부담을 덜어 주기 위한 사회보험제도를 말한다.

따라서 지금까지 가족의 영역에 맡겨 왔던 치매·중풍 등 노인에 대한 장기간에 걸친 간병, 장기요양 문제를 사회연대원리에 따라 국가와 사회가 분담하는 것으로, 노인은 더 이상 자식들에게 부담을 주지 않고 계획적이고 전문적인 장기요양 서비스를 받을 수 있어 보다 품위 있게 노후를 보낼 수 있으며, 장기요양을 직접 담당하던 중·장년층은 정신적, 육체적, 경제적 부담에서 벗어나 경제, 사회활동에 전념할 수 있다. 또한, 자녀들도 장기요양 부담이 해소된 가정에서 더 나은 교육과 보살핌을 받을 수 있을 것이다. 장기요양보험제도의 관리운영체계는 [그림 12-2]와 같다.

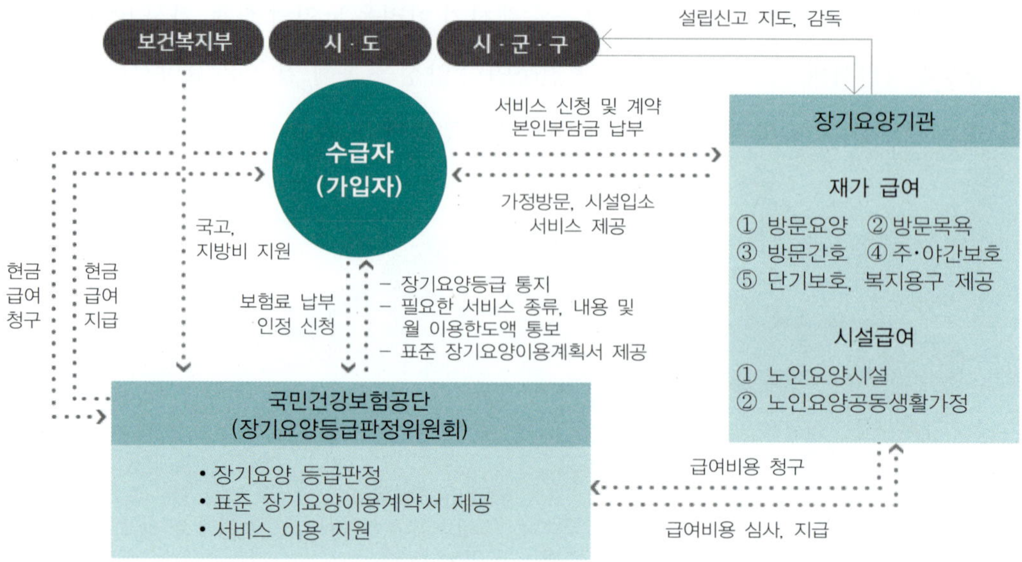

[그림 12-2] 노인장기요양보험제도의 관리운영체계

2) 장기요양보험의 특징

(1) 노인의 삶의 질이 향상

비전문적 가족 요양으로부터 계획적인 전문적 요양 및 간호서비스 제공으로 신체기능의 호전, 잔존능력의 증대, 사망률 감소 등 삶의 질이 향상된다.

(2) 가족의 부양부담 경감

요양을 필요로 하는 노인을 대상으로 하는 요양시설에 입소할 경우, 현재 월 100만 원에서 200만 원 정도 하던 비용이 월 40만 원에서 60만 원(급여비용의 20%+식비 포함) 정도로 저렴하게 되어 가족의 경제적 부담이 경감된다. 재가서비스 또한 월 한도액 범위 내에서 사용금액의 15%만 부담하면 된다.

(3) 여성 등 비공식적 요양인의 사회·경제활동 활성화

여성 등 비공식 요양인의 기회비용과 노동손실이 감소되고, 사회 전체적인 경제적 편익과 사회·경제활동이 증가되어 전반적으로 사회 전체의 경제가 활성화되는 데 도움이 된다.

(4) 사회적 서비스 일자리 확대, 지역경제 활성화

장기요양서비스 제공인력인 요양보호사와 간호사 등 약 4만 명에게 고용창출 효과가 기대(2008년)되며, 지역 요양시설의 확대로 2006년에 815개소에서 2008년에 1,543개소로 증대되어 일자리가 확대된다.

(5) 노인의료 및 요양의 전달체계 효율화

급성기병상, 요양병원 및 요양시설로 서비스 전달체계가 효율화되고, 노인 의료비 절감효과도 기대된다.

3) 건강보험제도와 차이점

장기요양보험은 치매·중풍의 노화 및 노인성 질환 등으로 인하여 혼자 힘으로 일상생활을 영위하기 어려운 대상자에게 요양시설이나 재가 장기요양기관을 통해 신체활동 또는 가사지원 등의 서비스를 제공하는 제도이나, 국민건강보험은 치매/중풍 등 질환의 진단, 입원 및 외래 치료, 재활치료 등을 목적으로 주로 병·의원 및 약국에서 제공하는 서비스를 급여 대상으로 하는 제도로 차이가 있다.

건강보험과 장기요양보험제도의 체계를 비교해 보면 [그림 12-3]과 같다.

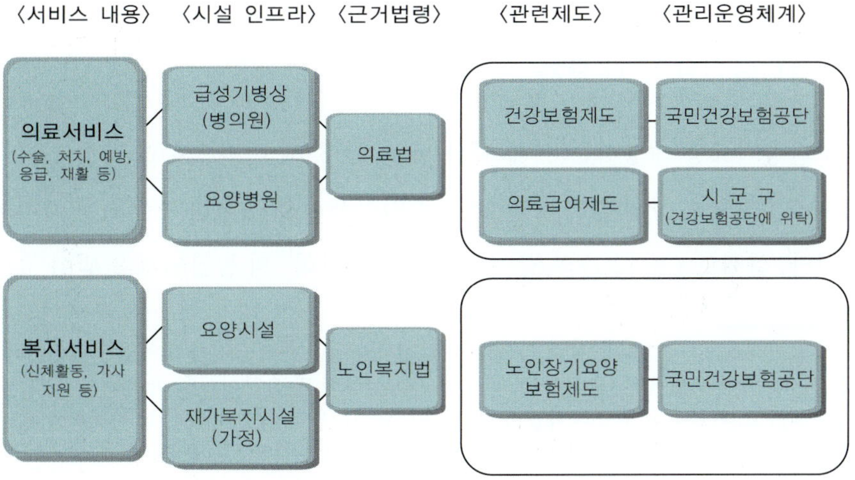

[그림 12-3] 건강보험과 노인장기요양보험 비교

그리고 장기요양보험제도가 기존 노인복지서비스 체계와 다른 점을 정리하면 〈표 12-1〉과 같다.

〈표 12-1〉 장기요양보험제도와 기존 노인복지서비스제도와 비교

구분	노인장기요양보험제도	기존 노인복지서비스 체계
서비스 대상	• 보편적 제도 • 장기요양이 필요한 65세 이상 노인 및 치매·노인 등 노인성 질환을 가진 64세 이하 국민	• 특정 대상 한정(선택적) • 국민기초생활보장 수급자를 포함한 저소득층 위주
서비스 선택	• 수급자 및 부양가족의 선택에 의한 서비스 제공	• 지방자치단체장의 판단(공급자 위주)
재원	• 장기요양보험료 + 국가 및 지방자치단체 부담 + 이용자 본인부담	• 정부 및 지방자치단체의 부담
서비스	• 시설급여 • 재가급여(방문요양, 방문목욕, 방문간호, 주·야간보호, 단기보호 등) • 특별현금급여(가족요양비, 특례요양비 등)	• 시설·재가서비스를 제공하나, 서비스 질에 대한 관리 미흡
시설에 대한 지원 방식	• 시설급여 및 재가급여 제공자는 비용을 국민건강보험공단에 청구 • 건보공단은 청구된 장기요양급여 및 비용 등의 적정 여부 심사 후 지급	• 지방자치단체를 통하여 시설 입소인원 또는 연간 운영비용을 기준으로 정액 지급(사후 정산)

02 장기요양보험제도의 주요내용

1) 장기요양 대상자

노인장기요양 대상자는 65세 이상 노인 및 65세 미만으로 노인성 질병을 가진 자로 6개월 이상의 기간 동안 스스로 일상생활을 수행하기 어려운 자가 대상이지만, 실제로 〈표 12-2〉와 같이 등급판정위원회[14]의 등급판정을 받아 요양 대

14) 등급판정위원회는 6월 이상의 기간 동안 일상생활을 혼자서 수행하기 어렵다고 인정되는 경우 장기요양을 받을 자(수급자)로 결정하고 심신상태 및 요양이 필요한 정도에 따라 등급을 판정하고, 위원회의 구성은 다음과 같다. 지역단위(시·군·구) 설치, 15인 이내의 위원(시장·군수·구청장이 추천한 위원은 7인, 의사 또는 한의사가 각각 1인 포함)

• 위원 구성: 의료법에 따른 의료인, 사회복지사업법에 따른 사회복지사, 시·군·구 소속 공무원, 법학 또는 장기요양에 관한 학식과 경험이 풍부한 자

상자로 인정되어야 한다. 급여대상은 소득수준과 상관없이 노인장기요양보험 가입자(국민건강보험 가입자와 동일)와 그 피부양자로서, 의료급여 수급권자인 65세 이상의 노인과 65세 미만의 노인성 질병이 있는 자와 65세 이상 노인 또는 치매, 중풍, 파킨슨병 등 노인성 질병을 앓고 있는 65세 미만인 자 중 6개월 이상의 기간 동안 일상생활을 수행하기 어려워 장기요양서비스가 필요하다고 인정되는 사람이 대상이다. 참고로 대통령령으로 정한 노인성 질병의 종류는 〈표 12-2〉와 같다.

〈표 12-2〉 노인성 질병의 종류

구분	질병명	질병코드
한국 표준 질병 · 사인 분류	가. 알츠하이머병에서의 치매	F00*
	나. 혈관성 치매	F01
	다. 달리 분류된 기타 질환에서의 치매	F02*
	라. 상세불명의 치매	F03
	마. 알츠하이머병	G30
	바. 지주막하출혈	I60
	사. 뇌내출혈	I61
	아. 기타 비외상성 두개내출혈	I62
	자. 뇌경색증	I63
	차. 출혈 또는 경색증으로 명시되지 않은 뇌졸중	I64
	카. 뇌경색증을 유발하지 않은 뇌전동맥의 폐쇄 및 협착	I65
	타. 뇌경색증을 유발하지 않은 대뇌동맥의 폐쇄 및 협착	I66
	파. 기타 뇌혈관질환	I67
	하. 달리 분류된 질환에서의 뇌혈관장애	I68*
	거. 뇌혈관질환의 후유증	I69
	너. 파킨슨병	G20
	더. 이차성 파킨슨증	G21
	러. 달리 분류된 질환에서의 파킨슨증	G22*
	머. 기저핵의 기타 퇴행성 질환	G23
	버. 중풍후유증	U23.4
	서. 진전(震顫)	R25.1

따라서 6개월 이상 혼자서 일상생활을 수행하기 어렵다고 인정되는 경우에 심신상태 및 장기요양이 필요한 정도 등 대통령령이 정하는 등급판정기준에 따라 장기요양급여를 받을 자로 판정되는데, 장기요양 등급판정기준은 〈표 12-3〉과 같다.

〈표 12-3〉 장기요양 등급판정기준

등급 구분	판정기준
장기요양 1등급	심신의 기능상태 장애로 일상생활에서 전적으로 다른 사람의 도움이 필요한 자로서 장기요양인정 점수가 95점 이상인 자
장기요양 2등급	심신의 기능상태 장애로 일상생활에서 상당 부분 다른 사람의 도움이 필요한 자로서 장기요양인정 점수가 75점 이상 95점 미만인 자
장기요양 3등급	심신의 기능상태 장애로 일상생활에서 부분적으로 다른 사람의 도움이 필요한 자로서 장기요양인정 점수가 60점 이상 75점 미만인 자
장기요양 4등급	심신의 기능상태 장애로 일상생활에서 부분적으로 다른 사람의 도움이 필요한 자로서 장기요양인정 점수가 51점 이상 60점 미만인 자
장기요양 5등급	심신의 기능상태 장애로 일상생활에서 부분적으로 다른 사람의 도움이 필요한 자로서 장기요양인정 점수가 45점 이상 51점 미만인 자
인지지원 등급	치매대상자(「노인장기요양보험법 시행령」 제2조에 따른 노인성 질병으로 한정)

장기요양 서비스가 필요한 사람이 장기요양 인정 및 서비스를 이용하기 위해 필요한 절차는 [그림 12-4]와 같다.

신청 → 방문조사 → 조사표 입력에 따른 1차 판정 → 의사소견서 제출 예외자 통보 → 의사소견서 제출 → 등급판정위원회 개최 → 장기요양인정서 및 표준장기이용계획서 통보 → 서비스 이용

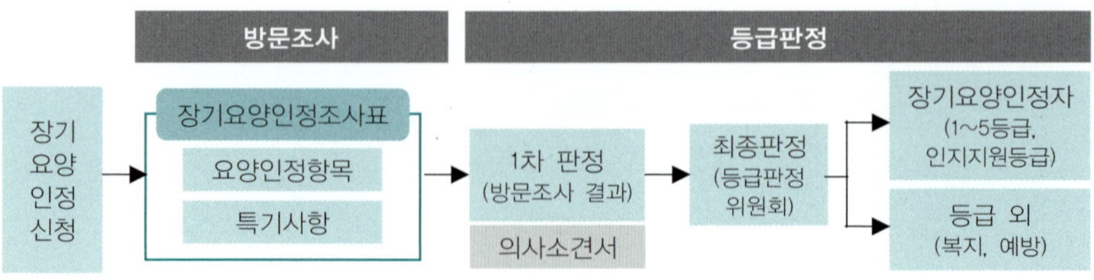

[그림 12-4] 장기요양 인정 및 서비스 이용절차

2) 장기요양 급여유형

(1) 재가급여

재가급여 서비스는 가정에서 생활하며 장기요양기관이 운영하는 방문요양, 방문목욕, 방문간호, 주·야간보호, 단기보호 등 신체활동 및 심신기능의 유지·향상을 위한 서비스를 제공받는 서비스를 말한다.

재가급여 서비스 중 방문간호는 「의료법 시행규칙」 제24조에 따라 기본간호 및 교육, 훈련 및 상담, 일부 검사, 투약, 주사 등을 의사의 처방(방문간호지시서)에 의하여 제공한다. 요양보호사는 방문간호의 내용을 절대 수행해서는 안 되며, 필요한 경우 방문간호를 이용할 수 있도록 연계해야 한다. 재가급여의 종류는 〈표 12-4〉와 같다.

〈표 12-4〉 재가급여의 종류

급여의 종류	내용
방문요양	장기요양요원이 수급자의 가정 등을 방문하여 신체활동 및 가사활동 등을 지원
방문목욕	장기요양요원이 목욕설비를 갖춘 장비를 이용하여 수급자의 가정 등을 방문하여 목욕을 제공
방문간호	장기요양요원인 간호사 등이 의사, 한의사 또는 치과의사의 지시서(방문간호지시서)에 따라 수급자의 가정 등을 방문하여 간호, 진료의 보조, 요양에 관한 상담 또는 구강위생 등을 제공
주·야간보호	수급자를 하루 중 일정한 시간 동안 장기요양기관에 보호하여 신체활동 지원 및 심신기능의 유지·향상을 위한 교육·훈련 등을 제공
단기보호	수급자를 보건복지부령으로 정하는 범위 안에서 일정 기간 동안 장기요양기관에 보호하여 신체활동 지원 및 심신기능의 유지·향상을 위한 교육·훈련 등을 제공
기타 재가급여	수급자의 일상생활·신체활동 지원 및 인지기능의 유지·향상에 필요한 용구를 제공하거나 가정을 방문하여 재활에 관한 지원 등을 제공하는 장기요양급여로서 대통령령으로 정하는 것

(2) 시설급여

시설급여는 「노인복지법」상 노인의료복지시설인 노인요양시설이나 노인요양 공동생활가정에서 전문적인 요양서비스를 이용하는 것을 말한다. 가정에서 생활하지 않고 노인요양시설, 노인요양 공동생활가정 등에 입소하여 신체활동

지원 및 심신기능의 유지·향상을 위한 서비스를 제공받는다. 시설급여의 종류는 〈표 12-5〉와 같다.

〈표 12-5〉 시설급여의 종류

급여 종류	내용
노인요양시설	치매·중풍 등 노인성 질환 등으로 심신에 상당한 장애가 발생하여 도움이 필요한 노인을 입소시켜 급식·요양과 그 밖에 일상생활에 필요한 편의를 제공하는 시설
노인요양 공동생활가정 (그룹홈)	치매·중풍 등 노인성 질환 등으로 심신에 상당한 장애가 발생하여 도움이 필요한 노인에게 가정과 같은 주거 여건과 급식·요양, 그 밖에 일상생활에 필요한 편의를 제공하는 시설

출처: 「노인장기요양보험법」 제23조(장기요양급여의 종류)에서 정리.

(3) 특별현금급여

도서벽지 지역 등 요양시설이 없어 불가피하게 가족 등으로부터 요양을 받은 경우 지원되는 특별현금급여는 재가급여와 시설급여를 받을 수 없을 때 지급하는 것으로 가족요양비, 특례요양비, 요양병원간병비가 있다.

① 가족요양비

도서·벽지 등 장기요양기관이 현저히 부족한 지역, 천재지변, 수급자의 신체·정신 또는 성격상의 사유 등으로 인해 가족 등으로부터 방문요양에 상당한 장기요양급여를 받은 경우 지급되는 현금급여를 말한다.

② 특례요양비

수급자가 장기요양기관이 아닌 노인요양시설 등의 기관 또는 시설에서 재가급여 또는 시설급여에 상당한 장기요양급여를 받은 경우 수급자에게 지급되는 현금급여를 말한다.

③ 요양병원간병비

수급자가 요양병원에 입원했을 때 장기요양에 사용되는 비용의 일부가 지급되는 현금급여를 말한다.

3) 장기요양보험제도의 재원

노인장기요양보험제도를 운영하기 위해 필요한 재원은 보험료, 국가지원금, 본인일부 부담금 등으로 구성된다.

① 보험료

노인장기요양 보험료는 건강보험료를 납부하는 사람(직장가입자, 지역가입자)은 노인장기요양 보험료를 내어야 하며, 노인장기요양 보험료는 건강보험료액에 장기요양보험료율을 곱하여 산정한다. 건강보험공단은 장기요양보험료와 건강보험료를 통합하여 징수하고, 징수 후 장기요양보험료와 건강보험료는 각각 독립회계로 관리한다.

② 국가지원금

노인장기요양보험제도를 운영하기 위해 국가가 지원하는 금액으로 보험료 예상 수입액의 20%를 국고에서 부담한다. 국가와 지방자치단체는 의료급여 수급권자의 장기요양급여비용, 의사소견서 발급비용, 방문간호지시서 발급비용 중 공단이 부담하여야 할 비용 및 관리운영비의 전액을 부담한다.

③ 본인일부 부담

본인일부 부담은 급여 대상자가 시설급여를 이용하면 20%, 재가급여를 이용하면 15%를 본인이 부담한다. 그리고 저소득층, 의료급여 수급권자 등은 법정 본인부담금의 40~60%를 경감하고 국민기초생활 수급권자는 본인부담금이 없다.

〈표 12-6〉은 급여대상자에 따라 본인일부 부담금의 비율을 나타낸 것이다.

〈표 12-6〉 본인일부 부담금 비율

급여종류	일반	40% 감경자*	60% 감경자**	「국민기초생활 보장법」상 의료급여자
재가급여	15%	9%	6%	면제
복지용구(기타 재가급여)				
사설급여	20%	12%	8%	
촉탁의 진찰비용				
의사소견서 발급비용	20%	10%		
방문간호지시서 발급비용				

* 보험료 감경 대상자(보험료 순위 25% 초과 50% 이하인 자)
** 의료급여자, 차상위 감경 대상자, 천재지변 등 생계 곤란자, 보험료 감경 대상자(보험료 순위 25% 이하인 자)

03 요양보호사

1) 요양보호사 개념 및 주요업무

요양보호사는 치매·중풍 등 노인성 질환으로 독립적인 일상생활을 수행하기 어려운 노인들을 위해 노인요양 및 재가시설에서 신체 및 가사 지원 서비스를 제공하는 인력을 말한다.

이 제도는 노인장기요양보험제도 시행(2008년 7월)에 대비하여 종전 「노인복지법」상 인력인 가정봉사원과 생활지도원보다 기능과 지식수준을 강화하기 위하여 요양보호사로 변형하여 국가자격제도(시·도지사 발급)로 신설되었다.

요양보호사의 업무[15)]는 다시 1급과 2급으로 나누어진다. 요양보호사 1급은

15) 요양보호사 세부업무는 다음과 같다.
- 신체요양보호
  - 대상자의 배설 돕기(화장실이나 이동식 좌변기 이용 돕기)
  - 대상자의 식사 돕기
  - 대상자의 목욕 돕기(신체를 닦아서 깨끗이 함)
  - 대상자의 몸단장, 세면, 옷 갈아입히기
  - 대상자의 통원 등 활동 돕기

장기요양급여 수급자나 장기요양급여 수급자가 아닌 복지대상자에게 신체활동 및 일상생활 활동 서비스를 제공한다. 그 외에 시설서비스, 재가서비스(방문요양, 방문목욕, 주·야간보호, 단기보호)의 제공이 가능하지만, 요양보호사 2급은 장기요양급여 수급자에게 일상생활 활동 서비스만을 제공하고, 장기요양급여 수급자가 아닌 복지대상자에게는 신체활동 및 일상생활 활동 서비스 제공이 가능하다.

요양보호사 1급과 2급의 차이점을 비교해 보면, 요양보호사 1급은 시설의 모든 대상자에게 요양 관련 서비스를 제공하는 것이 가능하지만, 요양보호사 2급은 시설서비스 및 장기요양급여 수급자에 대한 신체활동 서비스가 제외되고, 노인 주거복지 서비스나 재가노인 복지 서비스를 제공하는 기관에만 서비스가 가능하다는 것이다.

또한, 요양보호사와 기존의 사회복지시설에서의 사회복지 서비스 제공 인력인 사회복지사를 구분하는 데 혼란스러운 경우가 있다. 사회복지사와 요양보호사는 둘 다 국가인정 자격이지만, 사회복지사는 전문대학 이상의 전공학과에서 관련 과목과 사회복지현장실습 등 소정의 시간을 이수하고 졸업해야 사회복지사 자격취득이 가능하다. 요양보호사의 경우는 학력, 경력, 연령에 관계없이 법에서 정한 소정의 240시간(요양보호실습 포함)의 교육과 실습을 이수한 후에 요양보호사 국가자격시험에 합격해야 자격취득이 가능하다. 그 외에 사회복지사와 요양보호사 자격취득에 대한 차이점을 비교해 보면 〈표 12-7〉과 같다.

- 생활지원 서비스
  - 대상자를 위한 청소
  - 대상자를 위한 세탁
  - 대상자를 위한 생활필수품의 쇼핑
  - 대상자를 위한 약 받아오기
  - 대상자를 위한 식사의 준비, 조리, 설거지 등

〈표 12-7〉 사회복지사와 요양보호사 비교

구분	사회복지사	요양보호사
국가인정 여부	국가인정 자격	
주요 업무	사회복지시설의 기획, 행정, 관리, 상담, 대상자 원조, 프로그램 계획 등	노인성 질환판정을 받은 노인에게 요양서비스 제공
자격취득	대학 이상의 기관에서 전공 교과목 이수 및 졸업	요양보호사 교육원에서 240시간의 교육 이수 후 국가자격시험 응시 후 합격
학력	전문대학 이상(3급은 고교졸업자도 가능)	무관
서비스 대상	사회복지시설의 모든 클라이언트	노인요양(재가)시설의 노인
시설에서 지위	팀장급	실제 케어 담당

2) 요양보호사 법적 배치시설 및 인력배치 기준

(1) 요양보호사의 배치시설

요양보호사를 법적으로 반드시 배치하여야 하는 시설은 다음과 같다. 따라서 아래의 시설에서 장기요양 서비스를 하고자 할 때에는 먼저 장기요양기관으로 인정을 받고 필요한 수의 요양보호사를 배치하여야 한다.

「노인복지법」상 요양보호사의 배치시설로는 노인주거복지시설, 노인의료복지시설(노인전문병원을 제외) 그리고 재가노인복지시설이고, 「노인장기요양보험법」상 요양보호사의 배치시설로는 장기요양기관(요양/재가)과 재가장기요양기관(방문간호 제외)이다.

참고로 요양병원 등의 병원은 노인장기요양보험상 장기요양시설에서 제외되기 때문에 요양보호사를 배치할 법적인 의무는 없다. 따라서 간병인이나 자원봉사자의 업무에 있어서 요양보호사 자격증이 법적으로 필요하지는 않다.

(2) 노인의료복지시설의 인력 배치기준

① 요양시설 인력배치기준

<table>
<tr><th colspan="2">직종별
시설별</th><th>시설의 장</th><th>사무국장</th><th>사회복지사</th><th>의사(한의사 포함) 또는 계약의사</th><th>간호사 또는 간호조무사</th><th>물리치료사 또는 작업치료사</th></tr>
<tr><td rowspan="2">노인요양시설</td><td>입소자 30명 이상</td><td>1명</td><td>1명(입소자 50명 이상인 경우로 한정함)</td><td>1명(입소자 100명 초과할 때마다 1명 추가)</td><td>1명 이상</td><td>입소자 25명당 1명</td><td>1명(입소자 100명 초과할 때마다 1명 추가)</td></tr>
<tr><td>입소자 10명 이상~ 30명 미만</td><td>1명</td><td colspan="2">1명</td><td>1명</td><td>1명</td><td></td></tr>
<tr><td colspan="2">노인요양 공동생활가정</td><td colspan="3">1명</td><td></td><td colspan="2">1명</td></tr>
</table>

<table>
<tr><th colspan="2">직종별
시설별</th><th>요양보호사</th><th>사무원</th><th>영양사</th><th>조리원</th><th>위생원</th><th>관리인</th></tr>
<tr><td rowspan="2">노인요양시설</td><td>입소자 30명 이상</td><td>입소자 2.5명당 1명 (치매전담실은 2명당 1명)</td><td>1명(입소자 50명 이상인 경우로 한정함)</td><td>1명(1회 급식인원이 50명 이상인 경우로 한정함)</td><td>입소자 25명당 1명</td><td>1명(입소자 100명 초과할 때마다 1명 추가)</td><td>1명(입소자 50명 이상인 경우로 한정함)</td></tr>
<tr><td>입소자 10명 이상~ 30명 미만</td><td>입소자 2.5명당 1명</td><td></td><td></td><td>1명</td><td></td><td></td></tr>
<tr><td colspan="2">노인요양 공동생활가정</td><td>입소자 3명당 1명(치매 전담형은 2.5명당 1명)</td><td></td><td></td><td></td><td></td><td></td></tr>
</table>

※ 상세요건

1. 의료기관의 일부를 시설로 신고한 경우에는 의료기관의 장(의료인인 경우만 해당함)이 해당 시설의 장을 겸직할 수 있다.
2. 사회복지사는 입소자에게 건강유지, 여가선용 등 노인복지 제공계획을 수립하고, 복지증진에 관하여 상담·지도해야 한다.
3. 계약의사는 의사, 한의사 또는 치과의사를 포함한다.
4. 의료기관과 협약을 체결하여 의료연계체계를 구축한 경우에는 의사(한의사를 포함한다) 또는 계약의사를 두지 않을 수 있다.
5. 요양보호사는 요양서비스가 필요한 노인에게 신체활동지원 서비스와 그 밖의 일상생활지원 서비스를 제공해야 한다.
6. 영양사 및 조리원이 소속되어 있는 업체에 급식을 위탁하는 경우에는 영양사 및 조리원을 두지 않을 수 있다.
7. 세탁물을 전량 위탁하여 처리하는 경우에는 위생원을 두지 않을 수 있다.
8. 모든 종사자는 시설의 장과 근로계약을 체결한 사람이어야 한다.
9. 노인요양시설 내 치매전담실과 치매전담형 노인요양공동생활가정의 경우에는 보건복지부장관이 정하여 고시하는 자격을 갖춘 프로그램관리자를 두어야 한다.
10. 노인요양시설 내 치매전담실과 치매전담형 노인요양공동생활가정의 경우에는 해당 시설의 장, 요양보호사 및 프로그램관리자는 보건복지부장관이 정하여 고시하는 치매전문교육을 이수해야 한다.

② 재가시설 인력배치기준

<table>
<tr><th colspan="2">구분</th><th>시설장</th><th>사회복지사</th><th>간호사 또는 간호조무사</th><th>물리치료사 또는 작업치료사</th><th>치과 위생사</th></tr>
<tr><td colspan="2">방문요양</td><td>1명</td><td>1명(수급자 15명 이상)</td><td></td><td></td><td></td></tr>
<tr><td colspan="2">방문목욕</td><td>1명</td><td></td><td></td><td></td><td></td></tr>
<tr><td rowspan="2">주·야간 보호</td><td>이용자 10명 이상</td><td>1명</td><td>1명 이상</td><td colspan="2">1명 이상</td><td></td></tr>
<tr><td>이용자 10명 미만</td><td>1명</td><td></td><td colspan="2">1명 이상</td><td></td></tr>
<tr><td rowspan="2">단기 보호</td><td>이용자 10명 이상</td><td>1명</td><td>1명 이상</td><td>이용자 30명당 1명</td><td>1명(이용자 30명 이상)</td><td></td></tr>
<tr><td>이용자 10명 미만</td><td>1명</td><td></td><td>1명</td><td></td><td></td></tr>
<tr><td colspan="2">재가노인지원</td><td>1명</td><td>1명</td><td></td><td></td><td></td></tr>
<tr><td colspan="2">방문간호</td><td>1명</td><td></td><td>1명 이상</td><td></td><td>1명 이상(구강 위생을 제공하는 경우로 한정함)</td></tr>
</table>

<table>
<tr><th colspan="2">구분</th><th>요양보호사</th><th>사무원</th><th>조리원</th><th>보조원 (운전사)</th></tr>
<tr><td colspan="2">방문요양</td><td>15명 이상(농어촌지역의 경우에는 5명 이상)</td><td></td><td></td><td></td></tr>
<tr><td colspan="2">방문목욕</td><td>2명 이상</td><td></td><td></td><td></td></tr>
<tr><td rowspan="2">주·야간 보호</td><td>이용자 10명 이상</td><td rowspan="2">이용자 7명당 1명 이상 (치매전담실의 경우에는 4명당 1명 이상)</td><td>1명(이용자 25명 이상)</td><td>1명</td><td>1명</td></tr>
<tr><td>이용자 10명 미만</td><td></td><td>1명</td><td></td></tr>
<tr><td rowspan="2">단기 보호</td><td>이용자 10명 이상</td><td rowspan="2">이용자 4명당 1명 이상</td><td></td><td>1명</td><td></td></tr>
<tr><td>이용자 10명 미만</td><td></td><td>1명</td><td></td></tr>
<tr><td colspan="2">재가노인지원</td><td></td><td>1명</td><td></td><td></td></tr>
<tr><td colspan="2">방문간호</td><td></td><td></td><td></td><td></td></tr>
</table>

연/구/문/제

01 현재 시행되는 노인장기요양보험제도의 문제점을 조사하여 토론해 봅시다.

02 노인장기요양보험과 일본의 개호보험제도를 조사해 보고 그 차이점을 이야기해 봅시다.

03 장기요양 전문인력인 요양보호사 양성과정을 알아보고 요양보호사 자격취득에 대해 조사해 봅시다.

04 노인장기요양보험제도와 관련된 통계자료(대상자 수, 등급판정 비율, 수가, 요양보호사 수)를 조사해 봅시다.

참/고/문/헌

보건복지부(2009). 요양보호사 공통 표준교재.

사회복지워크숍(2008). 노인장기요양보험 시설의 효율적인 기관운영 방안. 광주사회복지사협회.

손홍숙(2007). 재가복지. 양서원.

이광재(2007). 노인요양보험제도의 이해. 공동체.

장병원(2009). 일본노인장기요양정책. 양서원.

한국노인복지진흥재단(2008). 요양보호 관련 기초지식. 양서원.

한국노인복지진흥재단(2008). 요양보호각론. 양서원.

한국노인복지진흥재단(2008). 요양보호개론. 양서원.

황성철 외(2007). 재가노인복지정책과 실천. 학현사.

건강보험관리공단 홈페이지. http://www.nhic.or.kr.

노인장기요양보험 홈페이지. http://www.longtermcare.or.kr/

국민기초생활보장제도

CHAPTER 13

학/습/목/표

- 국민기초생활보장제도를 전반적으로 이해한다.
- 급여별 세부내용을 설명할 수 있다.
- 수급자의 선정기준과 조사과정을 이해하고 설명할 수 있다.

01 국민기초생활보장제도의 개요

1) 의의

국민기초생활보장제도는 「헌법」 제34조에 명시된 생존권 보장의 이념을 실질적으로 국민에게 보장 및 구체화시키려는 국가책임정책의 일환으로서 단순히 보호적·시혜적 차원이 아닌, 국민의 기본 권리로서 규정하고 있다.

국민의 기본 권리로 인정하면서 복지행정서비스의 전달체계에 따른 수급자 중심으로 전환하여 모든 수급권자가 최후의 안전망인 국민기초생활보장제도에 포괄될 수 있도록 저소득층의 소득·재산 등에 대한 전면 재조사를 실시하여 지속적인 보장이 가능하게 한 반면, 차상위계층 및 복지의 사각지대로 불리는 사회취약 계층에 대한 기초생활보장 특별보호대책을 마련하여 비닐하우스, 판자촌, 쪽방 등의 거주자 및 노숙자, 주민등록 말소자까지 확대하여 보호함으로써, 주거가 일정하지 아니하고 주민등록상의 문제를 가진 그동안 접근이 어려웠던 현실적인 문제점에 접근할 수 있도록 국가의 안정망 기능의 폭을 넓혔다고 할 수 있다.

국가의 보장정책은 모든 사회적 위험에 대응하는 포괄성과 해당되는 모든 사회구성원에게 적용되는 보편성 그리고 최저한도의 생계를 유지할 수 있는 국민기본선의 보장을 핵심요건으로 할 때, 「국민기초생활 보장법」은 그 의의가 크다.

2) 국민기초생활보장제도의 원리

(1) 생존권 보장의 원리

보장제도가 잘된 국가의 헌법과 법률은 모든 국민이 건강하고 문화적인 최저한도의 생활을 영위할 수 있는 권리를 인정하여 생존권을 보장하고 있다. 즉, 국가는 국민 누구나가 생활상 어려움에 처했을 때 그 해결에 대한 법적 의무가 있다. 이는 생존권 보장의 원리를 급여의 권리성과 그 대응으로서 국가의 법적 의무주의를 기본적 원리로 하고 있다. 국민이 생활상 어려움에 처하였을 때 국가로부터 급여를 받는 것은 단순히 국가의 시혜나 사회정책의 실시에 따른 반사적 이익이 아니라 법으로 보장된 당연한 권리이다.

(2) 국가책임의 원리

국가책임의 원리는 생활이 곤궁한 모든 국민에 대해 국가가 책임지는 것으로 1601년 영국의 엘리자베스 빈민법에서 기인하였으며, 오늘날 생활보장의 재원은 국민의 세금에 의해 충당됨으로써 당연히 궁극적인 책임을 국가가 지는 것이다. 우리나라는 「헌법」 제34조 제5항에 "생활능력이 없는 국민은 법률이 정하는 바에 의하여 국가의 보호를 받는다."라는 규정이 있고, 이에 따라 제정된 「국민기초생활 보장법」은 "생활이 어려운 자에게 필요한 급여를 행하여 이들의 최저생활을 보장하고 자활을 조성하는 것을 목적으로 한다."고 규정하고 있다. 이와 같이 「헌법」과 「국민기초생활 보장법」은 생활능력이 없는 국민에 대해서 최저한의 생활을 보장해 줄 국가책임을 규정하고 있으며, 국가책임의 원리란 국가의 책무로 하는 원리이다.

(3) 최저생활 보장의 원리

최저생활 보장의 원리란 생존권 보장을 위해서 급여를 받는 자는 최저한의 수요가 충족될 수 있는 정도의 생활을 모든 국민에게 한결같이 보장하는 것을 이념으로 삼고 있다. 생존권의 보장이라는 것은 「국민기초생활 보장법」이 보장해야 하는 최저한의 생활, 즉 최저한도의 수요가 충족되는 정도의 생활을 모든 국민에게 똑같이 보장되도록 하는 원리이다. 여기서 말하는 최저한도의 생활은 단순한 최저생활이 아니라, 건강하고 문화적인 생활수준을 유지할 수 있는 최저한도의 생활이 「국민기초생활 보장법」에 의하여 보장되어야 한다는 것을 의미하고 있다.

「국민기초생활 보장법」 제4조를 보면 "「기초생활보장법」에 의한 급여는 건강하고 문화적인 최저생활을 유지할 수 있는 것이어야 한다."라고 규정함으로써 최저생활 보장의 원리를 선언하고 있다.

(4) 무차별 평등의 원리

무차별 평등의 원리는 모든 국민이 법률이 정하는 요건만 충족되면 생활이 어렵게 된 원인의 여하를 묻지 않고 자기 관리를 소홀히 한 낭비성 해당자 또는 무능력자라도 누구나 차별 없이 법률의 보호를 받을 수 있는 원리를 말한다. 현재의 상황이 곤궁하면 그 상황만 받아들이고 곤궁의 원인이 무엇이냐를 묻지 않는다. 따라서 생활이 곤궁한 모든 국민은 인종, 신앙, 성별, 신분에 관계없이 평등하게 보호를 받을 수 있다는 것이다.

3) 국민기초생활보장제도의 운영원칙

(1) 신청보호의 원칙

통상적으로 권리행사가 일반적인 관행에 따라 신청 및 보호가 이루어지는 개인의 권리보호 원칙으로, 생활보호가 실시 기관의 직권에 의하지 않고 수급권자의 신청에 의하여 개시되는 원칙을 말한다. 그러나 신청보호에서 누락되는 경우를 보완하기 위해 직권보호를 병행하고 있다. 사회복지공무원은 이 법에 의한 급여를 필요로 하는 자가 누락되지 않도록 하기 위하여 관할 지역 내에 거주하는 수급권자에 대한 급여를 직권으로 신청할 수 있으며, 이 경우 수급권자의 동의를 구하여야 하며 이를 수급권자의 신청으로 볼 수 있다.

(2) 기준 및 정도의 원칙

모든 국민은 인간다운 생활을 할 권리를 가진다. 또한, 생활 능력이 없는 국민은 법률이 정하는 바에 의하여 국가의 보호를 받는다고 「헌법」 제34조 제1항과 제5항에 규정하고 있다. 따라서 「헌법」의 인간다운 생활이란 그 수준을 건강하고 문화적인 최저생활을 의미하는 것으로 볼 수 있다.

급여의 기준은 보건복지부장관이 수급자의 연령, 가구규모, 거주지역, 기타 생활여건 등을 고려하여 급여의 종류별로 정한다고 「헌법」 제4조 제2항에 명시되어 있으며, 「기초생활보장법」이 보장하는 내용은 보건복지부장관이 정한다고 되어 있다. 「헌법」 제6조 제1항에는 장관이 최저생계비를 결정함에 있어서 국민의 소득, 지출수준과 수급권자의 생활실태와 물가상승 등을 고려하여 최저생계비를 결정하여야 한다고 규정되어 있다. 그동안 세대구성은 세대주와 세대원을 차등해서 보호했으나 1993년부터는 동일하게 하여 세대의 개개인 단위로 보호를 행하고 있다. 이에 따라 1998년부터는 도시와 농어촌의 구분을 없앴으며, 기타 생활여건상 부족분 보충급여방식으로 전환한 부문도 그 실효성이 떨어져 사실상 기준 원칙이 생산적 복지 이념을 원칙으로 한다는 본래의 보충급여방식의 대안 마련이 모색되어야 한다.

(3) 필요적응의 원칙

기초생활보장제도의 기본원리에 준하여 개별적으로 구체화시키는 것으로 기준 및 정도의 원칙에 보완적 성격을 가지는 원리이다. 그러나 우리나라 「기초생활보장법」은 이 원리를 적용하지 않았다. 이것은 개인의 사정에 따라 통상의 일상 수요 이외에 특별수요가 있는 경우에는 당연히 이를 고려해 주는 것이 진정한 의미의 평등이며, 최저생활을 보장해 줄 수 있는 필수적인 원칙인 것이다. 그래서 「생활보호법」은 보호 대상자의 사정을 고려하여 보호의 대상, 내용, 방법 등을 달리할 수 있다고 「헌법」 제6조 제1항에 규정하고 있다. 그러나 「기초생활보장법」은 이 규정을 삭제하였다. 그리고 생계급여는 보건복지부장관이 정하는 바에 따라 수급자의 소득인정액 등을 감안하여 차등 지급할 수 있다고 법 제9조 제4항에 규정하였다. 이것은 필요적응의 원칙 이전에 부족한 보충급여방식을 성문화한 것이라고 보아야 할 것이다.

(4) 세대단위의 원칙

일반적으로 생활 형태로 볼 때나 또 사회생활에 있어서 경제생활 특히 소비생활이 세대단위로 이루어지고 있음을 부인할 수 없어 기초생활 보장의 원칙을 세대단위로 그 필요한 생계비와 재산 및 근로 능력 등을 조사하여 급여 부여나 정도를 결정해야 한다는 원칙이다. 이러한 원칙에 따라 「기초생활보장법」은 보장기관은 세대를 단위로 하여 급여를 행하되 필요하다고 인정하는 경우에는 개인을 단위로 행할 수 있다고 규정하고 있다. 여기서 세대라 함은 사실상 주거와 생계를 같이하는 자의 집합체로 보는 것이 일반적인 견해이다.

(5) 현금급여의 원칙

기초생활 보장은 현금급여를 원칙으로 하고 예외적으로 현물급여를 행한다. 예외적 판단은 사회복지사의 전문적 입장에서의 판단에 따라야 할 것이다. 현금급여는 공공부조의 일반적인 추세로, 요보호자의 선택의 자유를 보장하고, 명예를 존중하며, 급여 업무를 간소화한다는 장점을 가지고 있다. 다만, 보호대상자가 현금관리 능력이 없을 때 빈곤의 상태를 더욱 악화시켜 보호 목적의 달성이 불가능하게 될 우려가 있다.

(6) 거택급여의 원칙

기초생활 보장은 수급권자의 주거에서 행한다는 원칙이다. 예외로 수급권자가 주거가 없거나 있어도 그곳에서는 급여의 목적을 달성할 수 없는 경우, 수급자가 희망하는 경우에는 보장시설이나 타인의 가정에 위탁하여 급여를 행할 수 있다.

02 수급자 선정기준

부양의무자가 없거나 부양의무자가 있어도 부양능력이 없거나 부양을 받을 수 없는 자로서, 소득인정액이 최저생계비 이하인 자를 말한다(법 제5조). 수급자로 선정되기 위해서는 소득인정액 기준, 부양의무자 기준을 동시에 충족시켜야 한다.

1) 소득인정액 기준

(1) 소득인정액 기준

가구별로 산정된 소득인정액을 가구규모별 최저생계비와 비교하여 수급자 선정 및 급여액을 결정한다.

〈표 13-1〉 2019년도 최저생계비 및 기준 중위소득 (단위: 원)

구분	1인	2인	3인	4인	5인	6인	7인
기준 중위소득	1,707,008	2,906,528	3,760,032	4,613,536	5,467,040	6,320,544	7,174,048
생계급여	512,102	871,958	1,128,010	1,384,061	1,640,112	1,896,163	2,152,214
의료급여	682,803	1,162,611	1,504,013	1,845,414	2,186,816	2,528,218	2,869,619
주거급여	751,084	1,278.,872	1,654,414	2,029,956	2,405,498	2,781,039	3,156,580
교육급여	853,504	1,453,264	1,880,016	2,306,768	2,733,520	3,160,272	3,587,024

※ 생계급여 수급자 선정기준 기준 중위소득 30%는 동시에 생계급여 지급기준에 해당

※ 8인 이상 가구의 급여별 선정기준: 1인 증가 시마다 7인 가구 기준과 6인 가구 기준의 차이를 7인 가구 기준에 더하여 산정

- 8인 가구 생계급여 수급자 선정기준: 2,408,256원 = 2,152,214(7인 기준) + 256,051원(7인 기준 – 6인 기준)

(2) 소득인정액 산정방식

소득인정액 = 소득평가액 + 재산의 소득환산액

재산의 소득환산액 = (재산 − 기본재산액 − 부채) × 소득환산율

소득평가액 = 실제소득 − 가구특성별 지출비용 − 근로소득 공제

* 소득평가액 및 재산의 소득환산액이 (−)인 경우는 0원으로 처리

2) 부양의무자 기준(법 제5조, 시행령 제4조, 제5조)

부양의무자의 범위는 수급권자의 1촌 직계혈족 및 그 배우자이다. 단, 사망한 1촌의 직계혈족의 배우자는 제외(아들·딸 사망 시, 며느리·사위는 부양의무자에 범위에서 제외)한다.

다음의 요건에 해당하는 자는 부양의무자 기준에 충족된다.

① 부양의무자가 없는 경우
② 부양의무자가 있어도 부양능력이 없는 경우
③ 부양의무자가 부양능력이 미약한 경우로 수급권자에 대한 부양비 지원을 전제로 부양능력이 없는 것으로 인정하는 경우
④ 부양능력 있는 부양의무자가 있어도 부양을 받을 수 없는 경우

03 수급권자 범위의 특례

1) 수급권자 재산범위의 특례

① 근로 무능력자로만 구성된 가구: 노인, 중증 장애인 등 근로능력이 없는 자로만 구성된 가구는 소득환산액 대상에서 제외. 단, 재산가액이 대도시는 8,500만 원, 중·소도시 6,500만 원, 농어촌 6,000만 원 이내로 금융재산이

지역별 기본재산액 이하이고 소득환산율이 100% 적용되는 승용차가 없는 가구에 한함

② 재산처분이 곤란한 가구: 재산처분의 곤란으로 재산의 소득환산이 어려운 경우에 해당되는 가구에 대해서는 해당 재산을 소득환산대상에서 제외한다.

- 가압류, 경매 상태에 있는 등의 사유로 사실상 재산권 행사가 어려운 경우
- 재산소유자가 정신질환자, 가출, 행방불명, 실종, 소년소녀 가정의 아동 등이어서 처분이 곤란한 경우
- 개발제한구역에 소재하고 있는 등 거래가 거의 없어 처분을 하려고 해도 처분이 곤란한 경우

③ 재산가액만 상승한 가구: 위의 ① 또는 ②를 적용받는 수급자가 소득과 재산 형태 구성에 변화는 전혀 없으나 재산가액 상승만으로 기준을 초과하게 된 경우

④ 지방생활보장위원회의 심의·의결로 특정 재산을 소득환산대상에서 제외한 가구

2) 부양의무자 재산기준 특례에 따른 수급권자 범위 특례

① 부양의무자가 다음의 기준에 모두 해당하는 경우 부양능력이 없는 것으로 인정

- 소득기준: 부양의무자의 소득이 부양의무자 가구의 최저생계비 50% 이하
- 재산기준: 부양의무자의 재산의 소득환산액이 수급권자 및 부양의무자 가구의 각각의 최저생계비를 합한 금액의 42% 이상 100% 미만
- 가구특성: 「국민기초생활 보장법 시행령」 제7조의 규정에 의한 근로능력이 있는 가구원이 없거나 재산이 주택(전세 포함)에 한정되어 있는 경우

3) 외국인에 대한 특례

수급권자가 될 수 있는 외국인은 「출입국관리법」 제31조에 따라 외국인 등록을 한 사람으로서 다음에 해당함

① 대한민국 국민과 혼인 중인 사람으로서 다음 중 어느 하나에 해당하는 사람
- 본인 또는 대한민국 국적의 배우자가 임신 중인 사람
- 대한민국 국적의 미성년 자녀[계부(모)자 관계와 양친자 관계를 포함]를 양육하고 있는 사람
- 배우자의 대한민국 국적인 직계존속과 생계나 주거를 같이하는 사람

② 대한민국 국민인 배우자와 이혼하거나 그 배우자가 사망한 자로서 대한민국 국적의 미성년 자녀[계부(모)자 관계와 양친자 관계를 포함]를 양육하고 있는 사람 또는 사망한 배우자의 태아를 임신하고 있는 사람

③ 「난민법」 제2조 제2호에 따라 법무부장관이 난민으로 인정한 사람으로 「난민법」 제32조에 따라 국내에 체류 중인 외국인

4) 개인단위 보장에 다른 수급권자 범위의 특례

(1) 의료급여 특례

수급권자 가구의 실제소득에서 6개월 이상 지속적으로 지출되는 의료비를 공제하면 수급자 선정요건에 해당하나, 수급자 선정 이후에는 공제 대상 지출이 발생하지 않아 소득인정액이 최저생계비를 초과하는 가구

(2) 교육급여 특례

실제소득에서 고등학생 학비(입학금, 수업료)로 지출되는 비용을 공제하면 수급자 선정요건에 해당하나, 수급자 선정 이후에는 공제 대상 지출이 발생하지 않아 소득인정액이 최저생계비를 초과하는 가구

(3) 자활급여 특례

수급자가 자활근로, 자활공동체, 자활인턴, 성과관리형 자활시범사업 등 자활사업 및 취업성공패키지(고용노동부)의 디딤돌 일자리에 참가하여 발생한 소득으로 인하여 소득인정액이 최저생계비를 초과한 경우

5) 타 법률에 의한 수급권자 범위의 특례

① 북한이탈주민: 「북한이탈주민의 보호 및 정착지원에 관한 법률」 제26조에 의해 '생활이 어려운 북한이탈주민'에 대해서는 최초 거주지 전입 후 근로무능력자로만 구성된 가구는 5년, 근로능력자가 있는 가구는 3년의 범위 내에서 급여실시

② 일본군위안부: 「일제하 일본군위안부 피해자에 대한 생활안정지원 및 기념사업 등에 관한 법률」 제4조에 의해 급여실시

③ 영주귀국사할린한인: 소득평가액 산정 후 급여결정. 귀화에 필요한 한국 거주 요건을 고려하여 최대 3년 범위 내에 보장

④ 한센인 정착촌 거주자 및 국립소록도병원 입원자

⑤ 인간면역결핍바이러스(HIV) 감염자: 본인 가구의 소득인정액만으로 수급 여부를 판단

⑥ 농어민가구: 「농어촌주민의 보건복지 증진을 위한 특례법」 제19조 및 동법 시행규칙 제7조에 따라 농어민 가구의 소득평가액 산정 시 농어민가구의 특성을 반영한 지출요인을 추가 인정

⑦ 정부해외인턴사업 등 참가자가 있는 가구: 의료급여 수급자로 보호 중인 수급자 가구가 해외인턴십사업 등 참가자를 제외한 남은 가구원만으로는 의료급여 선정기준을 초과하나, 해외인턴시사업 등 참가자를 가구원 수에 포함하는 경우 의료급여 선정기준 이하에 해당하는 경우에는 특례수급자로 선정하여 의료급여 지급

⑧ 군입대자가 있는 가구: 의료급여 수급자로 보호 중인 수급자 가구가 군입대자를 제외한 남은 가구원만으로는 의료급여 선정기준을 초과하나, 군입대자를 가구원 수에 포함하는 경우 의료급여 선정기준 이하에 해당하는 경우에는 특례수급자로 선정하여 의료급여 지급

⑨ 군 전역(예정) 수급권자: 병역의무를 이행하는 과정에서 보장중지된 수급권자가 전역일에 즈음하여 재수급을 신청하는 경우 소득과 재산에 특이 사항이 없으면 전역과 동시에 보장

04 급여의 내용

1) 생계급여

(1) 급여대상자

가구의 소득인정액이 생계급여 선정기준 이하로서 생계급여 수급자로 결정된 수급자이며, 노숙인 자활시설 및 청소년 쉼터 또는 한국법무보호공단시설 거주자, 하나원에 재원 중인 북한이탈주민 등 타 법령에 따라 국가 또는 지방자치단체로부터 생계를 보장받는 자는 타 법령에 따라 생계급여를 지원받고 있으므로 가구의 소득인정액이 생계급여 선정기준 이하이어도 생계급여를 지급하지 않는다.

(2) 급여액 산정기준

생계급여액은 생계급여 최저보장수준(대상자 선정기준)에서 가구의 소득인정액을 차감한 금액이다.

생계급여액 = 생계급여 최저보장수준(대상자 선정기준) − 소득인정액

〈표 13-2〉 2019년 생계급여 최저보장수준 및 선정기준 (단위: 원)

구분	1인 가구	2인 가구	3인 가구	4인 가구	5인 가구	6인 가구	7인 가구
기준 중위소득(A)	1,707,008	2,906,528	3,760,032	4,613,536	5,467,040	6,320,544	7,174,048
생계급여 (A의 30%)	512,102	871,958	1,128,010	1,384,061	1,640,112	1,896,163	2,152,214

※ 8인 이상 가구의 선정 및 급여기준: 7인 가구 생계급여 선정기준액에서 6인 가구 생계급여 선정기준액을 차감한 금액인 256,051원을 추가함(8인 가구 생계급여 선정기준액 2,408,265원)

2) 주거급여

(1) 주거급여 제도의 개요

주거급여는 2015년 7월부터 기초생활보장제도의 급여개편으로 개별 급여로 독립되었으며, 제1차 기초생활보장 종합계획에 따라 부양의무자 기준의 대상자별·급여별 단계적 폐지 방안이 확정됨에 따라 주거급여 부양의무자 기준을 폐지한다.

(2) 주거급여 제도의 목표

① 주거급여는 주거가 불안정한 저소득층 등 취약계층의 주거비 부담을 완화하고 양질의 주거수준을 확보하기 위해 시행

② 주거급여는 수급자의 자유로운 주거 선택권을 보장하고 주거비 부담 완화, 주거 상향 이동 및 양질의 주거수준 확보가 가능하도록 지원

③ 자가 수급자에 대한 수선유지급여는 기존 5개 부처에서 각기 시행하던 유사 주택개량사업이 국토교통부로 통합·일원화(주거급여 수급자에 한함)함으로써 수급자에 대한 보다 효과적인 주택개량 및 실질적 주거 보장을 강화

(3) 주거급여의 지급 원칙

① 보충 급여의 원칙: 「국민기초생활 보장법」 제3조에 의한 급여는 수급자가 자신의 생활을 유지·향상시키기 위하여 소득, 재산, 근로능력 등을 활용하여 최대한 노력하는 것을 전제로 이를 보충·발전시키는 것을 기본원칙으로 함

② 최저주거기준을 감안한 최저보장수준 보장의 원칙: 최저보장수준이란 국민의 소득 지출수준과 수급권자의 가구 유형 등 생활실태, 물가 상승률 등을 고려하여 급여 종류별로 공표하는 금액이나 보장수준을 말함

③ 실소요 비용 지급의 원칙: 임차 수급자는 실제 임차료를 고려하여 최대 기준 임대료 수준까지 임차급여를 지급하며, 자가 수급자는 주택 상태에 따라 산정된 최대 보수 범위별 수선비용을 상한으로 실제 개·보수 소요 비용을 근거로 수선유지급여를 지급받음

④ 형평적 부담의 원칙: 수급자는 소득 수준에 따라 형평성 있는 부담 원칙에 따라 주거급여를 지급받음

⑤ 중복 지원 불가의 원칙: 수급자는 임차급여와 수선유지급여를 동시에 중복하여 지급받을 수 없음

⑥ 보편성의 원칙: 「국민기초생활 보장법」에 규정된 요건을 충족시키는 국민에 대하여는 성별, 직업, 연령, 교육수준, 소득원 기타의 이유로 수급권을 박탈하지 아니함

(4) 주거급여내용

① 임차급여: 임차 수급자의 차임은 임차 수급자가 타인의 주택 등에 거주하며 그 사용 대가로 지불하는 금전적 혹은 비금전적 비용을 말하며, 임차계약서 또는 사용대차에 근거한 당사자 간의 계약금을 차임이라고 함. 임차급여는 임차 수급자의 실제 임차료를 근거로 지역별 기준 임대료, 가구원 수, 소득수준에 따라 산정함(표 13-3)

② 수선유지급여: 수선유지비는 주택 등을 소유하고 그 주택 등에 거주하는 사람에게 지급함. '주택 등'은 「주택법」 제2조에 근거하여 비닐하우스, 컨테이너, 움막 등 비정상적인 거처에 대해서는 수선유지급여를 지급하지 아니함. 수선유지비의 지급기준은 수급자의 가구 규모, 소득인정액, 수선유지비 소요액, 주택의 노후도 등을 고려하여 정함(표 13-4)

〈표 13-3〉 2019년 임차급여의 지급기준 (단위: 원/월)

구분	1급지 (서울)	2급지 (경기, 인천)	3급지 (광역시, 세종시)	4급지 (그 외 지역)
1인	233,000	201,000	163,000	147,000
2인	267,000	226,000	178,000	161,000
3인	316,000	272,000	213,000	194,000
4인	365,000	317,000	247,000	220,000
5인	377,000	329,000	258,000	229,000
6~7인	441,000	389,000	296,000	267,000
8~9인	485,000	427,000	325,000	293,000
10~11인	533,000	470,000	358,000	323,000

※ 가구원 수가 7인 이상인 경우에는 가구원 2인 증가 시마다 기준 임대료를 10% 증가(천 원 단위 이하 절사)

〈표 13-4〉 수선유지급여 지원금액과 지원주기

구분		경보수	중보수	대보수	비고
노후도 점수		36점 이하	36점 초과~ 68점 이하	68점 초과	
지원 금액	일반	3,780,000원	7,020,000원	10,260,000원	
	도서지역	4,158,000원	7,7220,000원	11,280,000원	10% 가산
수선주기		3년	5년	7년	

구분	보수 범위에 대한 정의	주요 수선내용
경보수	건축 마감 불량 및 채광, 통풍, 주택 내부 시설 일부 보수	마감재 개선: 도배, 장판, 및 창호 교체
중보수	주요 설비 상태의 결함으로 인한 보수	기능 및 설비 개선: 창호, 단열, 난방 공사
대보수	지반 및 주요 구조물의 결함으로 인한 보수	구조 및 거주 공간 개선: 지붕, 욕실, 주방 개량 공사

3) 교육급여

(1) 지원대상자

다음의 학교 또는 시설에 입학 또는 재학하는 자(시행령 제16조 제1항)

① 「초·중등교육법」 제2조 제1호에 따른 초등학교·공민학교

② 「초·중등교육법」 제2조 제2호에 따른 중학교·고등공민학교

③ 「초·중등교육법」 제2조 제3호에 규정에 따른 고등학교·고등기술학교

④ 「초·중등교육법」 제2조 제4호에 따른 특수학교

⑤ 「초·중등교육법」 제2조 제5호에 따른 각종학교로서 제1호부터 제4호까지의 규정에 따른 학교와 유사한 학교

⑥ 「평생교육법」 제31조에 따른 학교형태의 평생교육시설(「평생교육법」 제31조 제2항에 따라 교육감이 고등학교졸업 이하의 학력이 인정되는 시설로 지정한 시설만 해당함)

⑦ 「의사상자 예우에 관한 법률」 제12조에 의한 의사상자의 자녀

(2) 지원내용

〈표 13-5〉 지급기준 및 지급내역

<table>
<tr><th>지급대상</th><th>급여항목</th><th>지급내역</th><th colspan="2">지급방법</th></tr>
<tr><td>초등학생</td><td rowspan="2">부교재비</td><td>1명당 132,000원</td><td rowspan="4">연 1회 일괄지급</td><td rowspan="4">수급자 현금지급</td></tr>
<tr><td>중·고등학생</td><td>1명당 209,000원</td></tr>
<tr><td>초등학생</td><td rowspan="2">학용품비</td><td>1명당 71,000원</td></tr>
<tr><td>중·고등학생</td><td>1명당 81,000원</td></tr>
<tr><td rowspan="3">고등학생</td><td>교과서</td><td>해당 학년의 정규 교육과정에 편성된 교과목의 교과서 전체</td><td>연 1회 일괄지급</td><td rowspan="3">학교로 지급</td></tr>
<tr><td>수업료</td><td rowspan="2">연도별 급지별 학교장이 고지한 금액 전부</td><td>분기별 지급</td></tr>
<tr><td>입학금</td><td>1학년 제1분기에 신청 시 전액 지급</td></tr>
</table>

4) 해산급여

(1) 급여대상자

생계·의료·주거급여 수급자가 출산(출산예정 포함)한 경우이다. 교육급여만 받는 수급자는 급여대상이 아니며, 생계급여 사업팀에서 해산급여를 지급한다. 이행급여 특례 수급자는 주거급여 수급자인 경우만 지급하며, 의료기관의 진단서 등으로 증명된 사산 또는 유산한 경우도 출산에 포함하고, 「모자보건법」 제14조에 따른 합법적인 인공임신중절수술의 경우는 지급대상이며, 그 외 인공임신중절수술의 경우는 지급이 불가하다.

(2) 급여액

1인당 60만 원을 현금으로 지급하며, 추가 출생영아 1인당 60만 원을 추가 지급한다. 쌍둥이 출산 시에 120만 원을 지급한다.

5) 장제급여

(1) 급여내용

수급자가 사망한 경우 사체의 검안·운반·화장 또는 매장 기타 장제 조치를 행하는 데 필요한 금품을 지급한다.

(2) 급여대상

생계·의료·주거급여 수급자가 사망한 경우이다. 교육급여만 받는 수급자는 급여대상이 아니며, 생계급여 사업팀에서 장제급여를 지급한다. 또한, 「의사상자 등 예우 및 지원에 관한 법률」 제14조(장제보호)에 의한 의사자이다. 의사자에 대한 장제급여 신청기간은 의사자 인정일로부터 3년 이내로 제한한다.

(3) 급여액

근로능력 유무와 관계없이 1구당 75만 원을 지급하되, 금전 지급이 적당하지 아니하다고 인정되는 경우 물품지급이 가능하다. 산업재해로 인하여 사망한 경우 「산업재해보상보험법」 제71조 등 타 법령에 따라 장제비를 지급받은 수급자는 그 금액을 차감하여 지급한다.

6) 자활급여

(1) 자활사업의 목적

근로능력자의 기초생활을 보장하는 '국민기초생활보장제도'를 도입하면서 근로역량 배양 및 일자리 제공을 통한 탈빈곤을 지원하고, 자활사업을 통해 근로능력이 있는 저소득층이 스스로 자활할 수 있도록 자활능력 배양, 기능습득 지원 및 근로기회를 제공하기 위함이다.

(2) 자활사업 참여 자격

① 조건부 수급자: 자활사업 참여를 조건으로 생계급여를 지급받는 수급자

② 자활급여특례자: 생계·의료급여 수급자가 자활근로, 자활기업 등 자활사업 및 취업성공 패키지(고용노동부)에 참가하여 발생한 소득으로 인하여 소득인정액이 기준중위소득의 40%를 초과한 자

③ 일반 수급자: 참여 희망자(만 65세 이상 등 근로능력자도 희망 시에는 참여 가능). 단, 정신질환자·알코올질환자 등은 시·군·구청장의 판단하에 참여 제한이 가능

④ 특례수급 가구의 가구원: 의료급여특례, 이행급여특례가구의 근로능력이 있는 가구원 중 자활사업 참여를 희망하는 자

⑤ 차상위자: 근로능력이 있고, 소득인정액이 기준중위소득 50% 이하인 사람 중 비수급권자

- 소득인정액이 기준중위소득의 50%가 아닌 자로서 한국 국적의 미성년 자녀를 양육하고 있는 국적 미취득의 결혼 이민자 포함
- 만 65세 이상 등 근로능력이 없는 차상위자가 자활사업 참여를 원할 경우 시·군·구의 자활사업 및 지원예산 자원의 여건을 감안하는 시·군·구청장 결정에 따라 참여 가능

⑥ 근로능력이 있는 시설 수급자: 시설 수급자 중 생계·의료급여 수급자, 일반시설생활자

(3) 자활사업 프로그램의 종류

① 자활사례관리

Gateway 과정[16]을 포함하여 참여자에게 근로기회의 제공, 취업알선 등 자활 프로그램 지원과 참여자의 자활 프로그램 수행 모니터링 및 사후관리 등 지역자활센터에서 자활참여자의 자립을 위해 수행하는 모든 과정이다. 자활사업 참여자의 욕구, 적성, 능력, 여건에 따라 개인별 맞춤형 자립계획 및 경로 제공과 적절한 자활 프로그램 연계로 효과적인 자립을 지원하는 경로설정 프로그램이다.

② 자활근로사업

「국민기초생활 보장법」에 의한 저소득층에게 자활을 위한 근로의 기회를 제공하여 자활기반을 조성하는 사업이며, 간병·집수리·청소·폐자원 재활용·음식물 재활용 사업의 5대 전국 표준화 사업을 중점사업으로 추진하되, 정부재정사업의 자활사업 연계 활성화 및 영농·도시락·세차·환경정비 등 지역 실정에 맞는 특화된 사업을 적극적으로 개발하여 추진하고 틈새시장 개척에 노력해야

16) 자활사업 참여 전 진입(Gateway) 과정을 프로그램화하여 배치된 참여자의 상담, 기초교육, 사정, 개인별 자립경로(Individual Action Plan)와 개인별 자활지원계획(Individual Service Plan) 수립과정으로 자활사례관리의 초기 과정이다.

한다. 자활참여자의 자활 촉진 및 자활근로 사업 참여에 안주하는 것을 방지하기 위하여 자활근로 참여기간을 최대 60개월로 제한한다. 다만, 근로 유지형 자활근로는 연속 참여기간의 제한이 없다. 참여기간이 만료될 경우에는 자활 역량평가를 실시하여 점수에 따라 취업성공패키지 또는 자활근로에 재배치할 수 있다.

③ 자활장려금사업

보충급여를 기본원리로 하고 있는 국민기초생활보장제도가 야기할 수 있는 수급자의 근로의욕 감퇴를 예방하는 차원에서 근로소득의 일정 비율을 산정하여 '자활장려금'의 형태로 구분 지원하는 제도이다. 대상은 전월 자활근로 참여 이력이 있으며, 자활근로소득공제(30%)가 적용된 자활근로소득인정액 반영 시점에 생계급여 자격이 유효한 사람으로, 시장진입형·인턴도우미형·사회서비스형 사업단, 시범자활근로 사업단, 시간제 자활근로, 예비자활기업, 청년자립도전 사업단 및 자활기업 참여자를 대상으로 한다.

7) 의료급여

(1) 개념 및 목적

의료급여제도란 생활유지 능력이 없거나 생활이 어려운 저소득 국민의 의료문제를 국가가 보장하는 공공부조제도로 건강보험과 함께 국민의료보장의 중요한 수단이 되는 사회보장제도이다. 생활유지 능력이 없거나 생활이 어려운 국민에게 발생하는 의료문제, 즉 개인의 질병, 부상, 출산 등에 대해 의료급여 서비스(진찰·검사, 치료 등)를 제공하는 것이다. 「의료급여법」 제1조(목적)에 따르면, 이 법은 생활이 어려운 자에게 의료급여를 실시함으로써 국민보건의 향상과 사회복지의 증진에 이바지함을 목적으로 하고 있다.

(2) 의료급여제도의 발달과정

의료급여제도는 그 명칭이 과거에는 의료보호사업으로 불렸는데 2001년 법이 개정되면서 의료급여로 바뀌게 되었다. 따라서 의료급여제도의 발달과정은 의료보호제도의 역사를 살펴보아야 한다. 의료보호가 우리나라에서 처음 법제화된 것은 1961년 「생활보호법」부터이다. 이 법 제5조에서 보호 종류로서 생계보호, 의료보호, 해산보호, 장제보호 네 가지가 제시되어 있는데, 여기에서 최초로 의료보호의 법 규정이 나타났다. 그러나 정부는 재정 사정 등을 이유로 하여 생활보호사업의 시행을 유보하였으며, 그 후 생계보호만 부분적으로 시행하다가 1969년 11월 「생활보호법」 시행령이 제정되면서 생활보호 대상자에게 국·공립의료기관 무료진료증을 발부하는 무료의료구호사업을 실시하였으나, 매우 미비한 수준이었다.

그 후 1976년 제4차 경제개발 5개년계획이 수립되면서 의료보험정책을 비롯한 각종 사회개발정책을 병행하는 쪽으로 궤도를 수정하였다. 이때에는 의료문제가 빈발하였는데 입원보증금이나 치료비문제, 저소득층 환자들에 대한 입원거절 사건 등으로 위독한 환자가 치료를 제대로 받지 못하는 불상사가 일어났다. 이러한 상황을 감안하여 정부에서는 영세민에 대한 의료보장책을 강구하게 되어 1976년 12월 「의료보험법」이 제정되었다.

그리고 의료보험제도가 1977년 7월 실시되기에 앞서 1977년 1월 보건사회부령으로 '의료보호에 관한 규칙'을 제정하여 「생활보호법」과 분리된 의료보호사업을 실시하였다. 이렇게 볼 때 「의료보호법」이 제정된 것은 1977년 12월 31일이었고, 시행령은 1978년 5월 23일 제정되었지만 실질적으로는 의료보험보다 먼저 의료보호가 실시된 것이다.

이후 1999년 9월 「생활보호법」이 「국민기초생활 보장법」으로 개정됨에 따라 「의료보호법」이 2001년 10월에 「의료급여법」으로 개정되었다.

(3) 적용대상

① 국민기초생활보장 수급권자: 부양의무자가 없거나 부양의무자가 있어도 부양능력이 없거나 부양을 받을 수 없는 자로서, 소득인정액이 선정기준 이하인 사람

② 「의료급여법」에 의한 수급권자: 행려환자

③ 타 법에 의한 수급권자

- 「재해구호법」에 따른 이재민으로서 보건복지부장관이 의료급여가 필요하다고 인정한 사람
- 「의사상자 등 예우 및 지원에 관한 법률」에 따라 의료급여를 받는 사람
- 「입양특례법」에 따라 국내에 입양된 18세 미만의 입양아동
- 「국가유공자 등 예우 및 지원에 관한 법률」, 「독립유공자 예우에 관한 법률」 및 「보훈대상자 지원에 관한 법률」의 적용을 받고 있는 사람과 그 가족으로서 국가보훈처장이 의료급여가 필요하다고 추천한 사람 중에서 보건복지부장관이 의료급여가 필요하다고 인정한 사람
- 「무형문화재 보전 및 진흥에 관한 법률」에 따라 지정된 국가무형문화재의 보유자(명예보유자 포함)와 그 가족으로서 문화재청장이 의료급여가 필요하다고 추천한 사람 중에서 보건복지부장관이 의료급여가 필요하다고 인정한 사람
- 「북한이탈주민의 보호 및 정착지원에 관한 법률」의 적용을 받고 있는 사람과 그 가족으로서 보건복지부장관이 의료급여가 필요하다고 인정한 사람
- 「5·18 민주화운동 관련자 보상 등에 관한 법률」 제8조에 따라 보상금 등을 받은 사람과 그 가족으로서 보건복지부장관이 의료급여가 필요하다고 인정한 사람
- 「노숙인 등의 복지 및 자립지원에 관한 법률」에 따른 노숙인 등으로서 보건복지부장관이 의료급여가 필요하다고 인정한 사람

(4) 급여기준

① 급여내용: 진찰·검사, 약제·치료재료 지급, 처치·수술, 예방·재활, 간호, 이송 등(「의료급여법」 제7조)

② 급여범위 및 급여비용: 건강보험과 유사(정신과 등 일부 수가체계는 다름)

③ 급여절차

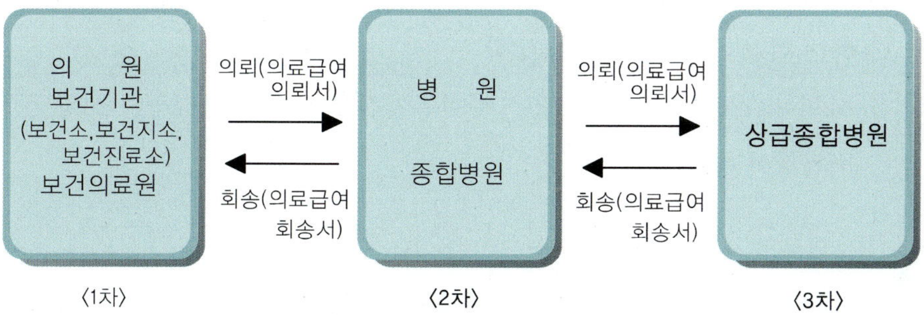

④ 본인부담금: 수급권자 종별 구분에 따라 차등 적용

- 1종 수급권자: 국민기초생활보장 수급자, 타 법에 위한 지원자, 행려환자
- 2종 수급권자: 국민기초생활보장 대상자 중 1종 수급대상이 아닌 가구(근로능력 세대)

〈표 13-6〉 수급권자가 의료기관 등을 이용한 경우 본인이 부담해야 하는 금액

구분		1차 의원	2차 (병원, 종합병원)	3차 (지정병원)	약국	PET 등
1종	입원	없음	없음	없음	–	없음
	외래	1,000원	1,500원	2,000원	500원	5%
2종	입원	10%	10%	10%	–	10%
	외래	1,000원	15%	15%	500원	15%

(5) 보장기관(「의료급여법」 제5조)

① 의료급여 업무는 수급권자의 거주지를 관할하는 특별시장·광역시장·도지사·특별자치도지사·시장·군수·구청장(자치구의 구청장)이 행함

② 주거가 일정한 수급권자의 경우 수급권자의 주민등록상의 거주지를 관할하는 시장·군수·구청장이 행함

③ 주거가 일정하지 않은 수급권자의 경우 본인이 실제 거주하는 지역을 관할하는 시장·군수·구청장이 행함

④ 사회복지시설 수용자의 경우 사회복지시설을 실제 관리하는 시장·군수·구청장이 행함

(6) 의료급여심의위원회(「의료급여법」 제6조)

보건복지부에 의료급여사업의 기본방향, 주요 정책 등을 심의하기 위해 중앙의료급여심의위원회를 두며, 구성은 다음과 같다.

① 위원장을 포함하여 10인 이내의 위원으로 구성(위원장: 보건복지부차관)

② 위원은 보건복지부장관이 다음에 해당하는 자 중에서 위촉

- 공익을 대표하는 자(의료보장에 관한 전문가로서 대학의 조교수 이상인 자 또는 연구기관의 연구원으로 재직 중인 자)
- 의약계를 대표하는 자 및 사회복지계를 대표하는 자
- 관계 행정기관 소속의 3급 이상 공무원

심의사항은 다음과 같다.

① 의료급여사업의 기본방향 및 대책 수립에 관한 사항

② 의료급여기준 및 수가에 관한 사항

③ 그 밖에 보건복지부장관 또는 위원장이 부의하는 사항

(7) 시·도 및 시·군·구 의료급여심의위원회

시·도 및 시·군·구에 의료급여사업 실시에 관한 사항 등을 심의하기 위해 의료급여심의위원회를 각각 둔다. 동 의료급여심의위원회는 그 기능을 담당하기에 적합한 다른 위원회가 있을 경우(단, 동 위원회의 위원이 「의료급여법」 제6조 제4항에 규정된 자격을 갖출 것) 시·도 또는 시·군·구의 조례에 따라 의료급여심의위원회 기능을 수행하게 할 수 있다. 구성은 다음과 같다.

① 시·도 및 시·군·구 의료급여심의위원회의 위원은 시·도지사 또는 시·군·구청장이 다음에 해당하는 자 중에서 위촉·지명(위원장: 시·도지사 또는 시장·군수·구청장)
- 의료보장에 관한 학식과 경험이 있는 자
- 공익을 대표하는 자
- 관계행정기관소속의 공무원

② 시·도 의료급여심의위원회는 위원장 및 부위원장 각 1인을 포함한 7인 이내의 위원으로 구성하고 시·군·구 의료급여심의위원회는 위원장 및 부위원장 각 1인을 포함한 5인 이내의 위원으로 구성

③ 타 위원회가 의료급여심의위원회의 기능을 대신하는 경우 위원장은 조례로 정함

심의사항은 다음과 같다.

① 시·도 의료급여심의위원회
- 법 제25조의 규정에 의한 의료급여기금의 관리·운영에 관한 주요 사항
- 시·군·구의 의료급여사업의 조정에 관한 사항
- 그 밖에 의료급여사업과 관련하여 시·도지사가 필요하다고 인정하여 회의에 부치는 사항

② 시·군·구 의료급여심의위원회

- 법 제24조의 규정에 의한 대지급금 및 부당이득금 등의 결손처분에 관한 사항
- 의료급여 일수의 연장 승인에 관한 사항
- 그 밖에 의료급여사업과 관련하여 시장·군수·구청장이 필요하다고 인정하여 회의에 부치는 사항

(8) 업무위탁기관(「의료급여법」 제33조 제2항)

업무위탁은 시장·군수·구청장의 업무 중 수급권자의 관리, 급여비용의 심사·조정 및 지급 업무 등 의료급여에 관한 업무 중 그 일부를 관계 전문기관에 위탁한다. 업무위탁에 소요되는 비용은 보건복지부장관이 정하는 바에 따라 기금에서 부담한다.

① 건강보험심사평가원: 시장·군수·구청장의 업무 중 다음의 업무를 건강보험심사평가원에 위탁함

- 법 제11조 제2항의 규정에 의한 급여비용(건강검진 포함)의 심사
- 법 제11조 제4항의 규정에 의한 의료급여(건강검진 포함)의 적정성 평가
- 법 제11조 제2항 및 제4항과 관련된 심사 및 평가기준의 설정

② 국민건강보험공단: 시장·군수·구청장의 업무 중 다음의 업무를 국민건강보험공단에 위탁함

- 법 제11조 제3항 내지 제6항의 규정에 의한 급여비용의 지급
- 급여비용지급과 관련된 전산기기에 의한 수급권자의 자격, 개인별 진료내역의 관리
- 법 제15조의 규정에 의한 의료급여의 제한에 필요한 실태조사 및 자료 수집

연/구/문/제

01 생활보호제도와 국민기초생활보장제도를 비교해 봅시다.

02 선진국의 공공부조제도에 대해 찾아보고 토론해 봅시다.

03 자활사업의 다양한 프로그램을 조사하고 개선방향에 대해 토론해 봅시다.

04 의료급여제도와 국민건강보험제도의 차이점에 대해서 설명해 봅시다.

참/고/문/헌

김치영·정현태 (2008). 사회복지법제론. 파워북.

김태성·김진수 (2007). 사회보장론. 청목출판사.

남기민·홍성로 (2008). 사회복지법제론. 공동체.

모지환 외 (2005). 사회보장론. 학지사.

박석돈(2006). 사회보장론. 양서원.

보건복지부(2013). 2013 국민기초생활보장사업안내. 보건복지부.

보건복지부(2013). 2013년 의료급여사업 안내. 보건복지부.

성봉진(2009). 국민기초생활보장제도의 운영방안 개선에 관한 연구. 고려대학교 석사학위논문.

송근원·김태성(2006). 사회복지정책론. 나남출판.

원석조(2008). 사회복지정책론. 공동체.

이인재 외(2008). 사회보장론. 나남출판.

이정관(2004). 국민기초생활보장제도 운영체계 개선방안에 관한 연구. 동국대학교 박사학위논문.

최인덕(2002). 국민기초생활보장제도의 거버넌스에 관한 연구. 중앙대학교 석사학위논문.

한국사회복지행정학회(2007). 사회복지정책론. 양서원.

현외성(2006). 사회복지정책강론. 양서원.

보건복지부 http://www.mohw.go.kr.

저자 소개

문 수 열

진주보건대학교 사회복지계열 교수

[저서 및 논문]

– 사회복지의 이해(2018, 창지사)

– 장애인복지론(2019, 창지사)

– "노인의 여가활동 참여가 삶의 질에 미치는 영향: 성별, 가구유형별 집단비교(2019, 공저)" 외 다수

김 병

진주보건대학교 사회복지계열 교수

[저서 및 논문]

– 사회복지의 이해(2010, 창지사)

– 사회복지시설의 설립과 운영(2009, 창지사)

– "노인복지 시설종사자의 직무 스트레스와 직무 만족도와의 관계연구(2006)" 외 다수

박 주 현

백석문화대학교 사회복지학부 교수

[저서 및 논문]

– 가족과 젠더(2013, 창지사)

– 다문화사회의 이해와 실천(2011, 창지사)

– "북한이탈청소년들의 한국생활 적응에 관한 현상학적 연구"(청소년복지연구, 2011) 외 다수

3판

사회복지정책론

초 판 1쇄 발행 2010년 8월 30일
초 판 2쇄 발행 2012년 8월 30일
증 보 3쇄 발행 2015년 8월 19일
제3판 2쇄 발행 2022년 9월 1일

지 은 이 | 문수열·김 병·박주현
펴 낸 이 | 김기섭
편 집 인 | 김민수
펴 낸 곳 | 창지사 www.changjisa.com
08589 서울시 금천구 가산디지털 1로 83 파트너스타워 1차 9층
전화 (02)719-2211~3
팩스 (02)701-9386
등 록 | 1977년 4월 28일 · 제1-421호

ISBN 978-89-426-1317-5 (93330)

값 21,000원